資訊判讀力

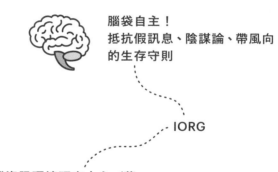

腦袋自主！
抵抗假訊息、陰謀論、帶風向
的生存守則

IORG

台灣資訊環境研究中心／著

目次

第 1 部

第 2 部

重建「數位信任共同體」

◎羅世宏
中正大學傳播學系教授、
財團法人台灣媒體觀察教育基金會董事長、
台灣事實查核中心董事

曾經揭發「水門案」的美國優質大報《華盛頓郵報》在報頭上宣示這句標語：「民主死於黑暗」(democracy dies in darkness)。在這個社交媒體普及、資訊操弄嚴重與政治撕裂對立的年代，作為世界民主燈塔的美國民主也浮現前途黯淡的隱憂。《華盛頓郵報》以此自許並主張，立基於公共精神的優質新聞攸關民主前景，而事實與真相是持續點亮民主道路亟需的那道微光。同樣的，以公共信託方式營運的英國《衛報》，已故的前總編輯C.P. Scott在百年前即揭櫫該報創辦兩百年來始終堅持的辦報理念：「評論自由，事實神聖」(Comment is free, but facts are sacred)。

美國《華盛頓郵報》與英國《衛報》等優質新聞媒體都肯認，「事實」與「真相」是抵抗各式不實宣傳與話術的利器，也是民主社會得以良善運作的必要基礎。然而，儘管有這些優質新聞媒體力挽狂瀾，但人類當前面對的一個共同困境是資訊生態丕變、數位轉型所帶來的信任危機，甚至已進入所謂「後事實」或「後真相」的時代。

在這個新形勢下，全世界各地的民主都遭受程度不等的衝擊與挑戰，也都在想方設法突圍，其中包括推動各種識假、破假、抑假與懲假的公民協作、事實查核與媒體資訊素養教育。

由於網路無國界，再加上資訊爆炸且真假難辨，假訊息與資訊操弄無疑是個全球性的問題，但另一方面它有鑲嵌於在地脈絡和語境，如果想找到有效防制假訊息問題的策略與手段，萬萬不能沒有在地知識與經驗的提煉與積累。因此，我一直盼望有看到一本聚焦本土資訊生態及假訊息案例的書籍，它不僅能以嚴謹調查與分析為基礎，又能以深入淺出的筆調介紹給跨世代的社會大眾。終於，擺在我眼前的這本書──《資訊判讀力：腦袋自主！抵抗假訊息、陰謀論、帶風向的生存守則》的出版，讓我感到無比欣喜，猶如久旱逢甘霖一般，適時的滿足了這份等待已久的盼望。

本書是一群來自台灣資訊環境研究中心IORG的年輕人的努力成果，他們個個藝高人膽大，不為名也不為利，過去數年來默默投入這項洞察本土資訊生態的協作型基礎研究與公民教育工作。這本書是為你、我、大學生及社會大眾撰寫的，雖然涉及複雜且具有技術門檻的資訊生態議題，但他們巧妙的以生動、直白且兼有趣味的方式去書寫這本書，不僅提供了相當扎實的在地知識，而且引領讀者洞悉每個案例及其背後的「眉角」。

此外，本書第二部分提供了由八位重量級學者專家或具代表性的實務工作者撰寫的六篇專文，針對事實查核、法律管制及民主對話等重要議題提供第一手的深刻見解，而且完美的與本書第一部分所拆解的假訊息實際案例與資訊操弄、網路「帶風向」等章節

相互呼應、參照與補充。

所以，在我看來，本書可以有不同的「讀法」，順讀逆讀皆宜：讀者可以順著本書的章節安排一路讀下來，但也可以倒著讀，先讀第二部分的專文再回頭閱讀本書第一部分。另外，這本書在內容編輯和排版設計上別出心裁，每一章、每一頁、每一段落都沒有廢話，可讀性相當高，所以也是一本不管讀多讀少，每次翻開書頁讀上幾段都會有不少收穫的好書。

近年來，遭遇各式包括來自簡訊、網站、社交媒體、即時通訊軟體的假訊息，已是台灣民眾的日常，不僅幾乎是無日無之，而且似乎是無孔不入，防不勝防。你、我或任何人，可能一不小心就淪為被假訊息誤導的受害者，或甚至無意中成為轉發分享與擴散假訊息的加害者或幫兇。如何做個耳聰目明的閱聽人，如何做個理性負責的公民，如何做個明智的消費者，如何善盡身為家長或師長教育下一代的責任，在在考驗我們每一個人。

面對這個充滿艱難與風險的情況，我們每個人不能單打獨鬥，而是需要迫切展開更多對話、交流、協作與共創，從而能夠重新建構一個基於數位信任的共同體，重新找回人們對真相的信念，對事實的尊重與堅持。這本書對身為讀者的我們發出誠懇的邀請，邀請我們共同承擔守護事實、真相與民主的責任，而且它也提供了可靠的指引，引領我們有機會以負責任且具行動力的資訊公民之姿，共創一個更良善與健全的資訊生態。

每一個人都是自己的總編輯

◎**陳雅慧**
親子天下媒體中心總編輯

很喜歡這本書的書名《資訊判讀力》，定義了這個時代身在台灣作為讀者的獨特和挑戰。

在民主的台灣，作為讀者這個角色，不是被動的訊息接受者，而是主動的內容傳播和創作者。每天打開手機，點開特定的社群平台，我們所訂閱和追蹤的媒體、粉絲團、網紅、朋友…匯流而成的資訊牆決定了今天對世界的認識。每一個人的頭條新聞都不同，對世界的發現也不同。

當滑著手機的資訊牆，快速經過大拇指間的每一則訊息，我們選擇按讚或滑過，加上個人的註解後分享、單純分享或不分享，此刻你我都是彼此的讀者、是創作者也是傳播者。我們決定自己閱讀世界的方式和速度，一天又一天，最後也決定了自己長成的樣子。

從被動到主動的轉換，讀者得到多元的內容和有史以來最大的自由，但享受自由的同時伴隨著責任，這樣的責任就是得要培養對訊息的判讀力。是真的假的？對的錯的？值得信任或是不值得信任？訊息判斷力，不僅僅只是辨別假新聞，辨別哪些是惡意有害

的訊息，更需要積極的判斷、從上游開始整理自己的資訊流。

更進一步，當自己也是創作者時，是不是也能用著同樣的尺，嚴格的把關用高品質、有說服力的事實形成自己的論述。

也就是說，在這個時代，每一個人都是自己的總編輯，每一個人都享有編輯的權力也有守門的責任。你也可以留在自己的同溫層，讓專業和喜好深入的扎根。也可以特意的跨語文、跨媒介、跨立場⋯用截然不同的訊息來源，讓我們看見一個故事的多面向，體會民主的珍貴和多樣。

這樣有意識的選擇，是需要學習和練習，也可以說是這個時代學生的全新課題和挑戰，不僅僅學生要學習，作為引導的父母和老師（長輩），更需要學習和覺察。我們（長輩）是成長於接受和追求標準答案的學習環境，更容易忘記，「標準答案」其實只是某一個角度的故事。

2019年《親子天下》做過一個報導專題〈聊出思辨力：破解假訊息，提升數位素養〉，收集到超過一萬五千名國中生的調查意見，看見YouTube已成為台灣青少年最大的資訊來源。中小學校園裡的學生都是數位原住民，他們用網路來認識這個世界，近3成的學生表示「父母和老師不曾和自己討論什麼是假新聞」、「學校從來沒有教過怎麼辨別資訊真偽」，近4成的學生看新聞「從不懷疑新聞的真實性或不曾查證」。學校沒教、學生不關心，這是現場真實的現況。

台灣資訊環境研究中心花費一年編寫的《資訊判讀力》這本書提供了一個學習的捷徑，閱讀書的過程中，我感受到作者團隊很大的熱情，他們看見《資訊判讀力》對這個時代很特別的意義，是民主重要的基礎。有高品質的讀者，才有可能有高品質的民主。

想把這本書推薦給大家，尤其因為這本書對應現場的痛點，有很重要的回應：

獨特的台灣的經驗。書裡重新爬梳從最近的疫情新聞到過去幾年重要的選舉和公共政策案例，解析這些大家都還記憶猶新的新聞如何形成，清楚地看到資訊戰其實是現在公共議題的關鍵決勝點。作為讀者若是可以看見訊息是這樣產生，未來會帶著更有自覺的意識閱讀，會時時去反思，真的是這樣嗎？

書裡也提供判別訊息具體的方法論。當讀到一則新聞時，如何先從外觀檢視這是一則事實報導或是一個觀點？這觀點是值得信任或是應該再度求證？觀點和結論之前的邏輯是不是正確？方法論讓新手可以快速的掌握閱讀任何訊息該有的判斷基準。本書用淺顯的文字舉例還有清楚的圖表，一目瞭然。

讓我驚喜的還有，探討的議題層面很廣，更掌握了最新、最貼地氣的議題，譬如隱私權議題，我們個人的個資，我是誰、年紀、性別、居住地點、職業等等為什麼都是珍貴該被謹慎保護的訊息。網路上這麼多的調查和詐騙，保護自己的隱私為什麼重要？演算法如何影響我們在網路上看見的世界觀。這些都是正在發展中龐大的商業機制，也是影響訊息判斷的關鍵發展。

到最後兩章，也看到作者團隊人性的關懷。當我們都有了更好的判斷和判讀的能力，這樣的能力是要用來做什麼？是為了競爭或是說服嗎？最後兩章落在人性本能的需求、連結，怎麼透過良好高品質的溝通，促進公共討論和人與人的認識，其實才是資訊判讀力最根本要回應的時代痛點。

我們很幸運都可以當自己的總編輯，決定自己認識世界的方法，進而決定自己和世界要成為的樣子。一起學習當自己的總編輯。

作者序

◎李可心
《資訊判讀力》共同作者、IORG 研究員

開始動筆、著手推動《資訊判讀力》之後，「怎麼會想要出書？」大概是 IORG 最常被問到的問題。出書是我開的坑，這個故事就由我來講。

時間回到 2020 年 10 月。

加入 IORG 沒幾天，我跟著共同主持人王希到了木柵參加一場「資訊判讀」工作坊。坐在台下的我心想「應該就是講講假新聞、假訊息，以及新聞媒體的問題，最多就分享事實查核的方法吧！」沒想到，王希分享的 IORG 簡報，內容從真假難辨的內容農場、混淆視聽的電視節目，一直到社交媒體上關於個人資料的疑慮，還有資訊操弄的跨國案例，把媒體識讀提升到了資訊判讀。當下的我只覺得：「要是早一點聽到這些就好了！」

因為就在幾年前，我也是那個會被內容農場標題吸引、被新聞誤導、被政治宣傳影響、被 LINE 群組裡的錯誤訊息混淆的人，甚至因為資訊操弄，討厭自己的家園、不滿所處的環境、對未來感到悲觀。一直到脫離原本的資訊環境，到異國他鄉接觸不同而多元的觀點，才漸漸發現自己對世界的誤解有多麼的多，花了好幾

年、上了好幾學期的課，才培養起自己的資訊判讀力。

工作坊後幾天，我帶著隨口問問，又有些期待的心情問王希：「IORG會不會想要出書呀？」沒想到王希想也不想就回：「這個想法不錯耶！妳要不要先試寫個大綱？」雖然對這個答案感到開心，不過同時也很訝異：「咦？就這樣嗎？」

寫完大綱，「出一本資訊判讀的書」這個計畫也就這樣正式啟動。某天，常常一語突破盲點的曉強，笑笑的對我說：「開坑是好，但妳要衡量一下狀況喔！」當時的我，還不清楚曉強是要我衡量些什麼？但隨著開始動筆、參與研究，我慢慢警覺到，自己挖的坑可能比想像的要深得多！

就是「不肯輕易放過自己」

「有3,063則貼文符合搜尋條件。」工程師玿弘說。

2021年8月，美軍撤離阿富汗，為了要了解台灣的資訊空間如何討論這個重大事件，我們馬上投入研究。快速的把資料看過一遍後，曉強說：「我想把這些貼文分類！」原先熱絡的氣氛，瞬間安靜。

幾秒後，知澔語帶提醒：「那來tagging吧。」大家對看幾眼，似乎達成了共識。

Tagging就是人工標記資料。是由研究員逐一看過貼文，並根據

內容標註分類。別以為這是件簡單的工作，試想看看，如果每則貼文200字，研究員就必須看3千則60萬字的內容，更別說陰謀論、假訊息所帶來的情緒負擔。於是，曉強和王希扛下這項乏味又艱鉅的任務，熬夜到凌晨。然而，受限於篇幅，徹夜的努力在公開報告裡，濃縮成短短的一行文字。

「這樣…值得嗎？」看著一臉疲倦的王希，我問。「至少我們可以有憑有據說，什麼樣的貼文最多。如果有人質疑，我可以說我是真的看過了3千則貼文！」王希回，知澔則笑著說，「我們就是不肯放過自己。」

知澔說得沒錯。稍微回想，IORG做的每件事，好像都「不符成本」，為的就是「有憑有據」。我曾經以為，「可能大家都很享受這些惱人的工作吧？」後來才知道，「為什麼要這麼認真」的懷疑，大家都曾經有過。「我也不曉得，做這些研究，到底實際能提升多少公民的資訊判讀能力？」曉強曾這麼說。看到缺乏證據的「研究」，珝弘則是氣憤的說：「要這樣講，大家都可以講！」

不過，抱怨歸抱怨，懷疑歸懷疑，大家仍然堅持，而背後的原因，既冷靜又浪漫。「等到關鍵的選舉、戰爭時刻，再補救就來不及了。」曉強的話，我沒辦法反駁。而珝弘則是相信，「唯一能給我們研究正當性的，就是用科學的方法，讓大家可以驗證，然後信服。」

聽王希說了才知道，他和知澔在2018年開了「即時事實查核」的坑，因為發現舞台上政治人物說的某些話根本「沒辦法查核」，決

定開始研究「有問題的資訊」。IORG 的大家，因為意識到資料科學的重要，所以投入技術研發、寫論文（也獲得國際醫療期刊的刊登！）因為意識到教育的重要，所以開始在社區、校園舉辦資訊判讀工作坊；因為意識到公眾溝通的重要，所以開始寫週報，每週都必須完成資料蒐集、數據分析、研究撰稿，挑戰著資訊系統的穩定，以及研究員的體力。

事實查核、資料科學、學術研究、工作坊、週報，社會缺什麼，我們就去做。每一個「坑」都是全新的嘗試，也都比想像中的困難。

無數次「打掉重練」的奇幻旅程

「前幾天看新聞看到這個，也寫進書裡吧！」消息靈通、緊跟時事的王希，總在寫書期間不斷拋出各種想法。「這句話誰說的？」「這個來源可靠嗎？」「這樣寫，你確定可以？」謹慎無比的知澔，則會在我自認完稿之後，繼續字字斟酌，確認出處，由他經手的稿件，都會「從黑白變成彩色」，因為 Google Doc 上到處都是修改建議和註解。參與過許多學術研究計畫的珝弘，謹慎的確認每個專有名詞；擔任週報主筆的曉強，則總會大刀闊斧的改稿，確保段落之間閱讀的流暢。

這本書，從全書架構、名詞定義、議題範疇、引用來源，我們不斷發想、討論，也不斷停頓、思考，寫書的過程，也是 IORG 成員們一起釐清「資訊操弄」、「好的公共討論」、「健康的資訊環境」到底是什麼的過程。「這個詞的定義到底是什麼？」「不能這樣寫

啦！」「這句話也太模糊了吧？」每次討論，都會有新的展開，不顧後果繼續「開坑」。「這裡應該要加這個！」「要去訪問這位老師！」「我認識他，我來牽線！」

就這樣，無數次的提案、修改、展開、拉扯，《資訊判讀力》這本書慢慢成形。由IORG共同執筆的第1部共11章，每章都經過不只一次的「打掉重練」。為了避免偏頗武斷，確保內容可以被讀者信任，我們在寫作過程中不斷增加受訪者，尤其是第6章，要盤點資訊環境中各個角色的責任，雖然最後可能只寫下一句簡單的說明，但在這句話的背後，是歷時數月的來回約訪，更是受訪者學術研究和專業經驗的精華。

最後，《資訊判讀力》一直修改到上市前才定稿。如果沒有28位跨領域的學者專業，沒有左岸文化黃秀如總編輯及所有同仁的「跳坑」，編輯、排版、印刷、上架，這本書不會成為現在的樣子，被你拿在手上。創造這本書的過程，是IORG一貫的「不放過自己」，感謝一路上包容、協助、批判我們的朋友，讓我們能繼續保有這份任性的堅持。

我們都是資訊叢林裡，朝向「腦袋自主」前進的探險家

拿起這本書，不知道你有沒有仔細看封面？在和左岸的會議上，我們不約而同的認為，現在的資訊環境就像是危機四伏的叢林，我們每個人則像是在叢林裡的探險家，不過，我們的目標不是金礦寶石，更不是古老聖杯，而是我們每個人的「腦袋自主」。

一個探險家，要知道如何辨識環境、面對威脅、保持方向感，這本書的章節編排，就像封面上的探險之路，從假訊息、陰謀論、政治宣傳、帶風向，一直到個人資料保護、威權和民主的對抗，從叢林裡的奇異生物，到能夠造山填海的巨大力量，都能在這本「生存守則」裡找到。當然，生存技能要經過練習，才能在現實中正常發揮，因此，《資訊判讀力》還加入了豐富的案例，更結合網站，除了提供讀者練習判讀的機會，也希望回應工作坊上學生、爸媽、社區阿姨叔叔的提問，以及第一線教育工作者的迫切需求。

這本《資訊判讀力》是一本工具書，不是「上對下」的「教導」，而是希望與各位探險家們分享我們的經驗，提供建議，一同前進。這本《資訊判讀力》也是一本未盡完善的書，這也是為什麼我們在書的最後留下了許多註釋，除了是對「有憑有據」的堅持，也希望讀者能從這本書出發，進一步探索未知，尋找屬於自己的答案。

或許微小、緩慢，但堅定的為世界帶來一點改變

依稀記得，某一次討論又陷入膠著，知澔問：「搞死自己寫這本書，真的有用嗎？」想了想，王希苦笑：「一百個買書的人，可能只會有一個人因為這本書而改變吧？」幾秒的沉默之後，知澔說：「那這樣值得。」

這是 IORG 每個成員都曾有過的懷疑。好幾次寫書卡關，我會懷疑當時作為一個新人，憑一己之願發起出書計畫，是不是錯誤的選擇？我也曾經質疑，這麼認真的逐字逐句、反思求證，真的有

必要嗎？然而，看到大家總是盡力用小心謹慎的態度面對工作，這些深夜改稿產生的懷疑，就會消失，抱著「一個人也值得」的心情，繼續前進。寫書的過程，也是我觀察IORG的旅程，我觀察到的IORG，不求有多大成果，也不以網路上的「按讚」、「點閱」評價自己，而是一點一滴的發揮影響力，希望能夠穩穩的，為這個世界帶來一點點不一樣。

《資訊判讀力》是IORG以1年6個月的時間合力完成的心血結晶，我們希望用這本書邀請每一位讀者，為台灣的資訊環境和資訊判讀教育帶來改變。

《資訊判讀力》作者群

王希，IORG共同主持人。社會運動者、教育工作者，致力於轉譯公共議題，擴大公民參與公共事務，現任台灣放伴教育協會理事長。

李可心，IORG研究員，紐約大學國際關係碩士。專長領域為台美中關係、印太策略，現任美國台灣觀測站 U.S. Taiwan Watch 共同編輯。

徐曉強，IORG研究員，巴黎政治學院歐洲事務碩士。專長領域為歐洲政治經濟、中國宣傳及資訊操弄，前立法委員助理。

林珝弘，IORG資料工程師，台灣大學政治學碩士。專長領域為

民意調查、研究設計、網路爬蟲。

游知澔，IORG 共同主持人，羅德島設計學院數位媒體藝術碩士。專長領域為系統設計、資訊設計，g0v 國際交流社群工作小組共同發起人，g0v 社群貢獻者。

第 1 部

01 這些年，打亂生活的不只病毒，還有資訊操弄

- ◉ COVID-19疫情期間，你聽過哪些假訊息？
- ◉ 有問題的資訊，只有假新聞和假訊息嗎？
- ◉ 除了騙你，有問題的資訊還能怎麼影響你？

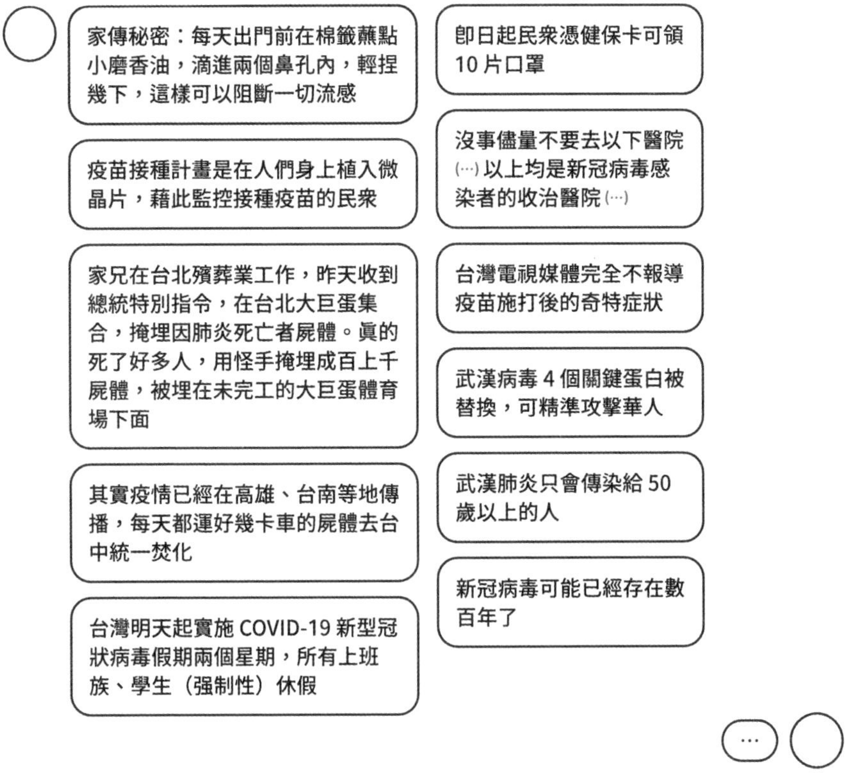

家傳秘密：每天出門前在棉籤蘸點小磨香油，滴進兩個鼻孔內，輕捏幾下，這樣可以阻斷一切流感

即日起民眾憑健保卡可領10片口罩

疫苗接種計畫是在人們身上植入微晶片，藉此監控接種疫苗的民眾

沒事儘量不要去以下醫院（⋯）以上均是新冠病毒感染者的收治醫院（⋯）

家兄在台北殯葬業工作，昨天收到總統特別指令，在台北大巨蛋集合，掩埋因肺炎死亡者屍體。真的死了好多人，用怪手掩埋成百上千屍體，被埋在未完工的大巨蛋體育場下面

台灣電視媒體完全不報導疫苗施打後的奇特症狀

武漢病毒4個關鍵蛋白被替換，可精準攻擊華人

其實疫情已經在高雄、台南等地傳播，每天都運好幾卡車的屍體去台中統一焚化

武漢肺炎只會傳染給50歲以上的人

新冠病毒可能已經存在數百年了

台灣明天起實施 COVID-19 新型冠狀病毒假期兩個星期，所有上班族、學生（強制性）休假

⋯

圖1.1 COVID-19疫情期間出現各式各樣有問題的資訊，包括假訊息、陰謀論。左上至下 [1] [2] [3] [4] [5]，右上至下 [6] [7] [8] [9] [10] [11]。

這些訊息，你是否覺得似曾相識？這些，全都是COVID-19（在台灣又稱武漢肺炎）疫情期間，在台灣社交媒體、聊天群組裡傳遞的真實訊息。這些訊息的內容，有的完全虛構、有的半真半假、也有的無法證實，實在讓人摸不著頭緒。

早在2020年2月COVID-19開始在全球擴大流行之際，世界衛生組織WHO就結合「資訊」和「流行病」，提出「資訊流行病」這個詞[12]。WHO警告各國政府注意，關於疫情的錯誤、誤導資訊，可能影響防疫措施的效果，使疫情變嚴重，並造成民眾對公共衛生相關單位的不信任。然而，縱使WHO已經提出警告，許多國家，包括台灣，仍深受謠言、陰謀論所害。

2020年春天，台灣的鄰居越南，網路上廣傳「奎寧」這種藥物能夠治療COVID-19，焦慮的民眾如同溺水的人看到救生圈一般，湧入藥局搶購、囤貨。結果，非但奎寧無法治療COVID-19，民眾買爆造成奎寧在全國缺貨，導致需要長期使用奎寧的紅斑性狼瘡或類風濕性關節炎患者，因買不到藥而病情惡化[13]。

全球人口最多的民主國家印度，也是謠言的受害者。2021年初，印度政府就開始推廣疫苗接種計畫，與此同時，社交平台上出現大量關於疫苗的謠言，包括打疫苗會導致心跳停止、打疫苗會造成勃起功能障礙[14]，引發民眾對疫苗的恐懼，減緩了疫苗接種速度。到了3月，疫苗接種率持續低迷，病毒出現變種，再加上宗教、政治集會活動的群聚，讓印度的疫情快速惡化。民眾瘋搶氧氣瓶，醫護人員嚴重不足，病逝者遺體在路邊火化，親屬痛失家人的哭喊聲，透過新聞報導傳到全世界[15]。

回到台灣的狀況，2021年，在民眾、醫護、警消、邊防、政府單位等多方的合作下，台灣的防疫成果曾被外國新聞媒體稱為成功案例[16]。自2022年4月起，每日新增的大量本土確診案例，引起全民警戒，如何兼顧正常生活與防疫需求，考驗台灣整體社會。這些年，戴不戴口罩、打哪種疫苗、停課與否、快篩是否準備充分，成為台灣人生活中討論不完的話題。不過，打亂台灣人生活的，不只是病毒，還有那些圍繞著病毒、疫苗、防疫的謠言和陰謀論。

病毒起源在哪裡？自然演化、人造武器、實驗室外洩？

2019年12月，中國武漢出現不明肺炎確診病患，很快的，病毒散播至世界各地，疫情的報導佔據全球新聞媒體版面，世界衛生組織WHO稱之為COVID-19。全球疫情嚴重影響了民眾的日常生活，「病毒從哪來」也成為全球關注的話題。在科學家尋找證據、進行研究的同時，各種臆測、未經證實的理論，也已吵得沸沸揚揚。

2020年2月底，一則以〈「武肺」美國CIA生化武器？〉為標題的政論節目影片出現在YouTube上，有超過50萬人次瀏覽。影片中，一位以翻譯《魔戒》為人所知的名嘴，引用一份「報告」，有聲有色的說著「美軍」「評估」「1塊美金殺死5個人，非常划算」。

圖 1.2 以翻譯著名的名嘴,在政論節目
上引用美軍報告 [17]。

要想辦法用各種病毒毀滅一個城市,到底要用哪一種病毒?

最低的成本是 0.29 美金就可以殺死 1 個人

這是美國陸軍在 1981 年 3 月的報告

當年的五角大廈直接列出來,1 塊美金可以殺死 5 個人,對我們來講,作戰非常划算。

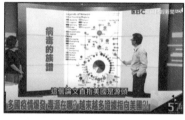

圖 1.3 以醫療著名的名嘴,在政論節目
上引用論文 [18]。

美國 2019 年 6 月至 10 月間,出現了 200 多例因肺臟纖維化而窒息致死的病例,症狀與武漢肺炎非常相似

美國比武漢更早就有新冠肺炎

論文結果顯示,美國可能是新冠病毒的源頭。

圖 1.4 名嘴在政論節目上引用網路文
章,稱美國透過武漢軍人運動會散播病
毒[19]。

美國在 2019 年的武漢軍人運動會,表現很差,總排名只有 35 名,還沒有金牌

難道是因為他們另有目的?會不會像部落客所說

美國士兵其實是生化兵?目的是在中國武漢放毒?

這個部落客還提到,有 5 名美國士兵,因為作業不慎,自己感染病毒,回到美國就醫。

同一檔節目，另一位以醫學專長著名的名嘴也引用一份論文指出「美國可能是COVID-19病毒的源頭」。兩位名嘴先後引用了專業或權威文獻，推論病毒可能來自美國，而且是美國的生化武器。一週後，比生化武器更驚人的說法「生化兵」出現在台灣的政論節目上。

生化武器、生化兵，不僅有網路文章這麼說[20]，還有學術論文、軍方報告加持，故事精彩而且「有憑有據」，實在太驚人了！但，這一切都是真的嗎？

在答案揭曉前，我們再看看其他關於病毒來源的說法，以及這些說法的問題吧！

「在美國的馬里蘭州的弗雷德里克市，有個叫德特里克堡的地方。這裡有個神秘的基地…」有如童話故事的開場，這是中國網站「崑崙策研究院」在2020年3月刊出的一篇文章[21]，內容描述美國馬里蘭州當地的「P4實驗室」[22]在2019年發生的「危險洩漏事故」。幾天後，美國白宮的請願網站上，有1,426人連署要求美國政府公布德特里克堡實驗室關閉的「真實原因」[23]。隨著中國的官方媒體接連報導請願內容[24]，網路上也開始討論一位名叫班納西的美國女軍官，聲稱她在2019年10月曾參加在武漢舉行的世界軍人運動會，也曾在德特里克堡工作[25]。於是，一個關於「病毒起源」的陰謀論就此誕生[26]：

COVID-19是美國軍方在實驗室培養的生化武器，曾在德特里克堡P4實驗室工作的美國女軍官班納西，藉由2019年的武漢世界軍人運動會，將病毒從美國帶進中國，並在運動會期間散播病毒，導致疫情在武漢爆發。

這個說法獲得中國的官方媒體呼應[27]，中國外交部發言人趙立堅更用他個人的Twitter帳號發文，將這個陰謀論的內容「升級」為中國外交部的官方說法。

圖1.5 中國外交部發言人趙立堅2020年3月12日的Twitter推文，傳播關於病毒起源的陰謀論[28]。

最重要的問題來了。這些關於病毒起源的說法，是真的嗎？

只要簡單查核，就可以發現這些說法的漏洞。稱「0.29美元就可以殺人」的報告，是美國陸軍分析「華沙公約組織國可能用昆蟲戰攻擊北約會員國」的報告，並非美國以生化武器攻擊他國[29]。稱「新冠病毒來自美國」的論文，結論則僅指出病毒的起源地「可能不是湖北」，並沒有提出證據顯示病毒來自美國[30]。稱美國「以生化兵在武漢軍人運動會傳播病毒」的陰謀論，早在名嘴上節目的一個月前，就有武漢公立醫院的院長澄清，表示當時5位外籍運動員得到的「是瘧疾，與新冠肺炎無關」[31]。至於

「病毒來自美國實驗室外洩」的傳言，則是美國疾控中心因污水系統不符規範而關閉該實驗室，並無病原外洩[32]，實驗室也在2020年4月重啟[33]。

這些錯誤、未經證實、有問題的資訊，不僅在電視節目上出現，在網路上也累積數十萬的觀看次數。其中，台灣名嘴懷疑美國生化兵散播病毒的節目片段，被香港導演高志森稱做「瘟疫真相」，並在Facebook轉發相關資訊，吸引超過3千次分享[34]。

> 在這本書中，IORG將中國的媒體分為「官方」、「類官方」、「民間」3類，又因為中國共產黨在中國掌握實權，我們選擇使用「中共官媒」、「中共類官媒」、「中國媒體」來稱呼這3類由中共直接控制的、與中共有明確關聯、與中共沒有明確關聯的中國媒體。
>
> 平常看到的媒體，會不會是中共官媒或類官媒呢？IORG 的「中國觀察」有更詳細的定義及說明，歡迎參考 iorg.tw/china-watch。

2021年，從「台灣缺疫苗」到「疫苗有問題」再到「疫苗沒有用」

2020年，台灣靠著謹慎的邊境防疫、戴口罩、勤洗手，將病毒拒於門外。2021年中，台灣出現本土疫情，本土病例大幅增加，也讓各種關於疫情有問題的資訊趁虛而入。

2021年6月，世界各國疫苗短缺，台灣也不例外。這時卻出現了一則指控台灣政府「不顧人民需求，還將30萬劑疫苗送給友邦」

的錯誤訊息[35]，雖然台灣外交部及疫情指揮中心很快否認並加以澄清[36]，然而，隨著錯誤訊息像病毒一樣傳進Facebook、LINE群組，台灣民眾對政府既有的不信任感，可能因為一件根本沒發生過的事而加深了一層。

後來，日本、美國、歐洲各國開始捐贈疫苗給台灣，政府自購的疫苗也陸續到貨，台灣疫苗短缺的情形逐漸緩解。但是緊接而來的，是質疑疫苗必要性和安全性的訊息。

6月4日這天，日本政府宣布將捐贈台灣124萬劑AZ疫苗，成為最早捐贈台灣疫苗的國家。在此同時，針對AZ疫苗的各種質疑也浮出水面。網路論壇Dcard有文章說這一批疫苗「未取得WHO授權」[37] [38]，「是拿台灣人的生命來檢驗日本的疫苗生產技術」，「真的很想罵髒話」。這種似是而非的強烈指控引起廣泛討論，並獲得多家新聞媒體報導[39]。對日本AZ疫苗的批評不僅在台灣流傳，也傳到了日本，可能影響日本新聞媒體及日本人對台灣的看法。作家「栖來光」的在日本《東洋經濟》的一篇評論裡，分享他在日本新聞網站上看到的各種報導，描寫台灣人認為「日本疫苗導致大量死亡」、

圖1.6 質疑日本贈與台灣AZ疫苗的Dcard貼文[41]。

「日本送毒」，台灣的「反日情緒高漲，可能發生暴動」[40]。

除了質疑特定廠牌的疫苗，其他像是「疫苗施打後的奇特症狀，台灣媒體完全不報導」、「疫苗含有最高致癌物質」、「權貴捏造假疫情，推廣有毒假疫苗，殺害地球人口」等等的說法，在社交平台間傳播，試圖告訴民眾「疫苗有問題」[42]。後來，更出現COVID-19變種病毒「無藥醫治」、「疫苗沒有用」的說法[43]，就算被事實查核組織查核為錯誤[44]，依舊在台灣的資訊環境中傳播。這些訊息可能降低民眾接種疫苗的意願，讓疫情更難控制。

這就是「資訊操弄」

針對COVID-19的病毒起源和疫苗，有問題的資訊千奇百怪，這一章所舉的例子可以用「冰山一角」來形容。有的訊息不是事實，可以用事實查核的各種技巧來指出錯誤；有些訊息雖然可能內容正確，卻有過度推論、以偏概全的謬誤，導致讀者產生混淆，不能全部相信；有些訊息會加上醫生、博士、警察等權威人士的背書；有些訊息則碰觸我們每個人多少都有的恐懼與不安，在社會最需要團結的時刻，操弄讀者的情緒，擴大分歧，加深不信任。

近年來，許多國內外的學者和研究機構都提出了理論，嘗試整理歸納包括「假新聞」、「假訊息」、「謠言」、「八卦」、「陰謀論」以及更多形式的「有問題的資訊」。IORG在參考各種意見後，認為可以把這些「有問題的資訊」概稱為「資訊操弄」。本書的目的，正是想跟大家分享：什麼是資訊操弄？為什麼會有資訊操弄？面對資訊操弄，我們該怎麼辦？

如果說電視上的確診人數，代表著人類面對病毒的脆弱，那麼 Facebook、LINE、YouTube 上分享陰謀論的次數，就顯示我們面對資訊操弄的不自覺。

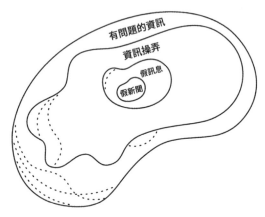

圖 1.7 假新聞、假訊息、資訊操弄、有問題資訊之間的關係想像圖。

現在回頭再看這一章開頭那些形形色色的訊息，你有什麼想法呢？

如果你想知道更多，請前往第 3 章了解「資訊操弄」的定義和分類。如果你想知道怎麼衡量一則訊息是否可信，請前往第 4 章認識「訊息可信度評量」。

如果你覺得這些訊息無傷大雅，自己不會被影響，那麼請你再想一下，你的家人、鄰居又會怎麼反應呢？如果我們的資訊環境充斥著有問題的資訊，這個社會會變成什麼樣子？請前往第 10 章，你就會知道資訊操弄並不是台灣才有的問題。

如果你覺得資訊操弄很嚴重，但又覺得自己無能為力，請前往第 11章，了解身為公民可以透過哪些行動做出改變，並看看那些已經投入改變的公民們，是如何為資訊環境發揮一己之力。

如果你想按部就班跟著IORG的腳步前進，那麼，讓我們再一次一起坐上時光機，回到2021年底，看看資訊操弄如何影響當時正面臨重大政治決定的台灣。

02 公投眞的是公民「自由意志」的展現？

> ● 2021年公民投票選舉期間，出現過哪些資訊操弄？
> ● 2021年公民投票，你還記得題目是「反美豬」、「反萊豬」、「反萊豬就是反美豬」，還是都不是？
> ● 投票結束後，關於公投的資訊操弄就消失了嗎？

你理想中的公投，是什麼樣子呢？是不是應該讓公民獲取多元而正確的資訊，認識即將投票決定的議案？是不是應該公平、公開、互相尊重，讓不同立場的人能夠放心表達、充分討論，然後再做出對自己和國家最好的決定？

2021年12月18日，台灣人面臨一場影響國家能源政策、國際貿易、食品安全、環境保育，以及選舉規則的重要公投，必須針對「核四商轉」、「禁止萊豬進口」、「公投綁大選」和「三接遷離藻礁」4項公投議案作出決定。

究竟，在台灣資訊環境裡，各式各樣的訊息、貼文、報導，是怎麼討論這場公投的呢？正如COVID-19疫情期間的資訊操弄流竄，公投期間的資訊操弄也層出不窮。

2021年4月起，IORG運用資料科學分析工具，追蹤多項關於公投的可疑訊息或資訊操弄論述。經過幾週密集的觀察，資料顯示

4大公投議案當中，熱度最高的是萊豬[1]，關於萊豬的資訊操弄論述數量也最多。這些資訊操弄論述，有的讓人感到自己受騙、被政府蒙在鼓裡，有的是無憑無據的指控、純屬虛構的情節，也有的是把公投議題過度簡化、讓政策辯論成為政黨動員的戰場。

> 這一章的內容，是關於公投的各種「有問題的資訊」，而非對特定公投議案的支持或反對。政黨、政治人物、公眾人物，任何人都有自由，可以為了自身利益，發表言論以爭取他人支持，相對的，任何人也都有自由，檢驗這些言論是否合理。無論立場為何，政治決定應該「充分知情」，也就是基於充足且正確的資訊，然後做出判斷。用錯誤的事實與不合理的推論來影響觀眾、聽眾、身邊的人，這對公共利益有害，也是這一章希望提出的事。

接下來，就讓我們來看幾個關於公投的資訊操弄案例。

可能是台美關係的關係，被操弄到不行的豬豬們

2021年6月初，中共官媒香港《文匯報》刊出報導[2]，「揭露」香港市面上8款台灣、美國的豬肉製品抽查結果，其中台灣品牌新東陽、黑橋牌等7款商品，竟然都被驗出萊克多巴胺劑量超標！隔天，新東陽、黑橋牌[3]、台灣農委會[4]、陸委會都出面澄清[5]，表示受檢商品的萊克多巴胺含量是零驗出。不過，報導依然透過Facebook傳了出去，一直到12月公投前夕，都還在LINE群組之間流傳，有些訊息內容更加入「找到萊豬去向了」、「別騙我這些產品沒在台灣銷售」這樣的句子，暗指含萊劑的豬肉製品已經在台灣市面上流通。但是，在禁用萊劑的台灣，這樣的指控需要更

多的證據。

2021 年公投前，IORG 其中一位作者也收到了母親分享的《文匯報》報導連結，母親在訊息裡溫馨提醒，要小心食品安全。

一則已被多方澄清的錯誤訊息一直被轉發，已經很不合理了，但更不合理的是，如果認真讀完《文匯報》報導全文，就會發現報導最後已經引用香港政府食物環境衛生署的澄清，表示樣本已全數通過官方檢測，但報導標題卻還是寫著「肉製品瘦肉精超標，台美樣本八中有七」，意在挑起讀者恐慌的情緒，令人不禁擔心：看完整篇報導內容的，有多少人呢？

不只是民眾會因為沒有查證而受騙，擁有幕僚團隊支援的公眾人物，也可能會在未查證的情況下傳播資訊操弄。公投宣傳期間，中國國民黨立委、台灣民眾黨中央，以及電視名嘴接連公開宣稱全球「160 個國家禁止進口萊豬」[6]。不過，這些國家並不是「禁止進口」，而是「禁止國內使用」，其中 109 個國家仍有開放含萊克多巴胺的豬肉進口[7]。因為政治人物發言前未經查證，資訊操弄持續傳播到投票前夕，就連時任中國國民黨主席的朱立倫試著改用正確資訊發言，也在被中共官媒引述時又變回廣為流傳的錯誤內容[8]。這則訊息，破壞了公共討論的事實基礎，可能會讓民眾認為都沒有國家進口萊豬，進而認為政府政策不合理。當民眾認為政府政策不合理，就有可能質疑政府動機不單純、不能信任。

更嚴重的是，資訊操弄還可能互相結合，「變異」出新的論述。例

如，關於萊豬的論述與關於疫苗的論述，就曾出現互相結合的情形。本土疫情爆發前的 2021 年初，就有中共官媒傳播「美國賣萊豬、賣武器，不斷從台灣獲取利益」的論述[9]。5 月時台灣疫情嚴峻，論述變成「即使台灣向美國買萊豬、買武器，還是拿不到疫苗」[10]。到了 6 月，美國宣布捐贈台灣疫苗「不求回報」，中國官媒旋即變換說法，改為引用網友批評「萊豬吃了，軍購簽了，還要什麼回報？」。「台灣購買美國萊豬」和「美國捐贈台灣疫苗」是各自獨立的兩件事[11]，「因為台灣購買了美國萊豬、美國武器，所以應該得到美國疫苗」這樣的想法，把兩個獨立事件以因果關係連結，製造美國背信忘義、唯利是圖、不能信任的形象。

資料顯示，4 項公投議案之中，中國「最關心」萊豬[12]。為什麼？IORG 認為有兩點原因：

一、如果台灣禁止美國萊豬進口，將會直接傷害台美的外交關係，並可能影響台灣加入區域經貿整合，使台灣遠離美國及其他經貿伙伴，被迫依賴中國。

二、台灣社會對食安議題敏感，在食安議題上製造爭議，相對容易使社會產生對立，無法好好討論政策，傷害台灣民主。

你同意 IORG 的觀點嗎？

「疫苗」、「萊豬」是台灣國內的醫療健康、食品安全議題，也是國際經貿、國際競合的議題。2018 年曾經公投的日本福島地區食品

進口[13]，也是如此。2022年2月8日，政府宣布福島地區食品「解禁」，已然引發討論。2022年，日本進口食品安全議題，應該會再次成為社會各界關注的焦點。

那些關於公投的陰謀論

前一章，我們看到關於病毒起源的陰謀論，內容會越長越大，越來越「詳盡」。公投期間，IORG也發現了類似的案例。

10月底，有Facebook粉專的貼文宣稱政府「一意孤行，抹黑核能，硬是要天然氣」，是和「一份鉅額天然氣採購合約有關」[14]。這樣的貼文剛出現時，內容還相當模糊，但很快的，包括簽約方、簽約時間的「細節」一一出現，只不過不同版本之間的細節不太一致，有評論稱簽約方是「蔡政府」及「美國公司」[15]，有的則稱是「中油公司」及「美國」；有的說合約時間是25年，有的則說是20年[16]。隨著「細節」越發詳盡，故事也越來越精彩。粉專「工程師看政治」的一則貼文將其他關於美國的陰謀論融入故事中[17]，暗指執政的民進黨與美國勾結、台美關係良好的表象是犧牲台灣人民利益的結果，製造出政府欺騙人民、出賣人民的形象。

如果資訊操弄影響了選民對議題的判斷，進而影響了公投結果。那，如果資訊操弄讓選民對選舉公正性產生質疑呢？

2021年12月，公投投票在即，就已經有Facebook貼文「預告」中選會有「做票程式」，正在「待命中」、「隨時啟動」。從投票前到選舉結果出爐，關於選票、票匭，到選務人員，都有訊息提出質

疑[18] [19]，還有訊息連 2020年 總統大選一起罵，表示「總統大選都作弊了，公投能不作弊嗎？」2020年總統大選前後，IORG 及其他台灣研究機構都曾觀察到 Facebook、LINE、YouTube 平台上流傳著質疑中選會「做票」的訊息，宣稱中選會用空白票灌票、在墨水和印泥上動手腳、在電腦系統植入後門，更改計票結果。我們也發現，每逢投票，不管是地方選舉、總統大選，或是罷免、補選、公投，都會出現質疑選務舞弊的訊息[20]。

> 只剩下這幾天就要公投了
> 中選會的計票系統已待命中（…）
> 隨時啟動公投 817 做票程式？

圖 2.1 宣稱選舉舞弊的訊息 [21]。

質疑、監督政府的各項施政，是公民應盡的義務。不過，監督必須基於事實，否則不但無助於讓民主的治理機制更好，可能還會讓人因為錯誤的資訊、沒有根據的觀點，而變得不相信民主，認為「投票沒有用」、「民主沒有用」。

關於世界各國的公民都在面對的「不信任」，以及那些正在尋找解方的人們，請參考第 10 章。

公投是公民集體思辨，對重大公共政策作出決定的重要時刻。資訊環境中的資訊操弄，不僅污染了應該基於事實、講道理的公共討論，也激起了民眾的恐懼、憤怒、不信任；少數公眾人物、傳媒，利用自己的影響力散播資訊操弄，無論是有心或是無意，都已經對公共討論造成傷害。然而，這一次公投，IORG 還觀察到

另一種可能有害的資訊，那就是口號、標語。

口號、標語，過度簡化、強化動員，傷害公共討論

回想 2021 年底的公投，你最有印象的是什麼呢？

從 4 月起，IORG 持續觀察台灣資訊環境中關於公投的資訊傳播熱度，一直到 10 月底，才看到相關貼文數量大幅增加，此時距離公投投票日已經不到兩個月。熱度已經遲到，而這些各式訊息不全是講道理、有意義的實質討論，其中還參雜著不少響亮的口號、簡單易懂的標語。

「四個同意」、「四個不同意」出現在網路貼文、街頭看板，簡單明瞭，方便快速！像這樣「先給答案」，的確符合當代人沒時間的「速食」需求，2018 年公投曾出現過的「小卡」[22]，就是一種「給答案」。能夠符合民眾的需求，當然會受到歡迎，不過，當政治人物、政論名嘴已經給出答案了，是否會造成沒有人願意花時間思考議題的效果；既然已經得到答案了，願意花時間停下來思考問題的人，可能真的就會變少。又，如果這些答案變成立場不同的人互貼標籤、互相指責的工具，能夠好好討論事情的空間就又少了一些。

除了口號，還有過度簡化的標語，像是「護藻礁救桃園」、「反萊豬就是反美豬」，都是常見的案例。

「反萊豬就是反美豬！」這句標語，意思直白、邏輯簡單，但事情

圖2.2 公投期間，中國國民黨使用「四個都同意」口號，民主進步黨則使用「四個不同意」口號 [23] [24]。

真的這麼單純嗎？以2021年的狀況來說[25]，在台灣的豬肉進口國當中，美國確實是唯一使用萊劑的國家，因此「反萊豬就是反美豬」的說法確實可以說是「符合現狀」。不過，就算公投通過，台灣也還是可以進口沒有萊劑的美豬，所以「反萊豬就是反美豬」這樣的說法，雖然符合現狀，仍然是過度簡化、不全然正確。

2021年公投的4項議案，涉及多個領域的專業知識，要對議題有一定的了解、做出最好的選擇，勢必要花時間做功課、加入討論。政黨、政治人物、專家學者，要向社會大眾解釋各個議案的背景知識、政治考量，絕非易事，即使付出巨大的時間及傳播成本，也不能保證能夠獲得選民的認同。然而，讓每一位選民擁有正確的資訊，形成合理的觀點，在步入投票所，拿起圈選章的時候，做出屬於自己的判斷，這種尊重個別的差異，正是民主的可貴之處，也是每個公眾人物應該時刻牢記、不斷努力的目標。

公投期間的口號、標語，是另一種不「假」但仍然可能傷害公共討論、加深對立，讓我們更不容易講道理的資訊。再一次，我們需要「資訊操弄」這個概念來擴大討論範圍，概稱那些「有問題的資訊」，同時，我們也需要一個評量的架構來釐清，什麼樣的資訊是有問題的，而這些資訊，到底是哪裡有問題。

公投後的台灣，資訊操弄持續製造對立，侵蝕民主信任基石

12月18日晚間，公投4案的結果逐漸明朗，不同意的票數全都高於同意的票數。隨著投票結束，中選會正式公告結果[26]，政治動員隨之平息，不過，資訊操弄卻沒有停止。

公投後兩天，政論節目名嘴在節目上指出台灣南北縣市「同意」、「不同意」的票數差距，說「高雄人逼全台灣人吃萊豬」。這樣的說法，不只其他名嘴呼應[27]，也獲得多家中共官媒引用、報導[28][29][30]。選民的決定縱使受到各種因素影響，但全國性公投的結果仍是全國公民表達自由意志做出的決定。用「逼迫」、「綁架」來形容公平、公正的投票，用有問題的邏輯引導負面的情緒，讓部分選民覺得立場不同的人侵犯了自己的權益，在兩群人之間製造對立。

疫情期間，從病毒的起源到疫苗的施打，攸關健康、性命的資訊不斷受到操弄，導致民眾暴露在染疫的風險下，也增加醫護人員的負擔。公投期間，無論是投票前或投票後，謠言、假訊息、陰謀論、不合理的推論，持續影響著民眾對重大政策的判斷。有意

煽動與無心轉傳的訊息，正一點一點侵蝕我們對彼此的信任，讓我們從根本懷疑民主的價值。接下來，第3、第4章，我們就來認識資訊操弄的定義、分類，以及如何拆解、釐清這些「有問題的資訊」。

03 這就是資訊操弄

> ● 我會判斷資訊來源和內容是否正確,這樣夠了嗎?
> ● 美食餐廳、香菸廣告、總統大選,都有資訊操弄?
> ● 資訊操弄都是故意的嗎?是不是故意的,重要嗎?

資訊操弄有3種:資訊來源、事實內容、推論過程的操弄

從2020年初開始的COVID-19疫情,一直到2021年底的公投,講了這麼久的「資訊操弄」,到底是什麼呢?

研究許多案例後,IORG認為資訊操弄大致可以歸納為3種:資訊來源的操弄、事實內容的操弄,以及推論過程的操弄。看到「操弄」,有些人會認為這個詞隱含著某種故意做壞事的「意圖」,不過,要證明一個人的意圖非常困難,所以,不管是否有意,只要傳播的訊息內容在資訊來源、事實內容,或推論過程上「有問題」,我們就判定這是資訊操弄。

> 「意圖」並不是使特定內容符合資訊操弄定義的必要條件,也不是特定內容造成資訊環境混亂的必要條件。

資訊操弄有3種,還是一頭霧水嗎?沒關係,讓我們直接來看幾個案例吧!

某天，小明告訴小美：「老師叫你去掃廁所」，但這個要求是班長
提出的，這就是個資訊來源的操弄。如果老師是要求小美擦黑
板，小明卻轉告「去掃廁所」，這就是事實內容的操弄。至於推論
過程的操弄，就比較複雜了，不符合邏輯規則、證據不足、因果
關係有問題的，都算是推論過程的操弄。如果老師只說：請小美
去掃廁所，小明卻擅自告訴全班同學：「因為小美考試不及格，所
以老師懲罰他掃廁所」，或是在全班面前質疑：「老師只叫小美去
掃廁所，不叫小芳去掃，是不是因為老師偏袒小芳？」，那就是推
論過程的操弄。

小明傳播的訊息	實際上發生的事	資訊操弄分類
小明告訴小美「老師叫你去掃廁所」	這個要求是班長提出的	資訊來源的操弄
小明告訴小美「老師叫你去掃廁所」	老師要求小美去擦黑板	事實內容的操弄
小明告訴全班「因為小美考試不及格，所以老師懲罰他掃廁所」	老師只有說「請小美去掃廁所」	推論過程的操弄

表3.1 小明的3種資訊操弄情形。

小明的例子，讓我們對資訊操弄的分類有了更多的了解。那麼，
如果把範圍從校園擴大到社會，資訊操弄的實際案例又會是什麼
樣子呢？

提到資訊來源的操弄，IORG曾多次發現一位台灣知名媒體人，

經常引述中共官媒的報導內容，不但沒有揭露原始的新聞來源，還稱報導來自美國財經雜誌《富比世》[1]。她也曾在引述中國國家主席習近平的言論時，以《紐約時報中文網》為來源，但IORG怎麼找，都找不到《紐約時報》的原文[2]。這種資訊操弄，可能會讓讀者因為「資訊來源是美國媒體」，而改變對這則訊息的信任程度。

那事實內容的操弄呢？還記得第1章提到，名嘴引用論文，稱「美國是病毒起源」，結果查核後發現，論文內容僅僅表示COVID-19病毒起源可能不是湖北，並沒有說病毒來自美國[3]。由於名嘴變造了論文的內容，可能會讓讀者誤以為這是正確的事實。

最難察覺的，應該是推論過程的操弄。在COVID-19疫情之初，曾有名嘴以「美國流感6,600人死亡」的數據，稱「美國流感比武漢肺炎更致命」。這是用錯誤類比來混淆觀眾，因為病毒的致命性不能用「死亡人數」，而應該用「死亡率」來衡量，比較恰當。再者，這位名嘴的說法也忽略了我們人類對這兩種病毒的了解：流感已有藥物可以治療，也有疫苗可以注射；但COVID-19初期還沒找到有效的治療方法，也還沒有疫苗。名嘴的說法，容易讓電視機前的觀眾在疫情之初，對COVID-19對我們的威脅產生錯誤認知。

這些資訊操弄的案例聽起來都很可惡！但IORG還是要再次提醒，這本書裡所說的「資訊操弄」，並不探討訊息背後的意圖。意圖難以證明，也有可能是不小心，甚至是好意。例如小明，他

可能因為心不在焉，記錯內容，所以轉告錯誤；或者是關心你的舅舅，看到第1章「不要打疫苗」的資訊操弄，情急之下信以為真，想要保護家人，所以在群組裡轉發。這些行為並沒有邪惡的意圖，但仍然造成資訊操弄的傳播。

不論背後的意圖或是理由，我們都應該特別注意訊息的內容，保持警覺。資訊操弄往往會趁著我們不經意、有情緒、「腦波弱」的時候傳出去。資訊操弄能夠影響的範圍、能夠達成的目的，更是超越我們的想像！捧紅一家完全不存在的餐廳？創造不敗產業帝國？賺進大把鈔票？都不是問題，資訊操弄甚至能影響關乎世界局勢的重要選舉！

完全不存在的餐廳評價超高！吸菸有益身體健康？

平時與朋友相約聚餐，你會怎麼挑餐廳呢？參考Google評分？閱讀美食遊記？還是看網紅推薦呢？當看到一家餐廳有4.9顆星的評價、頻頻出現在美食遊記裡，又有網紅站台，每一張食物照更是秀色可餐，大多數人的第一反應都是加入收藏名單，甚至拿起電話、馬上訂位！不過這些數字、推薦和照片就不會騙人嗎？那可不一定。一家曾登上全倫敦第一名、一天有將近9萬人次搜尋的餐廳，最後被發現竟然根本不存在！這麼荒謬的故事，全出自撰寫假評論為生的巴特勒[4]之手。

抬起腳，放在盤子上，加顆荷包蛋，撒上香料，取個角度，按下快門，一張美食照就完成了。再做出假商標、假網站，一間名叫「達利奇小木屋」的餐廳正式開張[5]。巴特勒的目標是讓這間「餐

廳」登上知名旅遊網站 TripAdvisor 的榜首，他找朋友幫忙，撰寫口徑一致的假評論，稱餐廳是在室外用餐、只限預約，並且「有家的感覺」。就這樣一傳十、十傳百，「達利奇小木屋」的網路評價迅速攀升，訂位電話開始湧入，有人說想在此辦慶生會，有人願意等上 4 個月，甚至還收到電視台的採訪邀約。不過，巴特勒始終以「全被訂滿」為理由搪塞顧客，並拒絕任何邀訪。

終於在 6 個月後，巴特勒的目標達成，「達利奇小木屋」登上倫敦餐廳排行第一。面對舖天而來的訂位電話，巴特勒決定將惡作劇升級，正式營業一天。巴特勒將餐廳地點設在自家後院，找了幾個朋友充當服務生、假扮 DJ，偽裝成美食老饕，高談食物多麼美味。至於食物，既然要有「家的感覺」，巴特勒就端出他平時吃的微波食品和附近商家販售的甜點。結果，唯一的開張日不僅沒有毀了餐廳的名譽，竟然還有人表示想訂位再訪！

> 「達利奇小木屋」的案例，出現了幾種資訊操弄行為呢？答案將在這一章最後揭曉。

巴特勒資訊操弄倫敦人的事蹟公開後，不意外的引起眾怒，但也同時讓人見識到資訊操弄的威力。不過，比起巴特勒的惡作劇，有企業為了賺錢而操弄社會長達 30 年，不斷鞏固「抽菸有益身體健康」的認知，可能更加令人氣憤。

這麼違反現代人常理的事，發生在 1940 和 50 年代的美國。當時，美國罹患肺癌的人數不斷上升，越來越多的研究報告顯示抽菸與

罹患肺癌高度相關，不過菸商可不能讓這樣的研究斷了財路，為了替抽菸塑造良好形象，菸商找來了好幾位當紅、傳奇的美國職棒選手合作廣告，球星們叼根菸拿著球棒的畫面，等於是將「健康」與「抽菸」結合在一起[6]。

不過，指出抽菸是肺癌主因的研究仍然持續被發表，為了擺脫嫌疑，菸商又找醫生來拍廣告[8]，有的廣告上寫「更多醫生抽我們家品牌的菸喔！」有的寫「這是醫生的吩咐」[9]。一邊是菸商合作的醫生為抽菸背書，一邊是其他醫療單位的報告警告抽菸有害健康，手上的菸到底該不該抽？民眾像是在霧裡看花。

圖 3.2 美國香菸品牌 Chesterfield 1950 年代的廣告，有多位明星棒球球員共同代言[7]。

隨著吸菸對健康產生負面影響的醫學研究結果越來越多，肺癌與抽菸間的關係也越來越明確，醫學界更開始質疑二手菸對健康的影響，菸商當然不能坐視不管。為了「洗清罪名」，菸商除了持

圖 3.3 美國香菸品牌「駱駝」1946 年的廣告，寫到「抽駱駝牌香菸的醫生比其他品牌多」[10]。

續打廣告，更花錢組成「研究委員會」，聘請「科學家」接受訪問，堅稱抽菸及癌症的關係「沒有證據」[11]。

就這樣，菸商一招接著一招，使得美國政府遲至1970年代才開始宣導戒菸[12]，但可能已經有不計其數的人受到香菸廣告的操弄，甚至死於肺癌。

菸商的案例，又出現了幾種資訊操弄行為呢？答案一樣會在這一章最後揭曉。

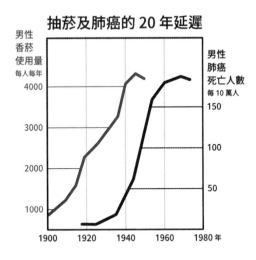

圖3.4 美國「國家癌症研究院」資料顯示，抽菸趨勢及罹患肺癌趨勢之間約有20年的延遲。IORG 翻譯並重製圖表 [13]。

連美國總統大選，都可能受到資訊操弄的影響！

資訊操弄可以打造一家不存在的人氣餐廳、鞏固高獲利的香菸產業，但資訊操弄的能耐和運用範圍可不僅如此。在國與國的競爭，資訊操弄是國家擴大影響力的工具，不用刀劍槍砲、不用火光四色，就能加深對手國的社會分裂與民眾對體制的不信任，影響他國施政和運作，進而提升自己的競爭優勢，資訊操弄可說是現代國家實力競逐的新武器！例如2016年美國總統大選期間，美國就受到俄羅斯的資訊操弄攻擊。

激烈的選戰中，一邊是在政壇打滾已久的前第一夫人希拉蕊[14]，另一邊是舉手投足都引人注目的地產大亨川普[15]。身為世界強權，美國大選自然吸引了各國的目光，不過，長期和美國在地緣政治和國家安全上競爭的俄羅斯，就不只是隔海觀望了。

選舉期間，一個名叫「網路研究局」IRA[16]的機構，開始在各種社交媒體上用常見的美國「菜市場名」假扮成美國民眾、在地組織，甚至新聞媒體[17]，大量開設粉絲頁和社團。每個社團都有專攻的社會群體，從同志、非裔、南方州民眾，到退伍軍人等。摸透各個族群的IRA，不斷向社團

圖3.5 2016年呼籲美國選民不要投票的迷因。文字寫到「你要投給誰？」「民主不是在兩個惡魔之間做選擇」「抵制2016選舉」[22]。

成員傳播能夠強化同溫層、激起社會對立的訊息，美國前國家安全顧問麥馬斯特[18]就指出IRA「利用美國資訊生態的弱點在美國製造分裂」。選舉將近時，IRA再加大傳播操弄訊息，例如對非裔的粉絲社團宣稱希拉蕊陣營收取白人種族主義組織「3K黨」的政治獻金，或是聲稱選舉舞弊、鼓勵選民不要投票。根據美國聯邦人口調查局數據，2016年非裔選民投票率達到20年來最低，不到60%[19]，而在2016年選舉期間，美國的公共討論失能、社會嚴重分裂，更是備受公認[20]。這個企圖透過資訊操弄影響美國大選結果的IRA，其組織領導人正是俄羅斯總統普丁的富商好友普里格欽[21]。

資訊操弄剝奪個人自主判斷，影響整體社會

從上述案例可以發現，資訊操弄的影響可能比我們想像的還大。不管是為了惡作劇、金錢利益，或是國家之間的競爭，資訊操弄以無中生有（達利奇小木屋）、訴諸權威（菸商案例中的醫生），搭配名人背書（菸商案例中的棒球明星）、假冒身分（IRA假扮美國民眾）等方式，影響人們的認知，使其一步步掉入資訊操弄的陷阱。被騙一頓晚餐也許無傷大雅，嚴重的是被騙走健康，甚至是國家。

不管是生活或是政治，內容多變的資訊操弄在台灣也看得到。電視上，經常看到不肖食品和藥品業者以誇大不實的廣告欺騙消費者，第1、第2章也舉出在COVID-19疫情和2021年公投期間層出不窮的資訊操弄案例，更有跨國調查顯示，台灣可能是全世界受到資訊操弄「攻擊」「世界第一」的國家[23]，畢竟我們的鄰居中

國不只一次明確表示，併吞台灣是他們的目標[24] [25]，政府機關及官方媒體更持續直接參與對台的資訊操弄[26]。

面對資訊操弄，我們到底能怎麼辦？在這本書的後續章節，我們將逐一介紹「資訊環境」裡的重要角色。每個角色，各自都有不同的責任，一起讓資訊環境變得更好，而身處資訊環境的我們，首要之務，就是增加自己的「資訊判讀力」。就在下一章！IORG將介紹「訊息可信度評量」，這個評量方法可以幫助我們拆解、分析資訊，讓「資訊操弄」現形，最後做出可信或不可信的判斷。

「達利奇小木屋」的案例屬於事實內容的操弄。因為巴特勒製造的假菜單、假商標，以及假留言中造假的用餐經驗，都是經過變造後的內容，所以是事實內容的操弄。

菸商的案例，則是包含事實內容和推論過程的操弄。有更多醫學研究指出抽菸對健康有負面影響，因此菸商介入的「研究」包含錯誤內容，菸商藉此宣稱抽菸無害健康，也是不當訴諸權威、不當因果關係。

以上兩個案例，你的答案是什麼呢？判斷訊息是否是資訊操弄的時候，會不會有一種「不確定」的感覺呢？下一章的「訊息可信度評量」就是希望提供一個思考框架，透過拆解、查證，用不同的標籤將訊息分類，讓資訊判讀更容易。

04 資訊判讀新方法：訊息可信度評量

> ◉ 一則訊息裡常常含有事實和觀點，你能分辨嗎？
> ◉ 錯誤的資訊來源、假造的資訊來源，有什麼不同？
> ◉ 如果你對一則訊息可信度的判定跟別人不同，該怎麼辦？

訊息可信度評量4步驟，判讀訊息內容哪裡可疑！

親友LINE群組，又傳來一則訊息，內容怎麼看起來好可疑。「A加B，吃了會致癌！」「我聽醫生朋友說，Z疫苗有問題！」這些訊息背後，或許代表親友的愛，但關心就能傳播資訊操弄嗎？

智慧型手機、通訊軟體的出現，讓越來越多人能在彈指間就把訊息傳到千里之外。但就像無家可歸的超級英雄的叔叔說的，在擁有超能力的同時，我們應該學習如何負責任的掌控它、使用它，來保護自己和身邊的人，更要確保自己不會變成幫助資訊操弄傳播的「工具人」。

IORG參考邏輯學的基礎，並且結合資訊操弄的研究經驗，在這一章提出「訊息可信度評量」。這個評量方法透過4個簡單的步驟，幫助你拆解複雜的訊息，一步一步，有條有理，判斷一則訊息的內容是否值得相信。

第1步，拆解訊息，分清「事實」及「觀點」

政治大學新聞學系劉慧雯教授接受IORG訪問時鄭重的說：「很多人認為新聞應該是客觀、中立的，這是一個長期的巨大迷思。」她提到，新聞的報導要基於事實，這一點無庸置疑，但是事實是否被「客觀」的表述，其中就有蠻大的空間。在特定脈絡下提到特定的事實、訊息的編排、使用特定的詞彙（例如：「他說」、「他反駁」的意思就有明顯差別），這些都可能改變「事實」和「客觀」之間的關係。當然，所有資訊最後都需要經過閱聽人的解讀，這樣就更難達到「客觀」。

換句話說，日常生活接收到的資訊，除了事實，還常常帶有觀點。資訊帶有觀點並不是問題，具有觀點的資訊，不一定就不可信，而不具有觀點的資訊，也不一定就是可信的。要開始判斷訊息是否可信，第一步就是要拆解訊息，讓閱聽人察覺並區分「事實」及「觀點」，分別檢驗，最後再綜合判定。

在這一章，IORG用「事實」來簡稱「事實陳述」，指的是已經發生或已經存在的事物或事件，且可以被驗證為正確或錯誤[1]。例如「太陽每天都會從西邊升起」，這就是一個可以被驗證為「錯誤」的「事實」（陳述）。

「觀點」指的則是看法或意見[2]，可能有根據，也可能沒有根據。「觀點」是否具備正確且完整的事實為根據，以及事實及觀點之間的因果關係是否充分且合理，都是判斷這項觀點是否可信的重點。舉例來說，一則訊息提到「因為太陽每天都會從東方升起，

所以早上看日出必須面向東方」，前者是正確的「事實」，後者是基於正確的事實及合理的因果關係所得到的「觀點」。

$$事實 \xrightarrow{\text{推論}} 觀點$$

圖4.1「事實」、「推論」、「觀點」3者關係：從事實出發，經過推論，形成觀點。

這裡，就先來看一個具體的例子，練習如何拆解訊息裡的「事實」及「觀點」吧！

同學的親外甥，碩士畢業，在深圳醫院工作。現被抽調到武漢研究新型肺炎病毒。他剛剛來電要我轉告所有的親戚朋友，感冒時如出現流鼻涕和咳痰者，不能斷定就是新型冠狀病毒肺炎。因爲冠狀病毒肺炎是乾咳無流鼻涕，這是最簡單的鑒別方法。他還告知這次新型冠狀肺炎病毒並不耐熱，在溫度 26-27 度的環境下就會被殺死，所以要多飲用熱水防止病毒，只要人體保持熱能，多吃點薑，多做運動，就不會感染病毒。如果有發高燒的症狀，就蓋被子，喝薑湯，讓體內的熱能提高，抵抗病毒感染，平時做菜、湯時適當多放鮮薑碎片。多吃薑，蒜頭辣椒，胡椒粉都可以解決；少吃甜酸咸苦，別去寒冷天氣的地區。病毒只要經太陽暴曬就會完全消失。

大家分享出去，幫到一個就一個🙏

新冠毒在到達人的肺部之前，會在人的喉嚨里停留 4 天。在這 4 天時間里，感染者出現咳嗽，並感到喉嚨疼痛。此時此刻，感染者只要大量喝茶，並用溫鹽水，茶，醋漱口，就可以消除新冠病毒。這條訊息，非常重要。請轉發給親朋好友，舉手之勞，猶如傳送這個冬天里的溫暖，廣種善因，功德無量。

圖4.2 2022 年 1 月 10 日民眾回報至 Cofacts 真的假的平台的 LINE 訊息 [3]。虛線框爲訊息提供的事實，實線框爲觀點。

這是一則從 2020 年流傳到 2022 年的「長壽」訊息。訊息的主要觀點，是認爲「喝熱水、茶、溫鹽水可以防止或消除 COVID-19 病毒」，也就是圖中虛線框的部分。支持這項觀點的事實，則是「病毒並不耐熱，在溫度 26-27 度的環境就會被殺死」，以及「病毒在

到達肺部之前，會在喉嚨裡停留 4 天」，也就是圖中實線框部分。

在把訊息拆解開來，標定事實、觀點之後，接下來，就要分別檢驗它們的可信度。訊息提供的「病毒不耐熱」、「喉嚨停留 4 天」這些事實，是真的嗎？訊息認為「可以防止或消除病毒」的方法，是合理的嗎？接下來的第 2 步，會判定事實的可信度，而第 3 步，則會判定觀點的可信度。值得特別注意的是，一則訊息常常包含不只一個觀點。如果覺得訊息的內容太過複雜，不知道該從哪裡開始，可以先試著找到眾多觀點之中最主要的那一個，就是常說的「結論」，再找到支持這個「結論」的各項事實，從這些地方開始判斷！

第 2 步，查證「資訊來源」及「事實內容」是否正確且完整

在判斷訊息的「觀點」是否可信之前，必須先確定觀點所根據的「事實」是否正確且完整。而判斷「事實」是否正確且完整的關鍵，就是每一項事實所根據的「來源」及其描述的「內容」。

面對大多數的事實，我們通常不太可能透過親身經歷去取得直接證據，反而比較可能依靠間接證據來驗證[4]。科學研究、新聞報導、某網站的某文章，甚至是「我阿姨說」、「網友說」，這些都是間接證據，也是大多數事實的「來源」。如何判斷這些來源所宣稱的事實是不是可信？最基本的一個原則，就是要有「其他可信的來源」共同支持。例如，學術期刊的論文通常都會經過同儕審查。常常在電視上看到的「獨家」，就是只有一間傳媒報導、只有單一

來源的說法。雖然「獨家」聽起來令人興奮，但對於內容的可信度還是要謹慎，除非有其他新聞媒體針對同一事件也做了調查報導，有了第二個可信來源的支持，才能判斷這項說法可能比較可信。

在台灣，「A媒體引用B媒體」是常見的報導方法，甚至有媒體會以「網友說」、「網傳」開頭，內容則直接複製貼上網路文章。這些都不能稱為「其他可信的來源」。無論是科學研究、新聞報導，還是言之鑿鑿的知名「專家」言論，都應該嚴格檢查有沒有第二來源。至於「我阿姨說」、「網友說」，這樣的資訊常常沒有辦法驗證，也沒有其他來源支持相同的說法，面對這樣的資訊，IORG建議，保持不失禮貌的懷疑是不錯的做法。

關於對話的各種技巧，請參考第26章「對話千層派」的專文。

關於事實的來源及內容是否正確且完整，可以參考台灣事實查核中心或「Cofacts 真的假的」發布的資訊。台灣事實查核中心是得到國際事實查核聯盟[5] 認證的民間非營利組織[6]，經常發布查核報告，查對網路上傳播的各種訊息。Cofacts 真的假的則是一個民間自主發起的群眾協作平台[7]，民眾可以自行回報可疑的訊息，由編輯志工自發查證，在平台上發布結果。這些台灣民間組織和社群所提供的查核結果，幾乎都帶有許多參考資料、連結、學者或專業人士的說法，可以協助我們判斷，並且延伸閱讀，不過，如果你對於這些事實查核的內容不想照單全收，那麼也可以自己拆解，尋找可信的證據，自己判定訊息是否可信。

請參考第22章，由Cofacts真的假的共同創辦人李比鄰分享，為何要以群眾協作進行事實查核。

IORG歸納過去的研究成果，發現許多可疑訊息在資訊來源及事實內容上，常有一些反覆出現的問題。面對新聞報導、網路傳言，如果發現一則訊息的內容有以下狀況，我們可以幫這則訊息貼上「可疑標籤」，對其可信度保持懷疑：

沒有提供來源

訊息中完全沒有提供關於事實的來源。

無法證實的來源

無法得知訊息提供的來源是否真實存在，也無法確認該來源是否有說過訊息提供的事實。最常見的「無法證實的來源」就是「我朋友說…」。

錯誤來源

訊息提供的來源，沒有說過訊息提供的事實。

來源不具專業背景

訊息提供的來源確實有說過訊息提供的事實，但這個來源不具有相關領域的學術背景或專業經驗。例如，一個律師宣稱某個藥物具有治療癌症的功效，但他並不具有醫學專業，不能把這個律師所說的話，和醫師所說的話等同看待。更進一步的檢驗，即使來源具有相關專業，但像是醫學這樣的專業，分工細緻，往往也不

能一概而論。例如，針對某疫苗的功效，感染科醫師的意見，通常就會比精神科醫師更可信。

經驗上來源不可信
訊息提供的來源，從過去的經驗中得知不可信。例如，來源是一間已經被證實經常報導錯誤訊息的媒體。

無法證實的內容
以目前的科學知識、各種可信的證據，都還無法證實訊息提供的事實內容是否正確或錯誤。例如，宣稱「世界上有鬼」或「有外星人」。

除了以上可疑的狀況，可以幫訊息貼上「可疑標籤」，還有一些關於資訊來源或事實內容嚴重的錯誤，我們可以幫這則訊息貼上比「可疑」嚴重的「資訊操弄標籤」：

假造來源
訊息宣稱資訊來源是 A，但其實是 B，或者 A 根本沒有說過這段話。例如，網路上流傳的愛因斯坦梗圖，用愛因斯坦的肖像照片配上旁白：「網路上 99% 的愛因斯坦名言都是假的」，但愛因斯坦不可能說過這段話，因為在 1955 年愛因斯坦離世時，當代所稱的「網路」，也就是網際網路 Internet 或全球資訊網 WWW 並不存在。

上面這個例子，也許只是單純的網友惡搞，但如果像是第 3 章曾提到的，一位台灣知名媒體人引述中共官媒的官方報導，卻聲稱

報導來自美國媒體，這可能就不只是惡作劇而已。不管是假借愛因斯坦的名言，還是把中共官媒說成美國媒體，都可能造成閱聽人的混淆，讓閱聽人因為來源的不同，而更加信任（或不信任）訊息內容，對閱聽人造成影響，是「假造來源」和「錯誤來源」最大的差別。

包含錯誤內容

已有可信的證據，證實訊息中含有錯誤的內容。國內外事實查核機構的事實查核結果、經過同儕審查的學術研究成果、可信的新聞媒體所做的調查報導，都可以作為可信的證據。

圖4.3 網路梗圖，以愛因斯坦肖像為背景，假造愛因斯坦的話，反諷各種名人名言梗圖。

變造內容

利用斷章取義[8]、移花接木[9]等方法來改變一項事實原本的內容。例如，電視新聞台使用真實的影片，但押上與影片內容不符的字幕，或者2021年底YouTuber「小玉」利用deepfake技術製作名人的換臉影片[10]，都是移花接木的變造內容。隨著資訊技術日新月異，製作難辨真假影片的成本越來越低，而人工智慧的進展，也讓deepfake影片越來越逼真，讀者不可不察。

IORG設計了下列5個問題，在第1步標定的每一項事實，都可以用這5個問題檢驗。你可以跟著流程圖，從問題1開始依序作答，判定是否應該幫這則訊息貼上「可疑標籤」或「資訊操弄標籤」。

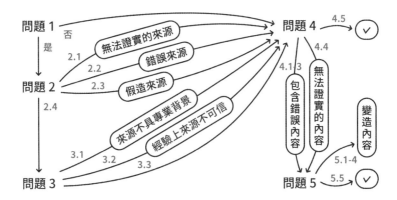

圖4.4 檢驗資訊來源及事實內容的5個問題流程圖，各選項詳細內容請參考下表。

問題1. 這則訊息是否包含這項事實的來源？

編號	選項	判定結果	下一步
選項1.1	否	沒有提供來源	
選項1.2	是	尚待判定	

問題2. 有其他可信資料可以證實這個來源真的說過這段話嗎？

編號	選項	判定結果	下一步
選項2.1	找不到其他可信資料可以證實	無法證實的來源	問題4
選項2.2	有可信資料證明，這個來源沒有說過這段話，而這不影響我的判斷	錯誤來源	問題4
選項2.3	有可信資料證明，這個來源沒有說過這段話，而這會影響我的判斷	假造來源	問題4

| 選項2.4 | 可以找到其他可信資料或基於科學方法，證實來源為眞 | 資訊來源大致可信 | 問題3 |

問題3. 這則訊息提供的來源，對你來說是否可信？

編號	選項	判定結果	下一步
選項3.1	來源不具有相關學術或專業背景	來源不具專業背景	問題4
選項3.2	就你的個人經驗，這不是一個可信的來源	經驗上來源不可信	問題4
選項3.3	就你的個人經驗或這個來源的背景，值得相信	資訊來源大致可信	問題4
選項2.4	可以找到其他可信資料或基於科學方法，證實來源為眞	資訊來源大致可信	問題3

問題4. 這則訊息提供的事實有錯誤嗎？

編號	選項	判定結果	下一步
選項4.1	這則訊息被國內外事實查核機構（如台灣事實查核中心）查核爲錯誤	包含錯誤內容	問題5
選項4.2	這則訊息被 Cofacts 眞的假的社群查核爲錯誤	包含錯誤內容	問題5
選項4.3	你有找到有其他可信資料證明這則訊息的內容錯誤	包含錯誤內容	問題5

| 選項4.4 | 你找不到其他可信資料可以證實事實是否正確 | 無法證實的內容 | 問題5 |
| 選項4.5 | 你找得到其他可信資料或基於科學方法，可以證實事實正確 | 事實內容大致可信 | 結束 |

問題5.這則訊息的錯誤內容，是否有變造的現象？

編號	選項	判定結果	下一步
選項4.1	有斷章取義的現象	變造內容	結束
選項4.2	有移花接木的現象	變造內容	結束
選項4.3	有竄改內容的現象	變造內容	結束
選項4.4	有其他變造內容的現象	變造內容	結束
選項4.5	沒有或找不到	事實內容大致可信	結束

表4.5 檢驗資訊來源及事實內容的5個問題及選項。

接下來，就用這5個問題，來檢驗前面提過「溫鹽水防病毒」訊息提供的事實是否可信吧！從問題1開始，可以做出以下判斷：

1. 訊息有提供資訊來源，是「同學的親外甥，碩士畢業，在深圳醫院工作」。下一步是問題2。

2. 找不到其他可信的資料，來證實到底有沒有這個「外甥」，所以，應該可以幫這則訊息貼上「無法證實的來源」這個「可疑標籤」。接著，跳過問題3，來到問題4。

3. 訊息最主要的事實內容是「新冠病毒在到達人的肺部之前，

會在人的喉嚨里停留4天」。直接用Google搜尋這段話，會發現台灣事實查核中心曾經發布這則訊息的查核報告[11]，報告採訪了陽明大學、亞東醫院、林口長庚、台大醫院等多位相關領域的醫師，醫師們提到「病毒會在喉嚨停4天」的說法沒有科學根據。這些有相關專業背景、也有具名的醫師說法，應該比背景不明的「深圳醫院外甥」可信，因此，應該可以再幫這則訊息貼上「包含錯誤內容」這個資訊操弄標籤。下一步是問題5。

4. 找不到變造內容的跡象。

回答完5個問題，這則訊息在事實可信度上，已經獲得1個可疑標籤「無法證實的來源」和1個資訊操弄標籤「包含錯誤內容」。不過，可信度評量還沒有結束，下一步，我們來討論「推論過程」的問題。

針對「溫鹽水防病毒」訊息提供的事實可信度，你的判斷是？

第3步，從「事實」到「觀點」，檢驗推論過程是否合理

查證完訊息中各項事實的內容及來源之後，下一步就是要檢驗連結事實和觀點之間的「推論過程」是否有問題。

為什麼「推論」很重要？邏輯學有一項基本定律──「充足理由律」[12]，定律強調，任何判斷都必須有充足的理由，也就是「事出必有因」。所以，當某則訊息提出了一項「觀點」，我們應該檢

驗這個觀點的背後是不是有足夠的理由，也就是「事實」和「觀點」之間的因果關係。

原因和結果之間要合乎邏輯，必須具有「充分且必要」的條件關係[13]。舉例來說，在沒帶傘的情況下，如果沒有發生「下雨」的事實，就不會發生「被雨淋濕」的結果，所以可以說，「下雨」是「被雨淋濕」的必要條件。不過，有了一項原因，也有可能因為其他原因的影響，導致結果不會發生。回到下雨的例子，就算沒帶傘，也不見得因為下雨了，就一定會被雨淋濕，有可能因為好心人幫忙撐傘，剛好站在有遮蔽的地方，或者其他各種原因，而沒有被雨淋濕。因此，「下雨」並不是「被雨淋濕」的充分條件。

「下雨」是「被雨淋濕」的必要條件，而「下雨」並不是「被雨淋濕」的充分條件。如果有人只因為看到下雨，就推論一定會被雨淋濕，而沒有考慮到其他因素，這樣就是一種「過度」的推論，是一種「不當因果關係」[14]。在檢驗觀點是否合理時，應該綜合考量理由是否「充分且必要」，避免被片面之詞誤導。

檢驗推論過程，真的很不容易。不過，根據IORG的經驗，許多嚴重的資訊操弄之所以有辦法誤導閱聽人的判斷，正是「利用」了人們對邏輯的陌生和盲點，用有問題的推論來妨礙思考。IORG歸納研究成果，整理出下列這些和推論過程有關的「資訊操弄標籤」，如果讀者遇到這樣的訊息，要特別注意：

沒有證據

訊息中只有觀點，完全沒有提供事實根據。例如「A就是B」這樣

看似篤定的「斷言」，就是沒有證據的推論。

證據不足

訊息提供的事實根據並不正確，或不充足。例如，訊息提供的觀點是「人類不需要喝水」，觀點所根據的事實則是「人類喝水會死亡」，這個事實根據是錯的，所以推論有問題，結論也有問題

沒有因果關係

訊息提供的事實和觀點之間沒有因果關係。例如，訊息提供的觀點是「校長很可惡」，但所根據的事實卻是「今天天氣很好」，兩者之間沒有關係。

以偏概全

以少數個案的例證概括推論到全體的情形。例如，身邊有一位原住民朋友愛喝酒，就認為「原住民都很愛喝酒」；又例如，某人曾經說謊被發現，就認為他下次也一定會說謊。經常出現對特定族群，試圖將人「分類」的「刻板印象」，就是一種「以偏概全」。

錯誤類比

因為兩件事情在某方面有共同點，就認為這兩件事情在其他方面也必然相同。例如，因為蘋果和香蕉都一樣是水果（共同點），而香蕉是黃色的，所以就認為蘋果也一樣是黃色的；又例如，現在國家法律規定國產豬肉製品中含有瘦肉精是違法的，也規定吸毒是違法的（違法是共同點），所以就認為食用含有瘦肉精的豬肉就等於是吸毒。

陰謀論

即使有其他更合理的解釋，仍將某個事件或現象解釋為背後有一個邪惡且強力的集團在密謀操控，例如「權貴」、「深層政府」這樣的說法，都是一種「邪惡而強力的集團」。當出現某個迫切的事件或現象，因為需要更多研究及證據而尚無確定的解釋，而同樣沒有充足證據但也往往「無法證偽」的陰謀論就更容易使人相信，可能對社會造成更大的傷害。例如在 2020 年 COVID-19 疫情初期，在沒有足夠的科學證據之下，就揣測 COVID-19 病毒來自特定國家，為了特定目的而製造，就可以說是一則陰謀論。

除了上述的嚴重情況之外，也有一些訊息的推論過程雖然有根據，但還是有不足之處，需要謹慎檢驗。有下列狀況的訊息，可以貼上「可疑標籤」：

尚待科學驗證

目前的科學知識還不足以證實的推論。科學研究、科學知識的累積，需要時間，當新興社會現象、新興傳染病出現，可能就會出現尚待科學驗證的推論。

不當因果關係

更嚴謹的說法是「欠缺相當因果關係」，亦即，在訊息中作為「原因」和「結果」的兩項事實之間，沒有必然的因果關係。

舉例來說，「因為下雨，所以我一定會被雨淋濕」這個推論，可能是「不當因果關係」。因為「下雨」、「被雨淋濕」這兩項事實之間，沒有必然的關係。它們之間的關係可能「被阻斷」，例如，如

果有人幫我撐傘，我就不會被雨淋濕；或者，「結果」來自別的「原因」，例如，我被雨淋濕，可能是有人蒐集了一大桶雨水，往我身上潑。

上面提過的「沒有因果關係」和這裡的「不當因果關係」有什麼差異呢？「沒有因果關係」的兩項事實之間，沒有任何可以連結的可能，而「不當因果關係」的兩項事實之間，則有一定程度的連結。在下雨的例子之中，雨水就是連結。

不當訴諸權威

日常對話中，我們常常「訴諸權威」，引用權威人士、專家、學者的研究或觀點來加強自己的觀點，因為這些有識之士，是許多人認為可信的資訊來源，是我們認識這個世界的「間接證據」。不過，如果訊息內容過度強調特定權威，忽略引用對象是否真實存在、是否具備專業、其意見是否合理、是否具有代表性，這些都可能是「不當訴諸權威」。例如，引用一個經濟學家的言論，認為相對論是錯的；又例如，引用某個網紅的說法，認為感染COVID-19不需要看醫生接受治療。

引起情緒

IORG在研究過程中，常常看到資訊操弄論述帶有引起恐懼或不信任等等情緒的用詞，可能可以引起讀者的共鳴，讓人更相信這則訊息，更容易分享這則訊息[15]。例如，COVID-19疫情期間常看到關於某疫苗的錯誤訊息會提到「疫苗致癌」、「打疫苗會短命」，引起讀者的恐懼；又例如，宣稱某個事件「新聞媒體都沒報導」、「政府權貴掩蓋消息」，引起讀者對於新聞媒體、政府既存的

不信任感。

IORG 設計了以下 5 個問題，你可以一步步跟著流程圖，檢驗訊息中的推論過程，是否包含以上這些「可疑標籤」和「資訊操弄標籤」：

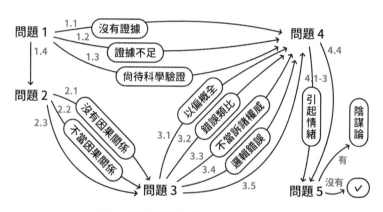

圖4.6 檢驗推論過程的5個問題流程圖。

問題 1. 這則訊息的推論，是否已經提供充足的事實根據？

編號	選項	判定結果	下一步
選項1.1	沒有提供事實或根據	沒有證據	問題4
選項1.2	沒有提供正確且充足的事實或根據	證據不足	問題4
選項1.3	依照目前的科學知識，還不足以判斷	尚待科學驗證	問題4
選項1.4	已經提供充足的事實或根據	尚待判定	問題2

問題 2. 根據科學原則、經驗法則，在通常的情況下，
這則訊息提供的事實根據及其觀點是否符合「因果關係」？

編號	選項	判定結果	下一步
選項 2.1	訊息中的事實與觀點完全沒有條件關係	沒有因果關係	問題 3
選項 2.2	有其他因素影響這則訊息的觀點成立或不成立	不當因果關係	問題 3
選項 2.3	在對你來說的合理狀況之下，且基於這則訊息的事實，足以推論出觀點	尚待判定	問題 3

問題 3. 這則訊息的推論是否有其他常見的邏輯問題？

編號	選項	判定結果	下一步
選項 3.1	這則訊息有以少數個案概括推論到全體的情形	以偏概全	問題 4
選項 3.2	這則訊息有不合理的類比	錯誤類比	問題 4
選項 3.3	這則訊息不當引用權威言論來證明其推論	不當訴諸權威	問題 4
選項 3.4	這則訊息有其他邏輯推理的問題	邏輯錯誤	問題 4
選項 3.5	沒有	尚待判定	問題 4

問題4. 這則訊息的內容是否含有引起恐懼、
不信任等情緒反應用詞？

編號	選項	判定結果	下一步
選項4.1	含有引起恐懼的用詞	引起情緒	問題5
選項4.2	含有引起不信任的用詞	引起情緒	問題5
選項4.3	含有引起其他情緒的不當用詞	引起情緒	問題5
選項4.4	沒有	尚待判定	問題5

問題5. 這則訊息的推論是否導向一個邪惡且強力的集團
在背後密謀操控？

編號	選項	判定結果	下一步
選項5.1	有	陰謀論	結束
選項5.2	沒有	推論過程大致可信	結束

表4.7 檢驗推論過程的5個問題及選項。

回到前面提過的「溫鹽水防病毒」訊息，我們可以用這5個問題來檢驗這則訊息的結論是否可信。針對「喝熱水、茶、溫鹽水可以防止或消除COVID-19病毒」這個結論，訊息有提供事實根據，但這則事實已經被多位醫師證實是沒有科學根據的說法，因此在問題1，就會獲得「證據不足」的「可疑標籤」。

第4步，判定訊息可信度

一則訊息經過以上3步驟，拆解「事實」、「觀點」，並分別判定可信度之後，這則訊息可能會被貼上幾個「可疑標籤」、幾個「資訊操弄標籤」，而「訊息可信度評量」的最後一步，就是利用這些標籤來判斷這個訊息的可信度。

	可疑標籤	資訊操弄標籤
資訊來源	● 沒有提供來源 ● 無法證實的來源 ● 錯誤來源 ● 來源不具專業背景 ● 經驗上來源不可信	● 假造來源
事實內容	● 無法證實的內容	● 包含錯誤內容 ● 變造內容
推論過程	● 尚待科學驗證 ● 不當因果關係 ● 不當訴諸權威 ● 引起情緒	● 沒有證據 ● 證據不足 ● 沒有因果關係 ● 以偏概全 ● 錯誤類比 ● 邏輯錯誤 ● 陰謀論

表4.8 IORG「訊息可信度評量」標籤分類。

幾個「標籤」的訊息算是可信，幾個又算是不可信呢？IORG 根據過去的研究成果，認為下列的判定標準是合理的，供讀者參考：

- 如果這則訊息沒有任何「可疑標籤」或「資訊操弄標籤」，則可判定為「大致可信」。
- 如果這則訊息有 1 個以上的「可疑標籤」，則可判定為「可疑訊息」。
- 如果這則訊息有 1 個以上的「資訊操弄標籤」，則可判定為「資訊操弄」。

舉例來說，在前面拆解、分析「溫鹽水防病毒」訊息的過程中，這則訊息被貼上了「無法證實的來源」、「包含錯誤內容」、「證據不足」3 個標籤，也就是 2 個「資訊操弄標籤」和 1 個「可疑標籤」。按照 IORG 提供的判定標準，「溫鹽水防病毒」訊息可以判定為「資訊操弄」，因此這則訊息不可信。

好的！說明完 IORG 提出的「訊息可信度評量」方法，接下來是來自 IORG 的小提醒。

這個「訊息可信度評量」的判斷方法，不是一種權威認證，而是提供一種分析和思考的工具。你可以透過這個判斷方法，了解到這個訊息「對你來說」是否值得相信，知道自己是基於什麼理由相信或不相信這則訊息，因此能夠把你的思考方法和判斷理由分享給其他朋友。

即使你思考後的判斷結果跟別人不一樣，也沒有關係。更重要的是，這個分析訊息是否可信的框架和過程能夠讓討論更有結構、更能夠釐清共識與歧異。用這個評量當作框架，展開判斷訊息可信度的過程，然後和身邊的人討論，為什麼你這樣判斷，為什麼

我這樣判斷，然後，找到下一步該怎麼做。

在公共議題的討論上，重點可能不是爭辯對錯、分出勝負，而是能夠找到共同認可的事實基礎，在那之上，用邏輯、合理的推論，嘗試形成判斷，運氣好的話，就會找到共同的價值和方向。

我們希望，透過「訊息可信度評量」，可以在可能微不足道的角落，讓對話開始發生，慢慢的，讓台灣的民主更健康。

> 在提出評量方法的同時，IORG 也誠摯邀請你回饋關於「訊息可信度評量」的各種想法，讓我們能夠修正錯誤、補充不足，讓這個評量的方法、步驟、分類標籤變得更好。

資訊環境生存法則：保持懷疑、有憑有據

資訊操弄，千變萬化，與時俱進。不只是新聞報導、文字訊息，連圖片、影音，都不一定是「有圖有真相」。身處資訊環境，如果資訊操弄已是常態，那麼最重要的生存法則就是「保持懷疑」：所有言論，都應該有憑有據。

保持懷疑，並不是不再信任科技、不再信任資訊、不再相信他人、不再相信民主。相反的，我們要以謹慎的態度，拆解、查證、懷疑、思考，讓自己從被動的資訊接收者，轉為主動的接收者，不任由他人、科技，擺佈我們的想法、影響我們的判斷，行有餘力，更要致力減少資訊操弄對身邊的人，以及對社會的危害。

你可能會覺得，如果日常生活中的每則訊息都要用「訊息可信度評量」的4個步驟、10個問題來判斷可信度，也太累了吧！這樣好像平常都沒辦法好好講話了。當然，不是要求你連跟朋友討論「午餐吃什麼」都要這麼認真。這個評量方法，是一項練習。就像打排球、上台演講一樣，判讀一則訊息是否可信，也需要練習。不管是閱讀資訊或是製造資訊，偶爾練習，過了一段時間，這些判讀的步驟、標準，就會慢慢變得熟悉，成為日常生活的一部分。如果哪天，遇到比「午餐吃什麼」更認真一些的事，這個評量方法就能派上用場。

然後，如果你還有剩餘的好奇心，在面對一則訊息時，也可以進一步思考：為什麼會有這則訊息產生？分享這則訊息的人是有什麼目的嗎？這樣的訊息又可能對社會造成什麼危害？

這一章的「訊息可信度評量」，提出了更有結構，討論訊息是否可信的方法。對於4步驟、10問題，你是不是覺得還不夠熟悉呢？IORG收集了許多新聞報導、可疑訊息，你會如何拆解、分析和判斷呢？趕快翻到下一頁，練習看看吧！

訊息可信度評量練習

認識了「訊息可信度評量」，接下來，IORG 準備了超過 100 則的訊息，來自研究過程中 IORG 研究員看過的新聞報導、網路文章、圖片、影片，等你來判讀，決定這些訊息的「可信度」。在這裡，我們精選了其中30則，分成4組，你可以從第1步拆解短訊息開始，一直到一連4步練習判定長文、圖文訊息。在這裡的每一題，IORG 也附上了我們自己的判讀結果及說明，供你參考。請記得，判讀結果並不是最重要的，拆解、思考的過程才是，自己做完練習，也可以和同學、朋友一起討論！

如果想挑戰更多，那就拿出手機掃描 QR code，進入 IORG 網站，有更多題目在等著你。在網站上，除了可以自己練習「訊息可信度評量」，也能看到其他人的判讀結果，和其他讀者交流。看見那些與自己相同、不同的判讀結果，可以思考，他們判讀的理由又是什麼？

第1步：練習拆解訊息，區分事實與觀點

前一章提到的「訊息可信度評量」，第1步就是拆解訊息，還記得「事實」和「觀點」的差別嗎？事實，是「事實陳述」的簡稱，指的是已經發生或已經存在的事物或事件，且可以被驗證為正確或錯誤；而觀點，則是看法或意見。

以下6題，都是真實的新聞報導標題。應用上一章提到的拆解方法，試著區分訊息中的「事實」和「觀點」吧！

1.毒蟲拒檢

訊息	毒蟲拒檢逃跑狠撞無辜路人，婦骨折頭部受創[1]
事實	● 拒檢逃跑 ● 骨折 ● 頭部受創
觀點	● 毒蟲 ● 狠撞無辜路人
IORG 解說	「拒檢逃跑」、「頭部受創」及「婦人骨折」都是對事件的事實陳述，歸類為「事實」。 「毒蟲」則是對擁有毒品前科的當事者的形容，之所以會歸類於觀點，是因為每個人對於「毒蟲」的定義有所差距；狠撞中的「狠」，也帶有價值判斷，因此也歸類為「觀點」。換句話說，一句話裡的形容詞，更有機會帶有觀點。

2.虐狗變態

訊息	高雄驚見「虐狗變態」！怪男強光狂射柴犬眼，恐怖行徑曝[2]
事實	● 高雄 ● 柴犬眼
觀點	● 驚見 ● 虐狗變態 ● 怪男 ● 強光狂射 ● 恐怖行徑
IORG 解說	「驚」、「虐」、「怪」、「強」、「狂」以及「恐怖」都含有價值判斷，因此歸類為觀點。

3. 愛國教育

訊息	【愛國教育】灌輸小一學生「南京大屠殺」十八禁史料，家長不滿引子女嚎哭[3]
事實	● 小一學生　　● 「南京大屠殺」　　● 家長不滿
觀點	● 愛國教育 ● 灌輸 ● 十八禁史料 ● 嚎哭
IORG 解說	「南京大屠殺」一詞雖然含有「大屠殺」，但稱呼該歷史事件為「南京大屠殺」已是被普遍接受的事實，因此並不會視為觀點。 「愛國教育」為記者的判定，「灌輸」一詞常帶有負面意涵，因此皆歸類為觀點；該則報導提及，課程內容並未被分級認定為「十八禁」的限制級，「十八禁史料」是記者根據內容殘忍程度所寫下的個人評價，也歸類為觀點。

4. 逃逸移工勒索縱放

訊息	警察像搶匪！抓逃逸外籍移工勒索縱放，前北市2惡警重判[4]
事實	● 抓逃逸外籍移工 ● 勒索縱放
觀點	● 警察像搶匪！　　● 惡警　　● 重判
IORG 解說	逃逸外籍移工與勒索縱放皆有清楚的定義，歸類為事實。 「警察像搶匪」的「像」、「惡」警、「重」判，則皆為價值判斷，歸類為觀點。

5.買不到蛋不是最糟

訊息	買不到蛋還不是最糟，小吃業：年後漲定了[5]
事實	● 買不到蛋
觀點	● 還不是最糟　● 年後漲定了
IORG 解說	「買不到蛋」、引用小吃業者的評論，皆是對個別事件的陳述，歸類爲事實。 「還不是最糟」則是針對「買不到蛋」事件的評價，「年後漲定了」則是被引用的小吃業者的意見，歸類爲觀點。

6.瘋狗狠咬慘死！

訊息	路上突遭瘋狗狠咬慘死！妹目睹崩潰…恐怖影片曝，肇事犬被槍斃[6]
事實	● 妹目睹 ● 影片 ● 肇事犬被槍斃
觀點	● 瘋狗 ● 狠咬 ● 慘死 ● 崩潰 ● 恐怖
IORG 解說	「瘋」、「狠」、「慘」、「崩潰」、「恐怖」皆包含價值與程度的判斷，因此歸類爲觀點。

拆解完新聞標題，接著再來試試更長、更複雜的訊息吧！以下6題，有的是新聞報導內容，也有的是可能出現在日常生活中的對話，試著把以下訊息內容區分成「事實」和「觀點」吧！

7. 台灣邊境政策太落後

訊息	許多國家改變防疫策略,決定與病毒共存,根據新聞報導,過去嚴守邊界的紐西蘭,將在2022年2月逐步放寬入境限制,反觀台灣持續嚴謹的邊境政策,實在是太落後、跟不上世界![7]
事實	● 許多國家改變防疫策略,決定與病毒共存,根據新聞報導,過去嚴守邊界的紐西蘭,將在2022年2月逐步放寬入境限制
觀點	● 台灣嚴謹的邊境政策 ● 實在是太落後 ● 跟不上世界
IORG 解說	「嚴守」帶有價值判斷,不過,「嚴守」一詞是來自被引述的新聞報導,因此可歸類為事實。相反的,未引述任何來源而評斷台灣邊境政策「嚴謹」、「落後」、「跟不上世界」,則可歸類為帶有價值判斷的觀點。

8. 物價上漲、停電,台灣鬼島!

訊息	台灣物價上漲、部分地區停電,選出一個無能政府連最基本的民生問題都無法搞定,台灣就是名符其實的鬼島![8]
事實	● 台灣物價上漲　　● 部分地區停電
觀點	● 無能政府 ● 無法搞定最基本的民生問題 ● 台灣就是名符其實的鬼島
IORG 解說	物價是否真的上漲、是否有停電,都屬於可以被驗證真假的事實陳述,歸類為事實。 「無能」、「基本」、「鬼島」則皆為評論,歸類為觀點。

9. 教育部爛！

訊息	教育部真是爛！新課綱後的首屆學測落幕，根據新聞報導，外界反映數 A 難度高，坊間補習班也觀察發現，諮詢 112 年學測重考的人數較去年成長一倍之多，補習班推測與考招新制有關。不過全國家長團體聯盟理事長表示，若明年數 A 難度仍高，重考意義也不大。[9]
事實	● 新課綱首屆學測落幕 ● 根據新聞報導，外界反映數 A 難度高 ● 坊間補習班觀察發現，諮詢 112 年學測重考的人數較去年成長一倍之多
觀點	● 補習班推測與考招新制有關 ● 全國家長團體聯盟理事長表示，若明年數 A 難度仍高，重考意義也不大 ● 教育部真是爛！
IORG 解說	評論「教育部很爛」，這是分享此則新聞所加註的觀點；新聞報導提及補習班的推測、家長團體的意見，則都是針對考試制度的觀點。

10. 氣候難民增加，愛護環境是每一個人的工作

訊息	21 世紀最重大的議題無疑是氣候與環保，全球暖化與極端氣候已經導致氣候難民人數增加，作為世界的一份子，愛護環境是我們每一個人的工作。如同法國海洋學家庫斯托 Jean-Michel Cousteau 所言：「人類是地球上唯一可以拯救自己免於滅絕的物種，我們的選擇其實就在自己手上。」[10]
事實	● 全球暖化與極端氣候導致氣候難民人數增加 ● 法國海洋學家庫斯托 Jean-Michel Cousteau 所言
觀點	● 21 世紀最重大的議題無疑是氣候與環保 ● 作為世界的一份子，愛護環境是我們每一個人的工作

IORG 解說	「最重大的議題無疑是」為價值先後順序的選擇，所以歸類為觀點。將「愛護環境」視為「世界一份子」的工作，以及將個人觀點與名人引言連結的「如同」，都是個人的評斷，也歸類為觀點。

11. 中國天網系統，維護安全，犧牲一點隱私和自主權又如何？

訊息	根據報導，中國架設的天網系統，利用AI技術辨識身分，追蹤人民的一舉一動，部分專家認為這是對人權的侵害，但治安與國家安全本來就該視為第一優先，犧牲一點隱私和自主權又如何呢？[11]
事實	● 根據報導，中國架設的天網系統，利用AI技術辨識身分，追蹤人民的一舉一動。
觀點	● 部分專家認為這是對人權的侵害 ● 治安與國家安全本來就該視為第一優先 ● 犧牲一點隱私和自主權又如何呢
IORG 解說	中國架設「天網系統」是可被驗證的事實。 專家基於事實的評論是觀點，而對治安、國安、隱私的評論則是這則資訊生產者的個人觀點。

12. CIA：台灣生育率全球最後，國安危機

訊息	根據美國中情局CIA公布的2021年全球生育率預測報告，227個國家地區中，台灣總生育率約為1.07%，是全球最後一名，人口結構失衡已成為嚴重的國安危機。[12]
事實	● 根據美國中情局CIA公布的2021年全球生育率預測報告，227個國家地區中，台灣總生育率約為1.07%，是全球最後一名。

觀點	● 人口結構失衡 ● 嚴重的國安危機
IORG 解說	生育率低是否為人口結構失衡以及造成「嚴重國安危機」皆為該文資訊生產者的觀點解讀。

第2步:練習判斷資訊來源及事實內容的可信度

拆解完訊息的「事實」和「觀點」,「訊息可信度評量」的第2步是先判斷事實是否正確且完整,判斷的關鍵,則是事實所根據的「來源」及其描述的「內容」。

以下6題,改編自日常生活中常見的訊息,現在就使用「訊息可信度評量」的第2步的5個問題,針對訊息提供的事實,貼上「可疑標籤」或「資訊操弄標籤」(參考下表)吧!各個標籤的說明,也請參考前一章的說明。記得,符合的標籤可能不止一個。

	可疑標籤	資訊操弄標籤
資訊 來源	● A.1 沒有提供來源 ● A.2 無法證實的來源 ● A.3 錯誤來源 ● A.4 來源不具專業背景 ● A.5 經驗上來源不可信	● A.6 假造來源
事實 內容	● B.2 無法證實的內容	● B.1 包含錯誤內容 ● C.1 變造內容

表1「訊息可信度評量」適用於資訊來源及事實內容的可疑及資訊操弄標籤。

1. 沐浴乳洗澡，致癌！

訊息	注意了！沐浴乳中的配方月桂醇聚醚會和細胞發生二惡烷。二惡烷是頂級致癌物，所以我之前就叫你們，不要用沐浴乳洗澡了。千萬不要用沐浴乳洗澡很容易得到癌症！[13]
事實可信度	● A.1 沒有提供來源
IORG 解說	此訊息並未提供資訊來源，若查詢「沐浴乳配方含有致癌物質」關鍵字，則會找到台灣事實查核中心的查核報告[14]，結論皆指出目前並未有足夠醫學證據顯示沐浴乳配方中的特定成分會導致癌症。 延伸練習：「請使用塊狀肥皂沐浴，用沐浴乳致癌」這則訊息最早出現的時間是？IORG查到一則2010年的部落格文章！[15]

2. 新東陽、黑橋牌萊克多巴胺超標

訊息	新東陽、黑橋牌等多家台灣知名牌品在香港被驗出含萊克多巴胺，最高超標27.6倍[16]
事實可信度	● A.2 無法證實的來源 ● B.1 包含錯誤內容
IORG 解說	此訊息雖然在最後附上香港文匯報的報導作為資訊來源[17]，但在網路上查詢不到第二來源，為「無法證實的來源」。報導最後提到香港食環署回覆表示過去抽查的豬肉製品「全部樣本通過檢測」，且台灣農委會、陸委會、新東陽和黑橋牌等也皆提出證據、澄清出口至香港的豬肉製品沒有被檢驗出萊克多巴胺（俗稱瘦肉精），因此可被視為「包含錯誤內容」。

3. 基隆、台北有確診者，快去儲糧，不然來不及了！

訊息	親戚有消息人士來源，基隆和台北有不明來源確診者，台北市下午要升到3級了！要儲糧快去不然來不及了！[18]
事實 可信度	● A.4 來源不具專業背景 ● B.2 無法證實的內容
IORG 解說	此訊息來源是訊息傳遞者的親戚，但不確定該名親戚是否具備疫情相關知識，又或是醫療、政府相關單位服務人員。另外，訊息傳遞當下也無法查核「基隆和台北有不明來源確診者」、「台北市下午要升到3級」這兩個事實內容是否為真，必須等到中央流行疫情指揮中心公布才有辦法確認。 補充說明，台北市是2021年5月15日升級至三級警戒[19]，與訊息傳遞時間的5月12日並不相同。

4. 航空公司：接種疫苗不要坐飛機

訊息	航空公司建議接種疫苗的人不要乘坐飛機[20]
事實 可信度	● A.5 經驗上來源不可信 ● B.1 包含錯誤內容
IORG 解說	此訊息第一層來源是中國社交媒體微信平台上的一則貼文[21]，另有第二、第三層來源，分別是澳洲媒體 Sky News 以及「航空公司」。經驗上，已接種疫苗的人應該比沒接種的人更安全、更不會傳染疾病，應該是航空公司較能接受的群體。另外，根據台灣事實查核中心的查核報告[22]，此訊息為錯誤訊息。

5. 接種疫苗的人將在 2 年內死亡

訊息	世界頂尖病毒學家 🔥 諾貝爾獎得主 🔥 呂克·蒙塔尼耶 Luc Montagnier 教授這位醫學天才在研究了 C19 疫苗成分後… 視頻說出驚人結論 ⚠ 所有接種疫苗的人將在 2 年內死亡 ⚠「那些已經接種疫苗的人沒有希望了！也沒有可能的治療！必須準備火化屍體！」最後 🔥 他們都會死於抗體依賴增強 🔥 這就是答案！[23]
事實可信度	● A.2 無法證實的來源 ● A.5 經驗上來源不可信
IORG 解說	此訊息引用諾貝爾獎得主蒙塔尼耶的說法，但無法證實他確實說過這段話，因此應屬於「無法證實的來源」。另外，根據台灣事實查核中心的報告[24]，蒙塔尼耶的反疫苗言論已多次被美國、澳洲事實查核機構查核爲錯誤，屬於經驗上不可信的來源。

6. 大前研一：台灣已進入低智商社會

訊息	大前研一：台灣已進入低智商社會！天啊，說得好對！[25]
事實可信度	● B.1 包含錯誤內容 ● B.3 變造內容
IORG 解說	此訊息爲 2015 年一部落格文章標題，內文概述日本著名趨勢專家大前研一於 2010 年出版、名爲《低智商社會》的書。經查，台灣事實查核中心曾發布相關查核報告[26]，證實大前研一在書中講述的是日本社會而非台灣社會，此訊息卻變造爲台灣，因此屬於「變造內容」。

第3步：練習判斷推論過程的可信度

「訊息可信度評量」的第3步，是檢驗連結「事實」和「觀點」的「推論過程」，檢驗其因果關係是否有問題。如果推論不夠「充分且必要」，就可能是「過度」的推論，屬於「不當因果關係」。

以下6題，同樣改編自真實案例，使用「訊息可信度評量」的第3步的5個問題，你能找出多少推論過程中的可疑之處，又會貼上幾個「可疑標籤」和「資訊操弄標籤」呢？

	可疑標籤	資訊操弄標籤
推論過程	● D.4 不當因果關係 ● E.1 尚待科學驗證 ● E.4 不當訴諸權威 ● E.6 引起情緒	● D.1 沒有證據　● D.2 證據不足 ● D.3 沒有因果關係 ● E.2 以偏概全　● E.3 錯誤類比 ● E.5 邏輯錯誤　● E.7 陰謀論

表2「訊息可信度評量」適用於推論過程的可疑及資訊操弄標籤。

1. 一張圖測視力

訊息	超神準！一圖測視力狀態…「看到這4碼」代表眼睛超健康 27
推論可信度	● D.1 沒有證據　● D.3 沒有因果關係　● E.2 以偏概全
IORG 解說	在原文中提到眼科醫師的權威檢測，從圖中看到的數字可以檢測眼睛視力狀況。然而在推論過程中，原文只提眼科醫生的檢測視力的方法，沒有辦法因此證明眼睛健康，且眼睛是否健康不僅只於視力部分，視力的健康是眼睛健康的一部分，並非視力檢康就是眼睛健康。

2. 廚房放點香蕉皮，蟑螂死光光

訊息	滅蟑螂別用藥，廚房放點香蕉皮，一晚上蟑螂死光光，方法安全實用[28]
推論可信度	● D.2 證據不足 ● E.5 邏輯錯誤
IORG解說	該影片內容並沒有提供足夠的證據證明該方法的效用，且根據查核機構[29]訪問昆蟲研究所畢業生，該方法效果有限，標題中的「死光光」有誇大的疑慮，因此標記「邏輯錯誤」標籤。

3. 比爾蓋茲救地球新招

訊息	比爾蓋茲救地球新招：在高空噴灑「碳酸鈣」，讓陽光變暗[30]
推論可信度	● D.4 不當因果關係 ● E.2 以偏概全 ● E.6 引起情緒
IORG解說	若查詢報導中提到的「平流層受控擾動實驗」SCoPEx哈佛大學實驗計畫，會發現微軟創辦人比爾蓋茲僅僅是贊助者之一，並沒有參與研究。同時，文章中也提及，有反對者提出噴灑碳酸鈣可能會有其他環境問題。因此直接稱「比爾蓋茲救地球新招」為不當的因果關係連結和以偏概全。報導提到的「救地球新招」也可能引起閱聽者的驚訝與好奇，因此標記「引起情緒」標籤。

4. 印度確診人數下降靠伊維菌素

訊息	根據新聞報導，最近印度新增確診及死亡人數大幅下降，就是靠伊維菌素。官方不敢承認伊維菌素的效果，還在推廣疫苗，是爲了圖利疫苗廠商[31]
推論 可信度	● D.2 證據不足　● E.1 尚待科學驗證 ● E.7 陰謀論
IORG 解說	根據台灣疾管署副署長羅一鈞的說法，伊維菌素對於 COVID-19 的藥效還需要查證[32]。況且，就算伊維菌素有治療效果，印度確診和死亡人數下降，也可能受到氣候、防疫控管等其他因素影響，無法推論都是靠伊維菌素。另外，訊息中把推廣疫苗與特定利益集團掛勾，也屬於陰謀論。

5. 巴拉圭做高端三期實驗

訊息	媒體獨家報導：高端疫苗在巴拉圭做三期實驗每人花費 1 萬美元，在台灣做延伸性試驗每人僅拿新台幣 6000 元[33]
推論 可信度	● E.3 錯誤類比
IORG 解說	這則訊息來自網路媒體毅傳媒的報導，雖然單看標題，看似沒有做出價值判斷，但將兩個事件並列，可能讓讀者產生高端疫苗在巴拉圭花很多錢，卻對台灣人花比較少錢的比較心態。 進行藥物試驗時，受試者獲得的金額只是整個試驗成本的一部分。此新聞標題前者是試驗「總成本」，後者是「受試者金額」，意義完全不同，此新聞標題卻把兩者進行比較，是一種錯誤類比。

6. 重大發現！華裔科學家研發神藥

訊息	重大發現！華裔科學家研發神藥：5年內，人類壽命將延長至150歲！白菜價，人人可買。 這款這款逆天神藥來自Dr Lindsay Wu（新南威爾斯大學）和Dr David Sinclair（哈佛大學科學院）帶領的科研團隊，他們在水果和蔬菜中發現了一種名叫煙醯胺單核苷酸NMN的物質。他們在22個月大的老鼠注射煙醯胺單核苷酸NMN，每天兩次，持續一周，再次檢測發現，老鼠的肌肉萎縮情況已經不再，而且生長出了全新的肌肉組織，年齡評測顯示，這個時候的實驗白鼠的年齡相當於同類的6個月大。同一批注射了NMN的實驗白鼠不僅身體恢復了年輕。最後被證實，壽命也延長了20%。如果換算成人類的話，22個月的小白鼠相當於人類60歲的年紀，恢復到6個月的身體狀態，也就是相當於讓人類，重返20歲的青春身體狀態！[34]
推論可信度	● D.4 不當因果關係 ● E.3 錯誤類比 ● E.4 不當訴諸權威
IORG解說	這則訊息宣稱Sinclair等科學家的研究，可以讓人類壽命延長至150歲。雖然真的有訊息中的這項研究[35]，但這項研究目前只有在老鼠上進行實驗，是否能在人體上實驗、甚至發生效果，距離還很遙遠。因此，這則訊息應該屬於D.4不當因果關係。 這則訊息直接推論到人類身上，還用老鼠的年齡換算到人類身上，是錯誤類比。同時，誇大科學研究的成果，也是一種不當訴諸權威。

第 4 步：綜合練習

分別練習了前 3 步驟，接下來，就用一些比較複雜的訊息，來完整練習「訊息可信度評量」4 步驟吧！再複習一次，「訊息可信度評量的」4 步驟是：

1. 拆解訊息，分清「事實」及「觀點」
2. 查證資訊來源及事實內容，並標記標籤
3. 從「事實」到「觀點」，檢驗推論過程是否合理，並標記標籤
4. 根據標記好的「可疑標籤」及「資訊操弄標籤」，判定訊息可信度

這裡也再說明一次，許多訊息內容可能包含不只一個觀點。如果覺得訊息內容太複雜，可以先從訊息裡最主要的觀點，也就是常說的結論，及其相關的事實開始判斷即可。

	可疑標籤	資訊操弄標籤
資訊來源	● A.1 沒有提供來源 ● A.2 無法證實的來源 ● A.3 錯誤來源 ● A.4 來源不具專業背景 ● A.5 經驗上來源不可信	● A.6 假造來源
事實內容	● B.2 無法證實的內容	● B.1 包含錯誤內容 ● C.1 變造內容
推論過程	● D.4 不當因果關係 ● E.1 尚待科學驗證 ● E.4 不當訴諸權威 ● E.6 引起情緒	● D.1 沒有證據　● D.2 證據不足 ● D.3 沒有因果關係 ● E.2 以偏概全　● E.3 錯誤類比 ● E.5 邏輯錯誤　● E.7 陰謀論

表 3「訊息可信度評量」所有可疑及資訊操弄標籤。

1. 缺蛋眞相

訊息	原來這就是缺蛋的眞相！最近新聞報導說「天冷缺蛋，養雞場禽流感疫情爆不停，加重缺蛋荒」，可見最近市場缺蛋，都是因爲遇到禽流感。而且我在南部養雞場工作的朋友說，因爲禽流感，雞都被下很重的藥，所以最近的蛋吃了很容易得癌症，眞的很可怕！[36]
事實	● 缺蛋　● 是因爲禽流感　● 而且雞會被下藥
觀點	● 最近因爲禽流感下重藥　● 蛋吃了會致癌
事實可信度	● A.2 無法證實的來源　● B.1 包含錯誤內容 ● B.2 無法證實的內容　● C.1 變造內容：斷章取義
推論可信度	● D.2 證據不足　● E.6 引起情緒
訊息可信度	3個「資訊操弄標籤」 ● B.1 包含錯誤內容　● C.1 變造內容：斷章取義 ● D.2 證據不足 3個「可疑標籤」 ● A.2 無法證實的來源　● B.2 無法證實的內容 ● E.6 引起情緒
IORG解說	這則訊息有2項事實來源：「新聞報導」是正確來源、「我朋友說」是無法證實的來源。 缺蛋、禽流感都是正確的事實，但是新聞報導寫的是「加重」，報導中也說明缺蛋是因爲天氣冷[37]，禽流感是加重缺蛋的一種原因而已，這則訊息把「禽流感加重蛋荒」改寫成「缺蛋都是因爲禽流感」，是斷章取義的「變造內容」，也包含錯誤內容。至於有沒有因爲禽流感而對雞下重藥，則是無法證實的內容。

| | 是否真有下重藥，不得而知，而且雞被下重藥後產的蛋，吃了會不會致癌，也沒有足夠的證據，因此判斷推論「證據不足」。同時，致癌的說法，也會引起讀者恐懼的情緒。 |

2. 熬夜會變醜變笨

訊息	2017年諾貝爾醫學獎出爐了：他們獲獎的研究是：為什麼越來越多的人發現自己開始變醜變胖變笨了？而原因也很簡單：就是熬夜！ 2017年諾貝爾生理學和醫學獎的得主是杰弗理·霍爾 Jeffrey C. Hall 邁克爾·羅斯巴殊 Michael Rosbash 和邁克爾·楊 Michael W. Young。三位科學家發現，晝夜節律的紊亂，與內分泌代謝疾病，例如肥胖、糖尿病、高血壓、高血脂、嚴重的腦部疾病，例如阿爾海默病，乃至腫瘤的發生發展都有關聯。簡而言之，2017年受全世界關注的諾貝爾醫學獎，其實就在告訴所有人一件很簡單的事：在正確的時間做正確的事，按時吃飯，到點睡覺，別熬夜了！[38]
事實	● 2017年諾貝爾醫學獎得主的研究說熬夜會生病
觀點	● 變醜變笨變胖，是因為熬夜
事實 可信度	● A.6 假造來源　　● B.1 包含錯誤內容　　● C.1 變造內容
推論 可信度	● D.4 不當因果關係　　● E.4 不當訴諸權威
訊息可 信度	3個「資訊操弄標籤」 ● A.6 假造來源　　● B.1 包含錯誤內容　　● C.1 變造內容 2個「可疑標籤」 ● D.4 不當因果關係　　● E.4 不當訴諸權威

IORG 解說	這則訊息的事實來源是 2017 年諾貝爾醫學獎的研究，真的有這個研究[39]，但他們的研究內容是「找到控制生物生理時鐘的週期基因」，並沒有提到熬夜，更沒有說熬夜會導致肥胖或腦部疾病，所以這則訊息的事實同時具有假造來源、包含錯誤內容、變造內容[40]。 身體生病也許與熬夜有關，但未必是主要原因，也可能受到其他因素影響，所以這則訊息直接推論熬夜就會變醜變笨，是不當因果關係。另外，這則訊息假借諾貝爾得主的權威，增加讀者的信任，也是一種不當訴諸權威。

3. 假疫情、假疫苗，殺害地球人口

訊息	遠離媒體！不要信任政府！對抗謊言！ 權貴們捏造假疫情的目的，就是爲了推廣有毒假疫苗。這些疫苗會改變人類的基因，抵抗力大幅降低，在流感季節來臨時嚴重生病死亡。有毒的疫苗還會讓流感演變出超強傳染力，傳染給其他沒打疫苗的人，權貴們再聲稱都是「新型變種病毒」的謊言，欺騙更多人去打疫苗。比爾蓋茲的基金在背後金援這個邪惡計畫，媒體和科學家都被收買了，不敢講出眞相。權貴尤其名人們知道疫苗之毒，所以自己都不接種疫苗。這個邪惡計畫最終會殺死地球 90% 的人口，這是一場種族滅絕慘劇！[41]
事實	● 權貴們捏造疫情　● 自己都不打疫苗
觀點	● 權貴們推行一個邪惡計畫 ● 用有毒疫苗殺死地球大量人口
事實 可信度	● A.1 沒有提供來源　● B.2 無法證實的內容

推論 可信度	● D.1 沒有證據　● E.6 引起情緒　● E.7 陰謀論
訊息可 信度	2個「資訊操弄標籤」 ● D.1 沒有證據　● E.7 陰謀論 3個「可疑標籤」 ● A.1 沒有提供來源　● B.2 無法證實的內容 ● E.6 引起情緒
IORG 解說	這則訊息是典型的陰謀論，把疫情歸因於欺騙世人的權貴集團，策劃了一個邪惡計畫，但沒有提供來源，其中所提到的事實既無法證實、推論也沒有證據。 陰謀論也常以聳動的用詞，引起讀者恐慌的情緒，即使科學研究證明疫苗不會改變人類基因，陰謀論者也會繼續用「權貴財團控制了科學家和媒體」的說法，影響讀者對媒體、政府以及科學研究的不信任。

4. 吃番茄就不會得癌症

| 訊息 | 你知道嗎？番茄竟然是這種超級食物！

義大利諺語說：「番茄紅了，醫生的臉綠了」，顯示了番茄對於養生保健、遠離疾病的重要性。番茄裡面富含茄紅素，是比其他植化素還厲害、超強的天然抗氧化劑，研究顯示，可預防前列腺癌、乳癌、肺癌。

電視上的醫療保健節目，有腎臟科醫生分享一個驚人的故事：有個45歲的女生，家族有癌症病史，她媽媽、姊姊都得了乳癌，結果她靠吃番茄，10年來都沒有罹癌，甚至還變年輕，膽固醇和慢性病都不見了！

番茄原來這麼神奇，快分享給家人朋友吧！[42] |

事實	● 腎臟科醫生說有人靠吃番茄，10年都沒有罹癌，膽固醇和慢性病都不見了了
觀點	● 吃番茄就不會得癌症
事實可信度	● A.4 來源不具專業背景
推論可信度	● D.4 不當因果關係 ● E.4 不當訴諸權威 ● E.6 引起情緒
訊息可信度	4個「可疑標籤」 ● A.4 來源不具專業背景　　● D.4 不當因果關係 ● E.4 不當訴諸權威　　● E.6 引起情緒
IORG 解說	這則訊息的事實來源是腎臟科醫生在醫療保健節目上分享的故事，確實有這段內容，是正確的消息來源[43]，但是一個腎臟科醫生是否具有評論乳癌的專業背景，值得存疑，因此判斷爲來源不具專業背景。 雖然可以找到許多關於茄紅素有益健康的資料，但也有哈佛大學醫認爲沒有證據顯示茄紅素有防癌效果[44]，影響會不會罹癌的因素很多，不可能只靠吃番茄就能防止癌症，大多數醫院的衛教資訊雖有提及植化素的防癌功能，但也都會強調均衡飲食的重要性，因此只從一個故事就推論「吃番茄就不會罹癌」，是不當因果關係。另外，只從一個醫生所分享的故事就進行推論，這也是一種不當訴諸權威，仍然要參考更多資料來佐證。 也有人可能會認爲只從一個案例來推論，算是一種以偏概全，進一步判斷這則訊息是資訊操弄，這樣的判斷當然也是合理的。

5. 手機充電講電話，喝水倒電入心臟

訊息	注意：手機知識，不小心就會喪命！ 手機充電時在講電話，切記不能喝水，會導電入心臟。最近 LINE 上大家都在傳這個影片，真人真事，快分享給親朋好友小心使用手機！[45]
事實	● 有人使用手機充電和喝水會觸電的影片
觀點	● 使用手機充電喝水會觸電
事實可信度	● A.6 假造來源 ● B.1 包含錯誤內容
推論可信度	● D.1 沒有證據
訊息可信度	3 個「資訊操弄標籤」 ● A.6 假造來源 ● B.1 包含錯誤內容 ● D.1 沒有證據
IORG 解說	這則訊息事實來源是一則網路影片，看起來是監視器畫面的真實事件，但經過台灣事實查核中心查證[46]，這其實是一個有劇本、由演員演出的戲劇畫面，並非真實事件，訊息中假借是真人真事引起讀者信任，是假造來源。同時，查核報告中也訪問相關專家學者，假設這個影片是真的，也無法從影片內容推論到「導電入心臟」這個結論，所以是沒有證據。

6. 考古新發現：巨人化石

訊息	驚人的秘密！ 史前巨人眞的存在！ 每日頭條這個網站上有圖有眞相，三位工作人員正在進行考古勘探，這副巨人骸骨與三人相比顯得極其高大，估計已經達到了5米左右的高度。但是考古界爲了維護人類和進化論的「正統地位」，卻將他們發現的巨人骸骨全部毀滅。連中時新聞網都有新聞報導「史前巨人眞的存在？證據化石出土 專家鑑定震驚不已」。這個歷史眞相被主流媒體刻意隱瞞，還讓我們相信人類是猴子變來的！[47] [48]
事實	● 考古發現巨人化石
觀點	● 史前巨人的眞相被媒體隱瞞　● 演化論是錯的
事實 可信度	● A.5 經驗上來源不可信 ● B.1 包含錯誤內容 ● C.1 變造內容
推論 可信度	● D.2 證據不足　● E.1 尚待科學驗證 ● E.6 引起情緒
訊息可 信度	3個「資訊操弄標籤」 ● B.1 包含錯誤內容　● C.1 變造內容　● D.2 證據不足 3個「可疑標籤」 ● A.5 經驗上來源不可信　● E.1 尚待科學驗證 ● E.6 引起情緒

	這則訊息的來源是「每日頭條」，這個網站是內容農場，屬於經驗上來源不可信的來源。另一個來源是「中時新聞網」，但報導標題和引用的影片都和內容農場的文章內容相近，值得存疑。
IORG 解說	根據台灣事實查核中心的報告[49]，這張考古照片中的巨人原始來源其實是一名設計師在 2011 年參加比賽，以電腦軟體創造出來的圖像，巨人遺骸為創作虛構，而後經過變造，把考古人員合成進去。因此，內容包含錯誤內容及變造內容。
	雖然是否存在史前巨人，可能屬於尚待科學驗證的事實。但這段訊息用變造的照片做為證據來推論，是證據不足。

05 資訊傳播 3 角色：生產者、 媒介、閱聽人

- ● 你聽過內容農場嗎？誰該為內容農場負責？
- ● 誰該為 Facebook 和 LINE 上各種有問題的資訊負責？
- ● 我們應該讓 Facebook 和 LINE 有權力審查言論嗎？

資訊操弄，誰該負責？有人會說：「把造謠的人抓起來！」也有人會說：「小時不讀書，長大當記者」「台灣媒體就是爛！」

但，只要把造謠的人抓起來就沒事了嗎？持續對新聞媒體的刻板印象及偏見，能夠改善現狀嗎？或許，是因為我們身為讀者，喜歡聳動的標題、精彩的故事，這才讓造謠者、不專業的新聞「有市場」？

學校的營養午餐、晚餐餐桌上的每一道菜，吃下去都應該是安全的，這是許多台灣人認為理所當然的事。不過，如果仔細思考，我們的「理所當然」，是因為有很多人經年累月的努力付出，才有今天的「食安」。從最上游的生產者開始，生產、運送的過程，都必須遵照政府機關訂定的標準，當食品抵達市場，也有監管單位隨機抽查、檢驗，還有公民團體、新聞媒體挖掘食安真相，最後，在最下游的消費者，對自己的菜籃子、購物車保持警覺，願意有意識的用「購買」這個行動，支持優質的廠商，淘汰無良的業者。

台灣社會，就像是一張網，民眾、公民團體、企業、學校、政府，各種不同的角色自由行動，互相影響，交織而成「台灣」這個動態而多元的網絡。在當代，這個網絡又因為資訊通訊科技的普及，連結得更加緊密，每個角色按照自己的自由意志，運用自己的資源製造、傳播、接受資訊，影響他人，也被他人影響，這樣的集體行為，塑造了台灣的資訊環境。

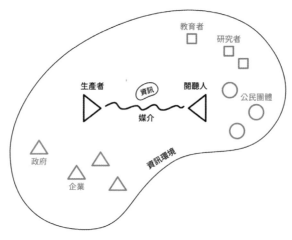

圖5.1 資訊環境裡的各個角色，以及直接參與資訊傳播的3個角色：「生產者」、「媒介」、「閱聽人」。

任何網絡，都可以拆解成許多節點，以及節點之間的連線，而一則一則的資訊，就在節點和節點間，沿著連線有方向的傳播。在這一章，讓我們先以「2點1線」這個最簡單的構件，來討論資訊傳播過程的3個角色：生產者、媒介、閱聽人。

資訊傳播 3 角色：生產者、媒介、閱聽人

理解資訊傳播，我們可以從最簡單的「2 點 1 線」開始：「生產者」生產資訊，「媒介」將資訊傳遞出去，由「閱聽人」接收。接下來，若「閱聽人」決定分享，資訊就會透過下一個「媒介」，傳遞到下一個「閱聽人」。

讓我們用虛構的案例，嘗試辨認資訊傳播過程的 3 個角色吧！

某天，YouTuber 小高做了一支關於馬雅文化的影片，上傳到 YouTube。小明看到影片，覺得內容很有趣，於是動了動手指，打開手機上的 LINE，把影片連結分享給小美。請問：在這個案例，誰是生產者，誰是閱聽人？資訊傳播又是透過哪些媒介呢？

圖 5.2「馬雅文化」影片的傳播示意圖。

參考答案：YouTuber 小高是「生產者」，傳遞影片的 YouTube、LINE 是「媒介」，轉發影片的小明、收到影片的小美都接收了資訊，因此是「閱聽人」。

這題絕對難不倒你，我們再來一題？

看完政論節目來賓繪聲繪影的描述生化兵在武漢散播病毒，老爸感到相當憤慨，馬上到YouTube找到節目片段，分享到Facebook，還在貼文加上自己當下的心得：「驚人真相！原來我們都被騙了！」請問：在這個案例，誰是生產者，誰是閱聽人？資訊傳播又是透過哪些媒介呢？

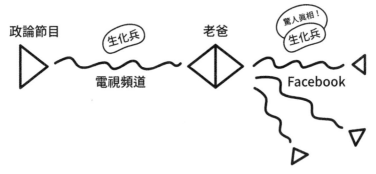

圖5.3「生化兵」資訊的傳播示意圖。

參考答案：這個案例，政論節目是「生產者」，播出節目的電視頻道、YouTube、老爸使用的Facebook都是「媒介」，老爸、看到老爸Facebook貼文的人則都是「閱聽人」。另外，老爸除了是「閱聽人」，因為分享影片時加了自己的話，所以也是「生產者」。

你可能會想，只是加了一句話，就算是生產者？嚴格來說，對資訊的任何加工處理，哪怕只是加個表情符號，都可能創造新的意義。換句話說，不管是誰，有名、無名、有意、無意、有收錢、沒收錢，都可以是資訊的生產者。在資訊被生產出來之後，媒介運用各種資訊通訊科技，把資訊傳播出去，被更多的閱聽人被動或主動接收。

一則訊息，也許微不足道。不過，就像人類的大腦、螞蟻的聚落、當代的社會，複雜的資訊環境，正是由一次又一次的訊息生產、傳播、閱聽，集合而成。如果有更多人在拿起手機、打開電腦時更加留意，認識自己在資訊傳播過程中的角色，並且負起責任，我們的資訊環境也會變得更好。

首先，是「生產者」。在生產資訊時，為了尊重原創者，也讓閱聽人能夠獲得充足的背景脈絡，判斷訊息的可信度，生產者必須正確且完整的揭露資訊來源。為了減少誤解、妨礙良好的公共討論，生產者也必須盡力確認事實內容，並且確保推論過程的邏輯及因果關係沒有問題。乘載資訊的「媒介」也責任重大。大多數情況下，媒介並不會介入資訊本身的內容，而會運用自己的技術、資源、管道、群眾，擴大或限縮資訊的傳播，讓更多或更少的閱聽人獲取資訊。媒介有責任降低其策展、傳播行為可能對社會造成的各種危害，確保自由、公平、開放、透明，取得閱聽人的信任。最後，「閱聽人」作為自己認知的主人，在接收資訊時，維護腦袋自主，可以運用上一章「訊息可信度評量」，保護自己，也保護身邊的人。

資訊傳播 3 角色，各有各的責任。在日常生活中，有哪些常見的生產者、媒介？而我們自己身為閱聽人，有善盡應盡的責任嗎？

角色	定義	常見例子	責任
生產者	製造全新資訊或編輯既有資訊的行為者	● 電視節目製作團隊 ● 新聞記者 ● Facebook粉專 ● 任何社交媒體使用者	● 揭露資訊來源 ● 確認事實內容 ● 確保推論過程邏輯及因果關係
媒介	將生產者生產的資訊傳播給閱聽人的中介	● 報章雜誌 ● 電視頻道 ● 內容農場 ● 網路論壇PTT ● 社交媒體YouTube、抖音	● 降低策展、傳播行為可能造成的危害 ● 確保自由、公平 ● 確保開放、透明 ● 取得公眾信任
閱聽人	主動或被動接收資訊的行為者	● 任何人	● 區分觀點及事實 ● 判斷資訊來源 ● 查證事實內容 ● 確認推論過程 ● 判定訊息可信度

表5.4 資訊傳播3角色的定義、常見例子及其責任。

是誰躲在匿名粉專後面？
網紅、名嘴們查證過自己說的話嗎？

搭公車滑手機，睡覺前看影片，已經成為許多人生活的一部分。不管是讀書或是工作，我們也常常上網找新聞、查資料，不過，你有沒有確認過這些「新聞」、「資料」的可信度呢？

2020年底，YouTuber「愛莉莎莎」上傳了一支推廣某種「療法」的影片，引起廣大爭議。面對批評，「愛莉莎莎」指出自己有參考書籍、名人推薦，不過，有多位醫師持反對意見，指出該「療法」缺乏科學根據，傳播學者也說「名人不等於專家」，呼籲小心「專家迷思」[1]。這個例子凸顯了當代資訊環境的現狀，任何人都能透過網路發表任何意見，吸引認同自己的人，成為意見領袖，就算不具專業經驗、科學知識，也能對社會大眾產生廣大影響。

用嚴謹的態度面對自己的言論，查證自己的說法是否「有憑有據」，並不是一件容易的事。一位任職於《琉球新報》的記者曾經投書這麼說，「光是確認一件事，短則一通電話，長則需要花上數日才能解決」[2]，如果是醫療、科技等高度專業的新聞，更需要專業知識及科學證據的支撐，才能確保品質，讓報導值得信賴。成為有影響力的KOL、influencer也許是許多人的夢想[3]，不過，隨著影響力而來的「責任」，是不是應該是這個「夢想」的一部分呢？

關於科學及新聞，請參考第24章「台灣科技媒體中心」的專文。

政治大學傳播學院鄭宇君教授接受IORG訪問的時候說：「影響力越大，責任也越大。」YouTuber、網紅、政論節目名嘴，或者匿名發布健康、財經、政治、軍事主題訊息的Facebook粉專，因為他們對社會的影響力比起一般人更大，必須要求他們對其生產的資訊負起更大責任。如果把資訊比喻成水，那生產有問題的資訊，就像是工廠在溪流上游不斷排放廢水一樣，就算在下游設置

再多污水處理設備，都無法根治問題。從源頭把關，無疑是提升資訊品質、健全資訊環境的重要工程。

「愛莉莎莎」的影片被指正後，大批網友湧入留言，要求她道歉，負起公眾人物的社會責任。不過，也有網友提出不同的想法，認為「愛莉莎莎」不是「知識型」，而是「娛樂型」網紅，因此不應該用高標準檢驗，應該以娛樂看待她的影片。

兩種說法，你覺得哪一種比較有道理呢？「娛樂型」網紅需要為有問題的內容道歉嗎？另外，「知識」、「娛樂」的分類是否有道理？

新聞編輯室要「獨立」，而這還不夠！

前幾章IORG舉出的資訊操弄案例，不少是新聞報導，例如，把「網友說」當作標題的新聞，按照「訊息可信度評量」，可以被歸類為「以偏概全」的可疑訊息。如果每天都可以在電視上看到這樣的報導，誰該負責？作為報導的生產者，「記者該負責」應該是很直覺的答案。不過，把責任全部推給記者，是過度簡化了新聞機構的運作，以及大眾傳播產業的現狀。

在美國成立超過百年的「專業新聞記者協會」告訴我們，記者的責任是「尋求事實」、「公平且全面的報導」、「推進正義及民主」[4]。我們可以借用這3項責任，來思考新聞面臨的困境。

尋求事實：想到「事實」，可能會想到「事實查核」，以及專門做事實查核的組織。不過，除了「台灣事實查核中心」這樣的專門

組織，傳統上，新聞機構內部的工作流程就包含了事實查核，有些機構也會設置事實查核部門，確保即將出版的報導內容正確無誤[5] [6]。在台灣，也有多家新聞媒體曾經嘗試過事實查核的專案，並認同事實查核的重要[7]。然而，新聞機構要落實查證工作，需要付出人力成本、時間成本、進行人員訓練、調整作業流程，也可能面對組織內部不同單位之間的權力問題，有人有查核的責任，有人有被查核的義務。在營收銳減[8]、基層低薪[9]的產業現狀下，尋求事實，似乎困難重重。

公平且全面的報導：不同於YouTuber、意見領袖，稱作「新聞」的報導除了正確，還被期待「公平」、「全面」。然而，社交媒體改變了許多人閱讀新聞的體驗[10]，在這些科技平台上，新聞只是眾多「動態」其中之一，讀者拿起手機所看到的，往往不是記者撰寫、編輯確認的報導，而是新聞機構在社交媒體上的貼文，也就是俗稱的「小編文」，以情緒用語、個人角度的敘事[11] [12]，吸引讀者短暫的注意力。政治大學新聞學系劉慧雯教授告訴IORG，「小編」的工作，就是編輯，應該負起對應的責任。近年來，「小編」的勞動條件、工作倫理已多次引發廣泛討論[13] [14] [15]，「小編」作為「社群經理」，運用科技工具經營讀者社群的專業，正在改變新聞。

推進正義及民主：解嚴後，台灣新聞媒體商業化、財團化，國際組織「無國界記者」就說，台灣的媒體環境「極化」，被「煽情」和「利潤」主導[16]。新聞機構的營運，需要企業提供長期穩定的資金，不過，如果企業家讓自己的偏好影響報導方向及內容，那就可能會出問題。舉例來說，已故的《三立電視》共同創辦人與

民主進步黨關係密切[17]，旺中集團創辦人則是與中國政府關係良好[18]，而這兩家媒體對同一事件的報導，往往非常不同。2019年夏天，世界3大通訊社之一的《路透社》報導，台灣新聞媒體收受中國政府資金，換取報導[19]，英國《金融時報》更直接指出，同屬旺中集團的《中國時報》、《中天電視》會直接聽取中國國台辦的指令，改變報導內容[20]。特定台灣新聞媒體受威權政府直接影響，反而成為推進正義及民主的阻力。

調查顯示，台灣民眾對新聞媒體及新聞記者的信任度低落[21]。提升報導品質，重新思考新聞和讀者之間的關係，重建讀者的信任，對每一位新聞工作者來說，都是非常辛苦的工作。相對於新聞工作者的努力，新聞媒體的經營者更應該清楚認識自己的社會責任，改善就業環境，支持「編輯室公約」，落實「編採自主」[22]，確保報導不受商業及外國勢力影響，責無旁貸。

打開電視，轉到52台，你看到的應該是華視新聞。但你知道嗎？在2020年底前，52台是「中天新聞」。這個改變，有些人稱為「中天關台」，但更精確的說法應該是「中天換照失敗」，在當時可是引來了廣泛的討論，甚至是遊行抗議！

我國負責電信資訊傳播監理的「國家通訊傳播委員會」，簡稱NCC，每6年會對電視台的執照進行審查，評鑑內容包括營運狀況、違規紀錄、改正情形，以及未來計畫，俗稱「換照審查」。若沒有通過，電視台就不能繼續在有線電視播出。中天新聞台2014年換照時，違規紀錄是所有新聞台最多的，當時有6位委員反對5位支持，最後以「有條件換照」通過，要求改正項目包括：補實專職編審人員、落實獨立審查人制度。到了2020年再次換照時，7名委員全數決定「不

予換照」，中天新聞台在12月11日停播，轉戰YouTube。

根據NCC的說法，中天受民眾舉報違規的次數在2018年後增加，新聞部主管長期懸缺，內部控管失靈，換照申請時，也沒有具體說明改善方案，旺中集團最大股東蔡衍明在聽證會更承認自己介入新聞製播，因此最終決議，不予換照[23]。換照失敗後，中天相當不滿，認為政府扼殺言論自由。

你覺得NCC要求的新聞台自律，是否會威脅言論自由？

聚合媒體、內容農場，內容誰負責？

你還記得上一次走進超商買報紙、打開電視看新聞，是什麼時候嗎？根據調查，台灣人從網路獲取新聞資訊的比例逐年上升[24]，廣播、電視、報紙、雜誌起家的媒體紛紛轉戰網路，包括Yahoo！新聞、Google新聞、關鍵評論網、LINE Today，匯聚各類訊息的「聚合媒體」也逐漸興起，成為許多人的主要資訊來源[25]。

網路媒體的興起，讓台灣的資訊環境變得更多元、多變，也暴露了台灣法制的不足。在台灣，廣播、電視節目受到主管機關NCC監管，而網路則沒有主管機關。以2020年「高雄少女失蹤案」為例，劉慧雯教授說，案件發生時，新聞媒體被當成「協尋工具」，因此對少女的描述詳盡而仔細；但到了偵察階段，為了顧及當事人安全和警方行動的有效性，報導的策略和準則都需要調整，不同階段的報導是否得當，應該不斷修正。如果是電視新聞報導不當，主管機關NCC就能依《兒少法》裁罰，但如果是網路新聞，

則會因為沒有主管機關而無法管制。2021年底，NCC提出了《數位通訊傳播法》草案，如果法案成為法律，網路上的違法內容就能受到管制。不過，如果是不違法，但似是而非、混淆視聽的資訊操弄呢？

面對這個問題，LINE台灣董事長兼執行長陳立人接受IORG訪問[26]，針對「內容誰負責」的問題，他告訴IORG，在LINE台灣與各家媒體簽署的合約中已經載明，「內容提供方必須為自己的內容負責」。陳立人認為，LINE Today匯聚不同領域和立場的媒體，讓用戶「看到不同角度、觀點」，「反倒給予用戶更大的主動權去獲取資訊」。關於事實查核，陳立人則提到LINE台灣「正與事實查核組織合作」，在app裡開設「謠言破解專區」，讓查核結果「更容易被人看見」。另一方面，Google台灣則以電子郵件提供多項政策白皮書[27]。綜合整理各項公開文件內容，IORG發現Google新聞的政策確實包括禁止各種有害或誤導讀者的資訊，要求新聞報導包含清楚的時間及作者相關資訊[28]，而白皮書中也寫到Google新聞於「近3年來持續彰顯事實查核內容」[29]。

讓台灣的資訊環境變得更好，是件困難的工作，有許多人都正在努力。同時，卻有另一種「媒體」來路不明，唯利是圖，不在乎真假，在資訊環境中造成混亂[30]，那就是「內容農場」。

你可能看過這種文章標題：「知道真相後悔都來不及了！」「幾億人口都驚呆了！」「不看會後悔！」「看完結局我哭了！」點進連結，文章的內容和標題無關，沒有作者，沒有出處，也不知道網站經營者是何方神聖。這種「內容農場」網站，任何人都可以成

為「寫手」，透過抄襲內容、盜用圖片、更改標題，拼湊出大量的文章，用煽情、吸睛的內容提高流量，轉換成廣告收益。也因為廣告收益是內容農場重要的獲利方法，只要有流量，內容真假並不重要。於是，內容農場上的文章品質參差不齊，文不對題，前後矛盾，也都沒有關係。在這樣的網站上，資訊操弄可活得很好。

散播可疑訊息，污染資訊環境，又無法究責，光是這一點，內容農場就應該受到抵制。更不好的是，內容農場盜用內容，搶走流量，影響內容原創者的收益，讓經營好的媒體變得更困難。不過，在抵制內容農場的同時，我們也可以同時認知到：聚集內容、創造收益，進一步聚集更多的內容，這個模式在聚合媒體、社交媒體也都看得到，文章內容參差不齊、標題煽情聳動，這也不是內容農場獨有的現象。

《真相製造》書中，作者劉致昕就訪問了一位內容農場的經營者。在訪問中，這位經營者似乎想為自己網站上的錯誤訊息緩頰，指著一則點擊量超過 80 萬的 YouTube 影片說：「這比我全部網站一天的點擊量都多。」從這位內容農場經營者的角度來看，YouTube 才是最大的內容農場[31]。

另外，如果沒有社交平台的「放大」，內容農場可能也無法被這麼多人看見，對世界各地的資訊環境造成影響[32] [33]。雖然 Facebook 曾透過各種方法，包括以「下架」特定網站禁止分享[34]，但內容農場就像是打不死的蟑螂一樣，只要換個網址，就能大方回歸[35]。2021 年，IORG 研究發現，內容農場仍然活得很好，協力傳播資訊操弄，不遺餘力。像是「密訊」、「琦琦看世界」、

「琪琪看新聞」都是常見的內容農場，有問題的文章在這些網站上發布，Facebook匿名粉專隨後幫忙分享，「放大」內容農場的聲量。

有關內容農場和Facebook匿名粉專的「默契」，請參考第8章。

助長仇恨言論、資訊操弄，Facebook不用負責嗎？

拿起手機滑一滑，就能一次看到各家新聞、意見領袖的發言、親友的生活動態。社交媒體的出現，讓收發資訊變得更簡單，不過，在讓世界「更開放、更相連」[36]的同時，也助長了仇恨言論、資訊操弄的傳播，在各大社交媒體平台之中，爭議最大的正是最多台灣人使用的Facebook[37]。

2021年9月，曾在Facebook「公民誠信小組」[38]擔任專案經理的郝根[39]成為全球新聞的焦點。她以「吹哨者」身分把Facebook內部資料及研究報告交給《華爾街日報》，資料顯示，Facebook助長傳遞錯誤、分歧、仇恨訊息，而與Facebook同集團的Instagram則讓青少女產生不切實際的審美觀，導致飲食失調、自卑，甚至輕生念頭[40]。儘管內部報告一再指出Facebook產品會對使用者造成不良影響，Facebook公司卻並沒有付諸行動，「公民誠信小組」提出的各種改善方法也持續被上層「擱置」。

事件爆發後，郝根接受訪問[41]，也到美國國會作證。她說Facebook「將天文數字的利潤置於民眾之上」，沒有做出必要的改

革[42]。「Facebook 發現，如果改成較安全的演算法，人們花在網站上的時間就會縮短，點擊廣告的次數減少，他們賺的錢也就比較少。」[43]面對這樣的指控，Facebook 當然也有回應。Facebook 認為郝根忽略了研究報告的正面內容[44]，並表示「已經投資大量的人才與科技，讓平台更加安全」[45]。

不過，早在 2016 年，Facebook 內部研究就發現有 64% 的極端主義社團成員是因為 Facebook 平台的「推薦」而加入[46]。2018 年，一份內部報告說，Facebook 的演算法利用「人腦被歧見吸引的特性」，讓使用者使用 Facebook 的時間增加[47]。同年，Facebook 創辦人祖克柏發表公開評論[48]，引用內部研究指出，越接近《社群守則》紅線的內容，使用者越愛按讚、分享，卻沒有指出演算法在這個「惡性循環」中扮演的角色。也是 2018 年，緬甸境內的羅興亞人受到政府迫害，超過 70 萬的難民逃到鄰國[49]。針對羅興亞人的仇恨言論在 Facebook 持續流竄，Facebook 在緬甸卻連一位員工都沒有，內容審查的重要工作全由外國的外包廠商負責[50]。同年，德國研究發現，Facebook 上「反難民」情緒的上升，導致對難民施暴事件的增加[51]。

當虛擬世界不再虛擬，對科技的天真想像，對利益的無限追逐，對人們造成傷害，擴大了仇恨與裂痕，製造工具的人，必須負起責任。撰寫本書期間，IORG 曾經 2 次聯繫 Facebook 台灣，希望了解 Facebook 對於上述爭議的看法，遺憾的是，Facebook 台灣最後卻透過公關公司以「主管行程緊湊」為由拒絕訪問[52]。

Facebook 能如何改革？在美國國會作證的郝根提出建議[53]：

- 增加轉發的困難度，減緩病毒式傳播
- 讓貼文按照時間排序，而非按照互動程度推播
- 修改美國法律，讓Facebook必須對內容排序的後果負責
- Facebook內部報告以18個月為保密期限，期限後應向外界公開
- 成立美國聯邦層級監管機構，有權取得Facebook的內部報告[54] [55]

這些建議是否恰當，或是否能解決問題，值得讀者思考。在Facebook以外，可以如何課責其他社交媒體平台，也需要讀者的持續關注。

言論審查，誰有權？言論自由那條線，誰來畫？

不只是Facebook、Instagram，許多人愛用的社交媒體，像是YouTube、TikTok、Twitter，也受到批評。2022年初，YouTube執行長沃西基[56] 就收到來自80個事實查核組織的跨國聯合公開信，呼籲YouTube正視平台上錯誤及誤導的影片[57]。

過去幾年，社交媒體平台回應公民社會對改革的期待，紛紛強化內容審查。不過，你是否也有聽過，議論敏感話題的貼文被「降低觸及」，討論政治的影片被下架，帳號被停權的事？

2019年，一名美國少女阿濟茲[58] 在TikTok上傳了一段影片，從夾睫毛的教學開始，話鋒一轉，談起中國政府在新疆關押少數民族的集中營。影片發布後，她的帳號被停權了一個月[59]。根據

TikTok的官方說法，停權的原因是阿濟茲上傳恐怖主義相關的內容，然而，TikTok的母公司是中國的「字節跳動」，TikTok是否配合中國政府的立場，下架批評中國的影片，引起疑慮。

2020年，COVID-19疫情蔓延全球。年初，舉凡提及「武漢肺炎」、「新冠疫情」、「COVID-19」，不管創作者人在哪裡，影片都會遭到YouTube「黃標」[60]，降低曝光率，並限制創作者的獲益。許多創作者集結起來批評，認為YouTube打壓創作自由，傷害健康的公共討論[61]。

2021年，Twitter的言論審查更成為國際焦點。競選連任失敗的美國前總統川普發表了一連串推文，其後，支持群眾闖入美國國會大廈，爆發流血衝突。因為擔心川普進一步「煽動暴力」，Twitter

圖5.5 2020年12月19日，時任美國總統川普的Twitter貼文寫到：「1月6日，華盛頓特區將有大型抗議」「現身吧，會很瘋的！」。Twitter於此推文追加標示：「貼文宣稱的選舉舞弊仍具爭議」。圖片來自美國媒體Forbes記者Zach Everson 2021年1月7日Twitter貼文 [63]。川普Twitter貼文備份可參考Trump Twitter Archive [64] [65]。

宣布永久停用川普的Twitter帳號[62]。擁有超過8千8百萬粉絲，在4年任期內以3萬6千多則推文影響世界的川普，就這樣瞬間失去了擴音器。美國國會的暴力事件令人擔憂，同時，Twitter竟然能夠直接「噤聲」一位美國前總統，科技巨擘握有的龐大權力，展露無遺。

在台灣，社交媒體的言論審查也出現爭議。2019年底，總統大選倒數之際，Facebook公布移除118個粉專、99個社團，以及這些粉專、社團的51個管理員帳號。Facebook表示，這些帳號「以造假方法提高貼文的人氣，違反Facebook《社群守則》」[66]。不過Facebook並沒有公布這些被移除帳號的名單，也沒有公布其違規的證據。如果是這樣，Facebook有權以違反《社群守則》為由，限制或刪除任何人的帳號，而且不必對外說明。

當社交媒體似乎決定負起責任，開始以內容審查維護資訊品質，審查機制是否是公平、正當，在辨認真偽的同時維護多元，就成為下一項困難而重要的課題，不僅平台業者，世界各地也有許多學者、政策制定者，正在努力找答案。內容審查可能可以阻卻仇恨和操弄，不過，尊重多元也是自由民主社會重要的價值。在獨斷決定審查機制及審查標準前，平台業者應該開放更多資料，讓決策有憑有據，也應該讓討論機制變得更開放，讓使用者參與其中。平台唯有更開放、負責，決策才能更充分反應社會現狀，重建民眾的信任。

社交媒體	對內容負責	對內容審查負責	其他具體行為
Facebook	Facebook 總裁祖克柏 2018 年在美國國會聽證會上表示 Facebook 應對部分內容負責 [67]	2018 年 5 月起每季報告揭露違反守則的處分狀況自動化偵測有害內容的進展等 [68]	● 與第三方事實查核機構合作，降低不實資訊曝光，加註不實標籤，通知用戶 [69] ● 贊助事實查核機構、研究及活動 [70]
YouTube	內容提供或創作者要為內容負責 [71]	2018 年 7 月起每季發布報告，統計影片下架原因及地區等 [72]	● 推出 YouTube 認證檢舉人計畫，邀請各界申請加入 [73] ● 推動「Google 新聞倡議計畫」資助新聞機構改革及創新 [74]
Twitter	內容提供或創作者，要對提供的任何內容負責，包括遵守法律 [75]	2012 年推出第一份「Twitter 透明度報告」統計內容下架要求、原因、事件地區等 [76]	● 2020 年推出「先讀再轉發」，提醒用戶轉發前先點擊連結 ● 開放被下架推文資料供研究使用 [77] ● 開發 Birdwatch [78]
TikTok	用戶要為所發布內容負責 [79]	2019 年 1 月起每半年發布報告，統計影片下架原因及地區等 [80]	● 與網紅帳號合作，推出判讀短影片 [81]
LINE	用戶使用 LINE，屬自發性使用，要遵循當地法令，自負其責 [82]	2017 年 7 月起每半年發布報告，公開執法機關要求調閱的用戶資訊、要求刪除的內容種類等 [83]	● 推出「謠言查證」官方帳號供用戶回報可疑訊息，並將資料提供查核機構查證 [84] ● 與教育機構合作投入媒體素養教育 [85]

表 5.6 各大社交媒體平台對內容責任、內容審查負責，以及其他試圖改善資訊環境的具體行動。IORG 製表。

和IORG一起探索充滿未知的台灣資訊環境吧！

在上一章，我們一起練習「訊息可信度評量」，成為能夠判斷訊息可信度，有資格擁有手機的閱聽人。在這一章，我們一起擴大了視野，認識資訊傳播網絡的基本構件，也就是「生產者」、「媒介」、「閱聽人」所組成的「2點1線」。

健全資訊環境、降低資訊操弄的影響力，「生產者」、「媒介」、「閱聽人」這3個角色的責任重大，互相影響，共生共榮。「生產者」、「媒介」應為自己的行為負責，為閱聽人提供安全、多元、自由的資訊環境，降低資訊操弄對資訊環境的污染，同時，「閱聽人」也應為自己的腦袋把關，運用自己的資訊判讀力，拒絕成為資訊操弄的協力者，並且支持優質的「生產者」及「媒介」。這些原則說來容易，實踐起來則是困難重重，不僅需要誠實面對各個角色各自的極限，各種實作方法也不斷引起爭議。

這一章的開始就有說，台灣的資訊環境是動態而多元的網絡，除了「生產者」、「媒介」、「閱聽人」，在這一章出現過的政府機關、公民團體，都能對資訊環境產生影響。在下一章，我們就要把視野再擴大一些，探索資訊環境裡的更多角色，認識他們的特殊能力，為資訊環境付出的努力，以及尚待改進的地方。

06 資訊環境總體檢：政府、企業、研究、教育，還有你

- ● 政府除了立法管制假訊息，還應該做什麼？用迷因來澄清資訊，這樣好嗎？
- ● 你在學校曾經上過資訊判讀的課嗎？如果沒有，你是怎麼學會資訊判讀的呢？
- ● 都是別人才會被騙嗎？只要自己不被資訊操弄，就好了嗎？

你走在路上，手上拿著剛喝完的飲料杯，看到路邊堆著幾袋垃圾。左右張望，附近並沒有擺放垃圾桶，也沒有人路過。這時的你，會怎麼做？你會選擇也把手上的垃圾丟在那裡，選擇默默走過，還是打電話檢舉有人亂丟垃圾？

從街道整潔到傳染病防治，當代社會有許多事，無法只靠少數人完成，當一件事情出了問題，必須負起責任的，也往往不只一個人。回到走在路上，飲料已經喝完的你，你可能不會，但也可能會開始思考：誰該為路邊這些不該存在的垃圾堆負責？是一開始亂丟垃圾的人，跟著丟垃圾的人，負責清掃街道的清潔隊，制定政策的政府官員，還是選擇無視的每一位路人？

就像路邊的垃圾堆一樣，資訊操弄也對台灣的資訊環境造成污染亂象。在上一章，我們認識了資訊傳播3個重要角色「生產者」、「媒介」、「閱聽人」各自的責任，在這一章，IORG將介紹6個影

響台灣資訊環境的重要角色：政府、企業、研究者、教育者、公民團體，以及公民個人。透過IORG的實地採訪，破解對於這些角色的迷思，也更能了解他們做了什麼努力，又有哪些地方可以更進步。

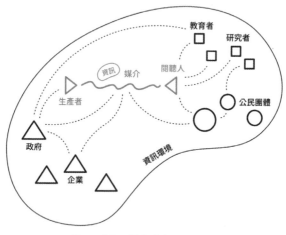

圖6.1 資訊環境裡的各個角色。

政府濫用迷因對抗資訊操弄，可能傷害民眾資訊判讀力

你知道嗎？根據台灣事實查核中心2022年的調查[1]，有超過九成的受訪者認為假訊息對社會影響嚴重[2]，至於誰該負責？受訪者認為該負起責任的，第一名是大眾傳媒，第二名就是政府[3]。

減少假訊息流傳，政府該做些什麼？許多人可能會馬上想到立法。過去幾年，政府的確已經採取行動，要以法律降低資訊操弄對台灣社會的危害。經過2019年一連串修法，包括《災害防救法》[4]、《傳染病防治法》[5]、《食品安全衛生管理法》[6]、《農產品

市場交易法》[7]都已經可以規範特定主題的謠言。綜觀世界各國政府，近年來推行各種措施反制資訊操弄，有的國家成立專責機構，有的國家則訂立專法，至於我國，行政院政務委員兼發言人羅秉成在2021年5月曾表示「各國的做法都還不成熟」，顯示政府對於成立專責機關、訂定專法，仍在觀望[8]。

法律管制固然重要，卻不是全部，而「把那些傳假訊息的人通通抓起來」這樣的想法，更是有侵害言論自由的嚴重疑慮。如何降低資訊操弄對資訊環境的負面影響，同時保障言論自由，仍是一個困難的議題。

> 請參考第21、第23章，台灣事實查核教育基金會董事長胡元輝、法律白話文運動王鼎棫的專文，聽聽他們怎麼說，也進一步思考法律管制的效力與限制。

除了法律管制，政府還該做些什麼呢？曾任NCC委員的臺灣大學新聞研究所洪貞玲教授接受IORG訪問，就提到「積極澄清錯誤訊息」、「協助強化數位素養」兩項重點。

在「澄清錯誤訊息」上，政府在2018年成立「防制假訊息危害專案小組」，負責整合各部會，制定防制假訊息的整體策略，包括在各部門成立「即時新聞澄清專區」，推動「222原則」[9]，用「迷因工程」把正確訊息「包裝成忍不住想要分享的樣子」，和不實訊息「同樣光鮮亮麗」[10]。除了「假訊息」之外，「認知作戰」四個字也開始頻繁出現在政府官員、政治人物的發言內容中，呼籲民眾注意訊息背後暗藏的惡意。政府的「進化」，我們的確都能看見，

而政府的大力宣傳的確能有效影響社會大眾。我們可以假設政府政策立意良善，同時進一步檢視政策的執行方式是否妥當，以及對社會大眾造成的各種影響。

將澄清訊息製作為迷因的目的，是「讓人接觸正確訊息，並促使大家去思考」，在臺灣大學新聞所30週年的研討會上，胡元輝教授這麼說[11]。不過，如果政府的迷因太過娛樂，把民眾當作「粉絲」來「經營」，可能無法讓民眾更加理解政策的內容、專業、制定政策的整體考量，也可能激起閱聽者的情緒，不利於健康的公共討論。多位前任政府部會小編就曾提到，在製作圖卡時被長官要求要「增加憤怒值」[12]，「要想梗」，「不要說那麼多」。「以前可能是問，要怎麼轉譯（政策內容），怎麼把複雜的資訊變得更好懂，現在已經直接跳過這個步驟，就是要想梗[13]。」

梗圖、迷因的濫用會阻礙溝通和對話，政治人物濫用所謂的「認知作戰」則是會讓這個詞失去意義，造成民眾無感，甚至反感[14]。

「認知作戰」指的是外國敵對勢力對我國人民的侵略行為。把國內政治的各種辯論或宣傳也稱作「認知作戰」，用戰爭類比民主政治

圖6.2 2021年9月17日，台北市議員簡舒培質詢台北市長柯文哲 [15]。

的競爭，是錯誤類比，用聳動的修辭激化敵我意識，則是引起情緒。就像是把持不同意見的人都叫做「網軍」，濫用「認知作戰」，對公共討論有害，因為如果是「敵人」，就應該被消滅，這樣的「敵我意識」扼殺了理解多元的可能，也扼殺了對話的可能。2012年，行政院的「經濟動能推升方案」廣告曾經引起許多民眾的反感及不信任感[16]。2022年的今天，318佔領立法院運動結束已經8年，解除戒嚴也即將滿35年，政府的權力來自人民，政府要對人民負責，已是「台灣共識」，也是普世價值。台灣社會的多元本質，正在挑戰政府自威權時代以來累積的習性，當政府不再擁有絕對的權威，而必須公開面對不同的聲音，在要求人民「相信我」之前，必須先做到「講道理」。

圖6.3 2012年，行政院推出「經濟動能推升方案」廣告，演員表情困惑，旁白則宣稱經濟發展「當然很複雜」「幾句簡單的話，實在無法說明」「很多事情正在加速進行中」「說破嘴不如跑斷腿，做就對了」[17]。

無論是澄清錯誤訊息，辯護政府政策，還是揭露「認知作戰」，政府發言都應該基於充分的證據、正確的事實、合理的推論，能夠通過第4章「訊息可信度評量」的考驗。針對各種可能對台灣資訊環境、公共討論造成危害的現象，政府的確應該運用公民所賦予的權力，透過正當程序，積極調查。而在調查之後，政府也應

該向社會大眾說明政府調查及執法的結果，用證據揭開「網軍」、「認知作戰」的「神秘面紗」，讓民眾「知情」。

讓民眾「知情」的政府，才是「講道理」的政府；讓民眾「知情」，才能真正強化台灣社會整體的資訊判讀能力，做到洪貞玲所說的「協助強化數位素養」；在平時努力，以開放為原則，讓民眾知情，建立互信，在非常時刻，台灣才能更團結。

政府	各項政府措施
德國	● 「聯邦公民教育中心」BPB 結合「民主與寬容聯盟」BfDT，幫助人民了解民主及政治，反制極端主義 [18] [19] ● 2017 年制定《網路執行法》NetzDG
法國	● 2021 年宣布將成立專責機構，對抗來自境外、可能破壞國家主權的不實訊息 [20]
烏克蘭	● 2017 年起頒布政策封鎖或制裁俄國媒體、親俄媒體 [21] ● 2017 同年制定「資訊安全原則」[22]，提升政府部門的應對機制 [23]
歐盟	● 2015 年歐盟「東部戰略溝通工作小組」創立 EUvsDisinfo 專案 [24] ● 2016 年起，歐盟「視野 2020」資助多項觀察研究計畫 [25] ● 2017 年成立「混合戰卓越中心」，作為連結國際、對抗混合威脅的跨國合作組織 ● 2022 年 2 月歐洲議會通過《抵制假訊息報告案》[26]，呼籲歐盟必須加強準備對抗來自威權國家的資訊操弄，例如俄羅斯和中國，並與台灣合作共同面對 ● 2022 年 3 月歐盟各國代表就《數位市場法》達成協議 [27]
英國	● 2020 年 2 月英國政府有意授權「通訊管理局」Ofcom 監督網路內容 [28] ● 2022 年 3 月英國政府向國會提案《網路安全法》[29]
美國	● 2016 年美國國會提出《反外國宣傳與造謠法案》[30]，要求設立研究並對抗外國宣傳與不實訊息的中心。該法併入 2017 年《國防授權法》[31] 由總統簽署通過，並依法成立「全球參與中心」[32]

	● 2021年國會召開聽證會 [33]，要求Facebook、Google、Twitter等跨國社交媒體公司出席，究責社交媒體在不實訊息傳播上的責任 ● 美國國會每年撥款資助的國家民主基金會，資助各國團隊，進行對抗資訊操弄的相關研究 [34]
馬來西亞	● 2018年4月制定《反假新聞法》 ● 2018年8月首次政黨輪替，下議院三讀通過廢除《反假新聞法》，遭上議院駁回 ● 2019年10月，下議院再次三讀通過廢除，根據馬來西亞憲法，該法將在一年內自動廢除 [35]
新加坡	● 2019年制定《網路假訊息及操縱防治法》POFMA，並成立POFMA專責辦公室
韓國	● 《放送通信委員會設立及運作法》授權 [36]「放送通信審議委員會 KCSC [37] 為網路違法及有害資訊的審查機關 ● 2021年8月執政黨於國會提出《媒體仲裁法》修正案 [38]，受到國際記者聯盟 [39]、無國界記者 [40]、韓國記者協會 [41] 反對，而後暫停修法
日本	● 防衛省計畫2022年設立「全球戰略情報官」一職，以對抗社交媒體平台上的資訊操弄 [42]
印尼	● 2017年開始打造不實資訊作戰中心，24小時輪班蒐集、查核不實訊息、通報平台業者，並成立「假新聞小姐」以趣味影片在社交平台上公布查核報告 [43]
菲律賓	● 2012年制定《網路犯罪預防法》[44]，將線上不實訊息定為誹謗 [45] ● 2020年COVID-19疫情期間，通過《團結互助抗疫法》[46]，把在線上平台製造或散播錯誤訊息定為犯罪 [47] [48]
印度	● 2019年媒體資訊局成立事實查核部門 [49]，澄清政府相關訊息 [50] ● 2021年電子與資訊科技部要求所有在印度經營的社交媒體，如Facebook、WhatsApp，加強配合政府的內容監管措施，包括在24小時內刪除當局要求的內容 [51]

表6.4 世界各國政府於近年內為反制資訊操弄，而提出或施行的各項網路治理相關措施。讀者應注意各國資訊環境現狀，考慮政府施政獲國內支持的程度不等，注意法案或機關名稱及其實際作為的落差，政府施政對降低資訊操弄危害、壓縮言論自由的實際作用亦有不同。IORG製表。

企業力量未充分發揮，
資訊操弄研究、資訊判讀教育缺乏資源

企業作為當代社會的一份子，有時擁有比政府更強大的力量。近年來，企業社會責任CSR隨著聯合國「永續發展目標」SDGs的確立[52]再次受到重視，還有試圖結合永續發展及資本主義的 ESG 更被稱作「全球熱議」[53]、「投資最重要的事」[54]。取諸社會，用諸社會，除了替股東賺錢，企業必須運用它的力量照顧員工，保護環境，改善社會盡一份心力。那麼，在健全台灣的資訊環境上，台灣的企業做了哪些事呢？

在上一章，我們提到在資訊環境裡經營媒體平台的企業是資訊傳播的「媒介」，而這些企業的社會責任，就是讓台灣的資訊環境更加健全。近年來，受到世界各地公民社會的監督，這些企業的確動了起來，不約而同的選擇了「素養」及「教育」，宣誓著手改善現狀。在台灣，Facebook 2019年推動「數位公民行動教室」[55]，Google 資助台灣事實查核中心推動「媒體素養計畫」[56]，國內有線電視企業，例如台灣數位光訊科技集團、中嘉數位股份有限公司，也對媒體識讀教育投入資源[57] [58]，都是正面的案例，不過，這些行動是否能持續，成效如何，都有待觀察及驗證。

除了作為「媒介」的企業外，也有其他企業投入改善台灣資訊環境。長期觀察台灣媒體環境的台灣媒體觀察教育基金會，近10年來就收到來自富邦文教基金會近5百萬元捐款[59]，潤泰集團總裁尹衍樑也在2012年捐過2百萬元[60]，非營利媒體《報導者》自2015年成立起，更已經收到和碩聯合科技董事長童子賢超過2億

元的捐款[61]。不過，長期關注企業社會責任的「CSR@天下」[62]
黃昭勇總編輯告訴我們，目前台灣企業最積極參與的社會責任議
題是「偏鄉」、「弱勢孩童」以及「獨居老人」，在培育新聞人才、
資助新聞產業上，因為不希望被貼上「操弄媒體」的標籤，企業
參與的意願也就比較低落。使用永訊智庫的資料庫搜尋來自各大
台灣企業的 CSR 報告，也能看到類似的現象，「偏鄉」、「弱勢」出
現的頻率遠高於「媒體識讀」[63]。

企業投入資源，在善盡社會責任的同時希望避免風險，並且考量
對企業本身的「好處」，是合理的決策。可惜的是，這樣的決策
可能導致資源持續集中在最沒有爭議的議題，用最沒有爭議的做
法執行，或者追求立竿見影的短期效果，例如增加曝光，博取名
聲，爭取政府經費，而讓重要的工作流於形式。

讓台灣的資訊環境更健全，這樣的工作往往一點也不有趣，也沒
有鎂光燈的關注，還可能動輒得咎。儘管如此，這些工作確實非
常重要，而且需要長期穩定的資源投入，不是一蹴可幾。政府和
企業的共同特性，就是擁有大量且穩定的資金和資源，能做到一
般人做不到的事，是推動社會前進不可缺少的助力。改善台灣資
訊環境，政府和企業必須做到 3 件事：「保持節制」、「打好基礎」、
「提供資源」。

首先，政府和企業都必須「保持節制」，積極維護言論自由及多
元性。再者，「打好基礎」，包括善盡監管職責、維護勞工權益、
完備相關法規，都是政府或企業必須各自肩負的責任。最後，政
府和企業能夠扮演「提供資源」的角色，向民間單位提供資金及

各項資源，並且在提供資源的同時，確保民間單位的獨立自主，讓民眾能夠合理的信任這些民間單位，讓他們的工作成果發揮最大的效果。支持公共媒體，支持科學研究，支持推動資訊判讀教育，都是政府和企業能夠做的事。

嚴謹的資訊環境科學研究，
需要跨領域整合、公衆溝通、人才培育

資訊操弄是一個「社會現象」，和公民的言論自由、國家的民主發展息息相關。要了解這個現象的成因、現狀、變化、影響，不能靠個人的「感覺」，不是「網友都這麼說」，也不是電視上的「專家」說了算。有系統的蒐集資料，包括問卷、訪談、田野調查，以科學方法完成的嚴謹研究，並且經過驗證，「有一分證據，說一分話」，生產知識，累積我們對資訊操弄的確實了解，這些，是研究者的工作。

IORG 自 2019 年成立以來，建立資訊系統，備份在網路上公開的各種文章及訊息，希望建立「由資料驅動」的量化研究方法，一般稱作「資料科學」，這是 IORG 根據組織成員專長所選擇的研究方法。從資訊工程師架設軟硬體系統開始，IORG 蒐集資料，開發資料分析工具程式，從大量資料萃取有用的資訊。為了有效處理大量資料，我們測試開發新的演算法，並將結果與世界分享，透過同儕審查，成為我國第一篇針對 COVID-19 謠言在封閉平台傳播情形，登上國際醫療期刊的科學研究[64]。為了跟上台灣資訊環境快速變化的腳步，我們也開發了每日及每週摘要的功能，呈現熱門的議題、論述，以及正在資訊環境中發生的特殊傳播行

為。在自動化的資料分析之後，IORG 研究員就必須介入觀察，運用自己對國內政治、國際關係的專業知識，詮釋資料，尋找那些機器看不見的有趣現象，最後，根據事實提供觀點。

「假新聞」、「假訊息」、「資訊操弄」是近年來的熱門話題，但資訊環境相關領域的研究，一直在進行。IORG 拜訪了全國各地的大學研究室，從政治、社會、心理、新聞、傳播、資訊工程到資訊安全，向許多長期從事研究工作的研究者請益。他們各自從自己專精的領域出發，提出理論，用科學方法驗證，也開發新的技術。請益的過程，打開了我們的視野，也讓我們好奇，是什麼原因，讓我們在新聞、社交媒體上，很少看到這些嚴謹的科學研究成果。經過多次具名及不具名的訪談，我們嘗試整理研究者們遇到的困難。

資訊環境研究是「跨領域」的研究，需要多個研究者，來自多個研究領域的專業，互相合作。而多個研究者的合作，意味著在參與者之間，必須分配研究經費、協調方法、「轉譯」語言、分享成果，這些工作都需要「協作」、「溝通」的能力及能量，對研究者造成額外的負擔。考量論文發表及「升等」，在學術機構裡的研究者選擇專注在自己的研究領域，也是合理的決策。

資訊環境研究也是需要長期觀察的研究，尤其是資料科學研究，唯有長期穩定的累積資料，才能更完整了解台灣資訊環境的生態，以及資訊操弄對資訊環境的影響。以「年度計畫」申請研究經費，不利於長期研究，提出長期計畫，又可能難以獲得經費。政大社會系黃厚銘教授長期關注高等教育研究，他認為，在台灣

投入研究，經費來源受限，負責「支援學術研究」的科技部也有多項「先天限制」，包括補助以1到2年的短期計畫為主，讓研究者較難提出大規模的計畫。科技部人文司林明仁司長也說，研究者跨領域的風險的確比較高。

嚴謹的資訊環境科學研究，就像任何嚴謹的科學研究一樣，跟我們所有人都有點距離感。研究者往往非常專注，不斷鑽研腦中的問題，在意每一項細節，同時發現更多問題。研究者的研究成果往往帶著前提、假設、條件，他們對於說出口的每一句話都非常小心，接受自己可能是錯的。這些特徵，都讓他們在當代的資訊環境裡處於弱勢，無法與習慣資訊操弄，說話不用證據的名嘴競爭。把科學研究的成果說成「人話」，也許是研究者的工作，在台灣創刊超過50年的《科學月刊》就由研究者組成編輯群[65]，開放研究者投稿，特別註明「我們不收學術論文」[66]。「科學普及」和「科學研究」都需要科學知識，都至關重要，卻是兩項工作，需要截然不同的技能。

面對挑戰，台灣研究者對資訊環境的科學研究成果，依然豐碩，在世界佔有一席之地。在台灣做研究，除了加深對台灣這塊土地以及台灣人的理解，也是對人類集體知識的實質貢獻，更是讓外國的研究者看見台灣的機會。

關於國際交流，請參考第10章。

這些研究者遇到的問題，可能不是單一領域獨特的現象，而是指

向台灣學術研究的各種結構性問題。國內學術機構包括臺灣大學、政治大學，已成立結合社會科學及資訊工程的跨領域研究的學院或中心，是培育跨領域研究人才的開始。林明仁司長也說，科技部正在研議調整補助機制，鼓勵跨領域研究，也鼓勵年輕的研究者。

而在科學研究的公眾溝通，由已故陳昇瑋研究員創辦[67]，2017年上線的中研院《研之有物》[68]是 IORG 非常喜歡的案例。採用新聞媒體的內容產製模式，《研之有物》的文字記者訪問研究者，搭配攝影記者、視覺設計[69]、介面設計、網路行銷[70]，讓台灣頂尖的科學研究貼近台灣人，也是另一種「跨領域」。從《研之有物》的例子，可以發現在資訊環境的研究領域，也需要公眾溝通的人才投入，讓相關研究成果在「不失真」的情況下更容易被大眾理解。

資訊環境隨時都在變化，跨領域、長時間的科學研究至關重要。除了研究者的熱情和努力，更需要公眾溝通的人才投入，研究成果才能被看見。最後，建立人才培育及就業的支持體系，需要政府、企業、社會各界的支持，讓台灣擁有更多專業研究者及教育者，眾志成城，讓台灣的科學研究、資訊環境、公民社會一起變好。

資訊判讀教育：讓老師開始改變，教育才會真正改變

當台灣社會越來越多人受到假訊息影響，開始關心資訊操弄、資訊環境，中小學的校園又是如何回應這個問題的呢？2019年8月

開始實施的「108課綱」，將「科技資訊與媒體素養」列為9大「核心素養」之一，認為學生應具備媒體素養能力，以適應現下社會、面對未來挑戰。但是，現實中的課堂，有因為新課綱的美好理想而改變嗎？

根據《親子天下》調查，YouTube已經成為台灣青少年最大的資訊來源，中小學校園裡的學生，都是「數位原住民」，用網路來認識這個世界。不過，卻有近3成的學生表示「父母和老師不曾和自己討論什麼是假新聞」，「學校從來沒有教過怎麼辨別資訊真偽」，也有近4成的學生看新聞「從不懷疑新聞的真實性或不曾查證」。「學校沒教、學生不關心」，《親子天下》如此總結，認為現今中學生的媒體素養能力堪憂[71]。

2020年成立的「台灣放伴教育協會」[72]，陪伴了許多中小學老師設計媒體識讀、資訊判讀的課程。理事長王孝成用3個來自課堂上的真實案例，提出協會的近距離觀察。

1. 國中學生用YouTuber頻道「老高」影片的都市傳說，質疑理化老師給的答案不正確。
2. 高中學生寫報告，引用內容農場「每日頭條」的文章。
3. 高中學生寫報告，用手機打字，不會用電腦打字。

這幾個案例，指出老師在課堂上實際遇到的狀況，也呼應《親子天下》的調查結果。觀察多本國高中的教科書，介紹到「媒體」，還是以廣播、報紙、電視這些傳統媒體為主，談到資訊操弄，仍然使用「假新聞」這個不恰當的詞，要求學生必須具備判讀各種

資訊的能力，卻缺乏實際案例讓學生練習，更沒有提供學生完整的視野，幫助「數位原住民」們了解當代充滿危機及挑戰的資訊環境。

台灣放伴教育協會從 2020 年開始，舉辦超過 70 場校園工作坊，足跡遍佈全國。放伴的王孝成說，學校教育還停留在「媒體識讀」，並不是老師偷懶，或不想教，而是不知道怎麼教「資訊判讀」。「不過，這不能怪老師」，他認為，老師的專業是教學，而不是研究。教科書的修訂，曠日費時，而資訊環境則是隨時都在變化。面對新的議題，老師很難靠一己之力就掌握足夠的知識，就算獲得知識，老師們還必須「轉譯」，把知識變成「教案」，在課堂上一步一步帶領學生理解。

不只是中小學的校園，資訊判讀教育在大學的高等教育裡，也非常缺乏。不僅各大學的通識課程少見媒體素養、資訊判讀，即使是新聞系、傳播系的學生，也不一定能在學校學習到符合當代資訊環境現況的知識。IORG 訪問了 3 位 2017 至 2020 年間畢業於新聞系，目前任職於新聞媒體的「新聞新鮮人」，他們告訴我們，新聞系的專業訓練的確能讓他們在踏入職場之際，與業界快速接軌，成為新聞的「生產者」，不過，在學校必修的「新聞寫作」課程中，並沒有事實查核的訓練。

IORG 作者群各自回憶自己的學生時期，的確沒有在學校上過資訊判讀的課程。想到這裡，也不難理解為什麼我們每個人都這麼容易被資訊操弄影響，「資訊判讀力」的重要，不言而喻。

資訊判讀教育，是從研究，到轉譯，再到教學的過程。因為台灣放伴教育協會居中轉譯，串連全國各地的中小學老師，在研究者及教育者之間搭起一座座的橋樑，IORG 的研究成果才能從生硬的數據分析，變成教學現場的教案。

教育現場的困難，不會因為課綱的改變而改變，第一線的教育者，需要更多的力量。IORG 決定動筆撰寫《資訊判讀力》這本書，就是希望給老師們多一點支持，讓中小學的「媒體識讀」教育跟上時代，成為「資訊判讀」教育。除了書，「老師們還需要陪伴」，王孝成說，在每一所學校，台灣放伴教育協會都會用半年的時間，陪伴老師們「共備」，考量學生們的特性協作設計課程，再用半年的時間施作，依據學生的反應調整課程，在國文、英文、生物、社會等科目，都能夠融入資訊判讀教育。他說，這樣的努力，已經看到成果。「讓我最感動的，是學生們知道自己寫出來的文章不只是作業，而是具有影響力，具有重量的。」一位高中英文老師把資訊判讀融入英文新聞寫作的課程，在上完一學期的課之後，這麼稱讚自己的學生。「我從他們身上，看到記者應有的自我要求。」

我們相信這樣的老師不是個案，能夠參與這些課程的學生也不是少數。近來有越來越多國高中及大學老師，意識到資訊判讀對當代學生的重要性，並向 IORG 提出合作。透過研究者與教育者的合作，教育現場正在發生改變。未來，IORG 會持續以科學研究者的身分支持教育者，讓身處在資訊環境中的未來的台灣公民，自信前行。

公民團體是社會前進的原動力，用資訊操弄倡議，傷害民主

公民團體，是台灣民主發展的原動力。因一個理念或理想聚集，從人權、環保、宗教到勞工權利，藉由遊行、請願、陳情、宣傳或舉辦活動等，組成社團、協會、政黨，或者就是一群志同道合的人，一同前進。在民主社會中，公民團體可以發揮組織的力量，帶領特定議題的公眾討論，也可以影響政府的政策方向。

在台灣，已經有許多公民團體意識到資訊環境的危機和對民主的影響，他們正從不同專業角度貢獻心力，善用倡議和動員的能力，協力保衛、健全台灣的資訊空間。

第 4 章，曾經提到事實查核，像是「台灣事實查核中心」[73]、「Cofacts 真的假的」[74]、「MyGoPen」[75]，以專業團隊或群眾協作查證訊息，共同降低有問題的資訊對社會造成的傷害。除了查核，提供更多更好的內容，也能改善資訊環境，像是「台灣科技媒體中心」[76]致力於改善科學新聞的品質，以及「優質新聞發展協會」[77]、「卓越新聞獎基金會」[78]、「媒體觀察基金會」[79]等，則監督新聞媒體、鼓勵更優質的報導。

資訊判讀教育上，前面提過的「台灣放伴教育協會」，是老師們備課的最佳夥伴。除了 IORG，像是「假新聞清潔劑」[80]組織全國各地的志工，深入社區舉辦工作坊，練習資訊判讀。在 2018 年公投之後，因為擔心社會無法對話而撕裂，「對話千層派」[81]、「家庭診療室」[82]、「行動山棧花」[83]自發成立，在線上分享情緒，用實

體活動練習溫柔，在對話之前先聆聽，讓對立的人尋找彼此的共同點。在保障民主社會的自由基石上，有「台灣人權促進會」[84]監督我們的言論自由不受到任何權力的侵害，並有「開放文化基金會」[85]與「g0v台灣零時政府」[86]，分別以緊密的組織、自發而鬆散的社群兩種形式，推動台灣的數位人權及開放政府。

類型	公民團體
事實查核	● 台灣事實查核中心 ● Cofacts 真的假的 ● MyGoPen
新聞媒體監督	● 台灣科技媒體中心 ● 優質新聞發展協會 ● 卓越新聞獎基金會 ● 媒體觀察基金會
資訊判讀教育	● 台灣放伴教育協會 ● 假新聞清潔劑
社會對話	● 對話千層派 ● 家庭診療室 ● 行動山棧花
言論自由	● 台灣人權促進會
數位人權 開放政府	● 開放文化基金會 ● g0v 台灣零時政府

表6.5 在台灣提升資訊品質、改善資訊環境的公民團體。IORG 製表。

這些公民團體，有的守護台灣的資訊空間，有的提升資訊環境品質，有的加強我們面對資訊操弄時的韌性。但是，在過去卻也曾出現過，公民團體濫用自己的動員力，散播甚至製造資訊操弄，在資訊環境造成亂象。例如，在爭取同性婚姻合法化期間，就有特定團體動員傳播錯誤訊息，用「絕子絕孫」、「愛滋病」引起閱聽人的恐懼。還記得第 2 章提到在 2021 年公投期間出現各政黨的口號和標語嗎？因為過度簡化和強化動員，即使到了公投結束仍持續加深社會的對立。政黨作為一種公民團體，也必須負起維護台灣資訊環境的責任。

> 請參考第 8 章，利用引起恐懼的訊息「帶風向」。

前一章，政治大學傳播學院鄭宇君教授所說的「影響力越大，責任越大」，也適用在公民團體身上。因相同理念而聚集的公民團體，往往有強大的動員力。水能載舟，亦能覆舟，任何公民團體都應當意識到自己的影響力，負起正確傳播資訊的責任，避免資訊操弄。否則可能在實踐公民力量的同時，反而傷害公民社會。

資訊操弄「都是 they 的錯」？你這樣很矛盾！

從政府、企業、研究者、教育者，再到公民團體，資訊環境中的各個角色都需要再更努力，而身為一個負責任的公民，當然也不能置身事外，認為資訊操弄都是別人的問題。接下來，就讓我們先用幾題小測驗來檢視自己。

1. 資訊操弄會不會影響你自己對公共事務的判斷？	2. 資訊操弄會不會影響其他人對公共事務的判斷？
☐ 幾乎不會	☐ 幾乎不會
☐ 很少會	☐ 很少會
☐ 有時會	☐ 有時會
☐ 經常會	☐ 經常會

回答完了嗎？上面的問題來自臺灣民主基金會的「2019臺灣民主價值與治理」民調[87] [88]。看看你的答案，是不是和大多數人一樣呢？

1. 資訊操弄會不會影響你自己對公共事務的判斷？	2. 資訊操弄會不會影響其他人對公共事務的判斷？
● 幾乎不會 17.9%	● 幾乎不會 1.6%
● 很少會 9.3%	● 很少會 1.3%
● 有時會 34.8%	● 有時會 21.6%
● 經常會 33.9%	● 經常會 70.1%

調查顯示，認為自己經常被資訊操弄影響的人不到4成，同時，卻有超過7成的人，認為別人經常被資訊操弄影響。這個結果，說明人們對自己資訊判讀能力的信心似乎也高於對其他人的信心，在工作坊的場合，IORG也常常聽參與者說「我才不會被假新聞騙」。

這是身為公民，面對資訊操弄的第1項矛盾：認為別人比較容易被騙，但自己缺乏防衛意識，更容易導致自己受到資訊操弄。

再來一題吧！

---

3. 防治資訊操弄，你認為哪些人或單位必須負責？（多選）
 ☐ 撰寫或發布假新聞的人（例如：支持特定政黨的人）
 ☐ 傳播媒體（例如：電視、報紙、網路等）
 ☐ 記者
 ☐ 社會大眾
 ☐ 社交媒體平台（例如 Facebook）
 ☐ 政府相關官員
 ☐ 網路搜尋引擎公司（例如 Google）
 ☐ 沒有人或單位需要負責
 ☐ 其他

時間到！這一題是來自政治大學 2020 年的「臺灣傳播調查資料庫」調查[89]。接下來就來看看自己的答案和調查結果有什麼不同？

---

3. 防治資訊操弄，你認為哪些人或單位必須負責？
 ● 撰寫或發布假新聞的人（例如：支持特定政黨的人）78.7%
 ● 傳播媒體（例如：電視、報紙、網路等）78.8%
 ● 記者 61.0%
 ● 社會大眾 34.9%
 ● 社交媒體平台（例如 Facebook）40.1%
 ● 政府相關官員 54.1%
 ● 網路搜尋引擎公司（例如 Google）21.6%
 ● 沒有人或單位需要負責 1.6%
 ● 其他 1.0%

從民調結果來看，近 8 成的受訪者認為媒體需要負起防範假新聞流傳的工作，不過，根據英國牛津大學路透新聞學研究所 2019 年的調查，那些受到信任的媒體，並沒有受到閱聽眾的支持，信任度排名最高的公視在使用率排名上竟然是吊車尾。還記得第 1 章中，聲稱美國生化兵在武漢軍運會期間散播 COVID-19 病毒的政論節目嗎？每當 IORG 在工作坊分享這段影片時，參與者都會對名嘴說法感到難以置信，甚至有參與者認為內容毫無公信力，但這個節目片段在 YouTube 上卻獲得了超過百萬的觀看次數。

這是身為公民的第 2 項矛盾：認為媒體必須負責，但卻不支持值得信任的媒體，反而常看那些不值得信任的媒體。

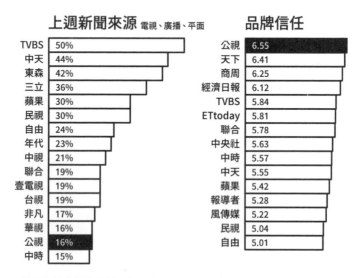

圖 6.6 英國牛津大學路透新聞學研究所 2019 年調查，台灣民眾上週曾經使用過的電視、廣播、平面新聞來源前 16 名，最高者為 TVBS，公視為第 15 名；而台灣民眾對新聞媒體品牌的信任，公視為第 1 名。IORG 翻譯並重製圖表 [90]。

最後一題！

> 4.資訊操弄會不會危害台灣民主？
> ☐ 幾乎沒有危害　☐ 有一點危害　☐ 危害很大

鉛筆放下！這一題一樣是改寫自臺灣民主基金會的「2019臺灣民主價值與治理」民調[91]。你的答案又與其他人有什麼不同呢？

> 4.資訊操弄會不會危害台灣民主？
> ● 幾乎沒有危害1.6%　● 有一點危害28.5%　● 危害很大65.7%

哦！大多數人都認為資訊操弄很糟糕，對我們的民主有危害。但是許多人在參與公共討論時，卻會「自願」成為「義勇軍」，不但沒有基於事實理性討論，甚至向抱持反對意見的人貼標籤、潑髒水。鄭宇君教授在接受IORG訪問時也提到，「灌爆留言」這種行為，會讓真誠的討論終止。

這是身為公民的第3項矛盾：我們都希望有健康的資訊環境，卻反而做出破壞公共討論的行為。這些行為就算不一定傳播資訊操弄，也會對資訊環境造成傷害。

在做完以上小測驗後，再次回想自己也有這些矛盾的想法嗎？

1. 覺得自己不會被騙，別人才會被騙？
2. 認為媒體該負責，但不支持好的媒體？

3. 希望有健康的公共討論，但自己卻沒有理性討論，反而四處
出征、灌爆留言？

我們需要意識到自己可能被騙，才能更有警覺的防止資訊操弄；
要求媒體負責的同時，也要支持那些負責任的可信媒體；希望擁
有健康的資訊環境，就應該共同維護每一次得來不易的公共討論
機會。

健全資訊環境，每個社會角色都要負起責任

回到這一章開頭的例子，你想成為一開始亂丟垃圾的人、跟著亂
丟垃圾的人、還是無視垃圾堆成山污染整條街道的人？經過上一
章和這一章的討論，我們應該可以得到結論：防治資訊操弄，健
全資訊環境，每個社會角色都要負起責任。

需要資訊生產者如媒體、網紅等不要生產可疑訊息，需要閱聽人
有能力正確判讀訊息、不要誤傳，需要政府建立法規制度、需要
企業投入資源、需要研究者秉持嚴謹的研究精神、需要從校園開
始一點一滴培養青年學子的素養能力。最後，更重要的是，需要
每一位公民當起「訊息守門員」，除了利用第4章的可信度評量判
讀訊息，也願意跟身邊朋友分享、討論。

資訊傳播網絡就像個生態系，角色們環環相扣，保衛這個生態系
要靠各個角色的互相監督、扶持。或許看完這章後，對於各個社
會角色可以做什麼還是有些疑惑，但別擔心，針對這個問題，
IORG也訪問了許多領域的學者、專業人士，我們會在第11章提

供面對資訊操弄，整體社會的行動方案，但在這之前，還有一些
與資訊操弄的相關議題，需要公民們特別注意。

07 你能看穿？那些生活中的
　　政治宣傳

> ◉ 除了資訊操弄，你知道政治宣傳也會影響你的判斷嗎？
> ◉ 生活即政治，你知道漫畫、電影、手遊，也有政治宣傳嗎？
> ◉ 民主國家和威權國家的政治宣傳，有什麼不同？

「當你在海外遭遇危險，不要放棄，請記住，在你身後，有一個強大的祖國！」打敗西方軍閥，拯救受壓迫的人民，影片裡的主角揮舞著中國國旗，這是中國電影《戰狼2》片尾一幕。

圖7.1 中國電影《戰狼2》片尾一幕 [1]。2022年2月24日，俄羅斯再次入侵烏克蘭，各國政府撤僑，中共官媒呼籲中國公民公開懸掛五星旗，「#原来战狼2的这一幕是真的#」成為微博上的熱門話題。

「嚴肅而炯炯有神的眼光煥發出天降名將的肅穆光芒⋯他以深切的情感回憶著建國偉大事業的艱苦奮鬥之路，他的信念與意志就像白頭山那樣堅定」，北韓主播高昂、生動的對白，配上一系列白

馬王子般的英勇照片。這是北韓官方媒體2019年10月的報導，這位英勇騎士不是別人，正是北韓領導人金正恩。

圖7.2 金正恩騎白馬上長白山的照片，長白山為北韓「聖山」，象徵金氏家族的統治權威[2]。

「捍衛自由」是由美國陸軍所開發的狙擊遊戲《美國陸軍》[3]的宣傳標語；「暴打安倍」是中國公司「中青寶」的手遊《大抗戰》的標語，攻擊日本前首相安倍晉三。「蓋達組織」旗下宣傳機構「全球伊斯蘭媒體前線」推出的遊戲，更是直接以「獵殺布希」[4]為名，把刺殺美國前總統小布希當作遊戲目標。

圖7.3《美國陸軍》遊戲包裝盒封面，圖片下方印有「捍衛自由」英文字樣[5]。中國手遊《大抗戰》的宣傳圖片，圖中人物神似日本前首相安倍晉三[6]。

看電影、追劇、玩手遊。導演的鏡頭，讓觀眾沉浸在劇情之中，遊戲的任務，給玩家勇往直前的動力。在按下開始按鈕之前，你是否想過這些電影、遊戲，可能具有娛樂以外的政治目的。《戰狼》的導演編排劇情，激起觀眾的民族情緒，為所謂的「祖國」感到驕傲；北韓官媒用夢幻的畫面、激昂的對白，塑造領導人神一般的形象。美軍用逼真的狙擊遊戲招募軍人，而蓋達組織則是利用遊戲激化對美國政府的憤怒。

在前面的章節，我們認識了資訊操弄，這一章，讓我們一起認識另一種可能影響閱聽人判斷及公共討論品質的資訊：政治宣傳。

不同於資訊操弄，政治宣傳的資訊來源、事實內容、推論過程不一定有問題。雖然不一定符合資訊操弄的定義，但政治宣傳還是有可能是「有問題」的資訊，對閱聽人造成影響，進一步妨礙「講道理」的公共討論[7]。

圖7.4 有些資訊可以被歸類為「資訊操弄」，有些資訊可以被歸類為「政治宣傳」，也有些資訊既是「資訊操弄」，也是「政治宣傳」。

「政治宣傳」可以廣義而中性的泛指任何帶有「政治目的」的資訊，也可以狹義而貶義的指「來自政府」而且「利於政府」的資訊。政府、政黨這些「政治團體」具有「廣播」的實力，可以自

己生產訊息，透過自己控制的媒介傳播出去，放大自己的政治理念、價值、觀點，影響許多民眾的政治判斷，所以在這一章，我們會以較大的篇幅，關心那些以特定政治團體為「生產者」，帶有政治目的的訊息。掌握政治宣傳的「生產者」，能幫助我們判斷訊息的「政治目的」，而不會在沒有防備的狀況下被影響。

政治宣傳，歷史悠久。現在，就讓我們坐上時光機，穿越百年時空。

從一戰到冷戰，跨越時空的政治宣傳

這張海報，你一定有看過[8]！頭戴高帽，身穿美國國旗配色的「山姆大叔」，用銳利的眼神盯著觀眾，他高舉食指，加上大寫的 I WANT YOU 標語，令人不禁駐足。1916年，第一次世界大戰期間，美國藝術家弗拉格畫出了這個山姆大叔，質問當時沒有參戰的美國政府「做了什麼準備？」[9]。等到美國加入戰爭，山姆大叔搖身一變，成為號召從軍的文宣主角，在第二次世界大戰亦然，「山姆大叔」成為了美國的代名詞。

圖 7.5 弗拉格繪製的美國陸軍募兵海報[10]。

二次大戰結束，取而代之的是「西方集團」和「東方集團」之間的「冷戰」。以美國為首的西方國

家以資本主義為主流思想，而以蘇維埃聯邦為首的東方國家則奉行共產主義，兩大集團在世界上分庭抗禮，彼此競爭，思想上的差異，體現在各自的政治、經濟、社會制度上，「理念的戰爭」也出現在各自的宣傳之中，透過各式各樣的形式及管道，爭取民眾的支持。

1950年代，一張蘇聯的宣傳海報上，帶著高帽的山姆大叔身材圓滾了許多，表情不懷好意，而帶著扁帽的工人則用堅定的態度拒絕誘惑，受到身後廣大人民的支持，畫面形成強烈的反差。1963年的動畫片「億萬富翁」裡，象徵美國的主角則是一隻鬥牛犬。牠身穿燕尾服、住在紐約最繁華的「第五大道」，過著奢侈的生活，對著警察的腿撒尿，對和平抗議者狂吠。經常在報紙上胡言亂語的牠，最終竟然當選國會議員[11]。

圖7.6 1950年代的蘇聯宣傳海報，資本家一手拿著商品，一手拿著寫著「北大西洋公約組織」的紙捲，暗藏刺刀步槍，而工人則用堅定的態度拒絕誘惑。下方紅字為前蘇聯領導人史達林的言論：「世界人民不要戰爭悲劇重演」[12]。1963年動畫片「億萬富翁」，主角鬥牛犬獲得其他資本家的支持，進入美國國會 [13]。

在美國，也有反對共產主義的宣傳。1947年的一本漫畫「這就是明天？」假想美國受到莫斯科指使的「在地協力者」逐步滲透，

變成了共產主義國家，一切事物都被一黨專政的國家機器所控制，劇情荒謬又真實。除了國內宣傳，1949年「自由歐洲電台」[14]也在美國政府的支持下成立，24小時全年無休，對蘇聯衛星國發射訊號，播放被當地政府禁止的訊息，希望聽到的民眾轉而支持美國及西方世界，並且不讓蘇聯單方面的宣傳，主宰了資訊空間[15]。儘管蘇聯政府想盡辦法干擾廣播訊號，但電台仍然繼續播送，上百萬的歐洲民眾也還是能夠找到方法繼續收聽[16]。

圖7.7 美國漫畫「這就是明天？」內頁。對話：「我們也做不了什麼，政府都已經把整個廣播產業國家化了」「新到任的教授在學校教導共產主義」「我倒要看看，有誰能證明上帝的存在！」[17]。

民主對抗威權：當代政治宣傳主戰場

1989年，柏林圍牆倒下，1991年，蘇聯解體，「冷戰」結束。到了當代，資本主義、共產主義的對抗換了名字，成為由美國為首的「民主」聯盟，對抗以中國為首的「威權」勢力[18]。

還記得第1章關於COVID-19的資訊操弄案例嗎？2020年初，COVID-19疫情蔓延全球，中國持續拒絕外國專家進入中國調查病毒起源[19]。3月，中國外交部發言人趙立堅及中共官媒公開質疑COVID-19病毒來自美國，並提到「武漢軍運會」、「德特里克堡」陰謀論內容，認為美國「欠我們一個解釋」。5月，時任美國

國務卿龐培歐接受訪問，表示有「大量證據」指出COVID-19病毒來自武漢病毒研究所[20]。趙立堅、龐培歐的說法，都沒有提供任何證據。這種「病毒起源論」並不是第一次出現，1980年代，蘇聯國家安全委員會KGB就曾經散播錯誤訊息，宣稱「美國製造HIV病毒」[21]，而蘇聯錯誤訊息指控的地點，就是2020年獲得中國外交部點名質疑的「德特里克堡」。

2021年7月1日，中國共產黨建黨百年，中共官媒轉述國家主席習近平的說法，要「所有中華兒女」「堅決粉碎任何台獨圖謀，共創民族復興美好未來」[22]。當天，中共官媒「新華網」的首頁大篇幅報導習近平的說法，描述「現場響起雷鳴般掌聲」、「太燃了！」[23]不過，不一樣的媒體呈現的是截然不同的景象，從網頁的顏色就能感覺到。美國政府撥款資助的「自由亞洲電台」華語首頁以「民族主義政黨」為標題，分析習近平的演講內容[24]，美國國有媒體「美國之音」則專訪多位對中共統治感到不滿和失望的人，以「夢醒時分」作為頭條[25]。

圖7.8 2021年7月1日，中共官媒「新華網」首頁，以及同日「美國之音」的華語首頁。

為了塑造中國在世界上的形象，中共在2009年推出「大外宣」，政策全名是「中國對外宣傳大布局」[26]，以「宣傳高於真相」[27]為原則，「講好中國故事，傳播好中國聲音」[28]，投入大筆資金培養外籍記者、購買外國電台，和外國新聞媒體合作[29]。從非洲的辛巴威到中南美洲的墨西哥和秘魯，從中東的阿拉伯聯合大公國到東南亞的泰國，從太平洋島國斐濟到太平洋彼岸的美國，都可以看到中共官媒的影子。

中共也會向西方主流媒體買「業配」，增加官方觀點的能見度，這樣的「業配」長得像新聞，可能造成讀者的混淆[30]。在美國《華爾街日報》、《外交政策》雜誌都能看到的「中國觀察」頁面，正是來自中共官媒《中國日報》的業配。英國《每日電訊報》、法國《費加羅報》、德國的《商報》、《南德意志報》、日本《每日新聞》[31]，也都能看到由中共「贊助」的內容，「借用」這些受到讀者信任的新聞媒體版面，宣揚中共政績。

圖7.9 美國《華爾街日報》及《外交政策》雜誌的「中國觀察」頁面，頁面上方有「付費專題」或「廣告」字樣 [32] [33]。

美國和中國，不只在線上資訊空間爭奪話語權，也在線下的實體空間中角力。從2004年開始[34]，隸屬於中國教育部之下的「孔

子學院」為了「宣揚中國語言和文化」[35]，在全球各地與各級學校合作[36] [37]，開辦課程，推動交換計畫，甚至提供資金給學校蓋大樓[38]。起初，這些合作廣受好評，不過，後續研究報導揭露，孔子學院進入學校後影響學術自由及言論自由，合作學校的課本、課程受到審查[39]，舉辦活動也受到干預[40]。2009年，美國北卡羅來納大學的孔子學院就向學校施壓，要求撤回對西藏精神領袖達賴喇嘛的演講邀請[41]。2018年，一名記者受邀到美國薩凡納州立大學演講，講者介紹中的台灣經歷，卻被該校的孔子學院刪除[42]。2019年，《雪梨晨驅報》取得4所澳洲大學與孔子學院的合約，規定學校「必須接受」俗稱「漢辦」的孔子學院總部「評估教學品質」[43]。2021年，德國的2所孔子學院則是在中國政府的壓力下，取消《習近平：全球最有權力的人》新書活動[44]。

孔子學院傷害學術自由，許多國家開始反制。2020年，美國將孔子學院列為「外交使團」[45]，也就是外國政府的代理人，必須將員工及財產清單提供給美國政府。2021年，澳洲要求大學通報與孔子學院相關的協議，若違反國家外交政策，可依法撤銷[46]。同年，日本也擬定加強審查孔子學院，提出問題清單[47]，德國教育部長則是呼籲各校「認真審視」、「果斷處理」孔子學院的合作關係[48]。

「孔子學院是中國政府言論審查的延伸」，國際組織「人權觀察」這麼說[49]。除了孔子學院，威權政府的言論審查也可能透過非官方的管道，「延伸」到其他地方。2021年，中國網路科技公司「網易」在台灣推出「哈利波特：魔法覺醒」手遊，就有使用者發現，在幫自己的角色取名時，不能用「台灣」、「維尼」，「蔡英文」、

「習近平」也不行[50]，讓玩家雖然生活在民主國家，卻被威權政府管制。

民主和威權，正在對抗，而政治宣傳，是這兩種體制對抗的手段之一。在電視上的新聞、學校的課程、手機裡的遊戲，看似遙遠的國際事務，看似空泛的「意識形態之爭」，就在我們身邊，想要影響我們的腦袋自主。

圖7.10 遊戲中的政治宣傳：由華納公司與中國的網易聯合開發的「哈利波特：魔法覺醒」手機遊戲，創建角色中輸入「台灣」後，畫面即出現「含有敏感字元」[51]。

科技進化，打造專屬於你的政治宣傳

結束了橫跨一世紀的時空旅程，你有發現嗎？政治宣傳並不是新奇的東西，隨著世界樣貌的不同，宣傳的內容會改變，管道也更多元。從一戰、二戰、冷戰，再到當代的美中對抗，從海報、漫畫、廣播，到電影、戲劇、手遊，就連學校裡的課程，也可以是政治宣傳。

隨著科技的進化，社交媒體、行動科技的普及[52]，政治宣傳獲得了另一個深入我們日常生活的管道。在第5章，我們了解社交媒體助長了仇恨言論、資訊操弄，同樣的，社交媒體的推薦機制、廣告工具，也能讓政治宣傳更即時、精準的出現在讀者眼前。

關於社交媒體的推薦機制及廣告工具，請參考第9章。

使用社交媒體推動政治宣傳，俄羅斯政府的經驗豐富。2010年代開始，俄羅斯政府開始實驗以社交媒體影響鄰國[53]，成立「網路研究局」IRA，重要案例包括2012年敘利亞內戰，2014年俄羅斯併吞烏克蘭克里米亞地區，而後，更發動大規模行動，影響2016年美國總統大選[54]。除了國家，極端主義組織也使用社交媒體傳播他們的政治理念，其中最有名的，就是在2015年勢力達到頂峰，控制伊拉克及敘利亞大片領土的「伊斯蘭國」ISIS。研究發現，ISIS支持者在Twitter上特別活躍，也擁有比一般使用者更多的追蹤者[55]。國內外記者的調查發現[56][57]，ISIS用社交媒體接觸世界各地的青年，透過特別設計的宣傳內容，私密的社團，一對一的對話建立認同感，最後讓青年遠赴敘利亞，成為ISIS「聖戰士」。

當威權國家、極端組織使用hashtag動員群眾，創造hashtag激化憤怒及對立，同樣的工具也能匯聚對民主自由的支持。2018年，台灣政府發起#TaiwanCanHelp，宣傳台灣在公共衛生上對世界的貢獻[58]。2019年，香港民眾發起「反送中」民主運動，期間#StandWithHongkong被廣為使用。2021年，俄羅斯入侵烏克蘭，烏克蘭眾多政府官員加入網民的行列，使用#StandWithUkraine

爭取世界各國的支持。

除了社交媒體，支持特定政黨或候選人的手機app，也是一種值得注意的政治宣傳形式。

在中國，中國政府在2019年元旦推出「學習強國」app[60]，並在2月登上蘋果App Store中國區榜首。報導指出，中國政府公務員、國家企業員工、老師、新聞工作者、中共黨員都被要求下載[61][62][63][64]，並實名註冊

圖7.11 烏克蘭駐美大使馬卡羅娃2022年4月4的Twitter貼文，使用#StandWithUkraine hashtag呼籲對烏克蘭的支持[59]。

[65]。根據「學習強國」的介紹，這個app結合新聞、遊戲、通訊及社交功能，會即時更新國家領導人的最新談話，使用者更可以追蹤自己「學習領導人思想」的進度和成績。2021年8月，中國政府更進一步推出特製投影機「強國機」[66]，可以把「學習強國」的內容直接投影出來，方便看不清楚手機螢幕的長輩族群能集體閱讀學習，從app到投影機，政府包辦。

在台灣，名為「一支穿雲箭」的手機app在2019年10月上架，是當時中國國民黨總統候選人韓國瑜的「專屬資訊整合平台」。使用者可以用app了解候選人政策，把候選人行程加入行事曆，每日「打卡」支持候選人，或利用app列出的清單，到支持候選人的

Facebook粉專按讚。「黑韓退散」及「挺韓新聞」是這個app受人
矚目的2項功能。「黑韓退散」列出批評候選人的Facebook貼文，
並在每則貼文下方提供「澄清」的說法，以及「澄清去」的按鈕，
使用者只需要按一下，就可以前往貼文留言「說出真相」或「立
即檢舉」。而「挺韓新聞」列出的則是支持候選人的貼文，每則貼
文下方的按鈕則變成「前往讚聲」及「分享」。

圖7.12「一支穿雲箭」app的Google Play應用程式商店頁面，由ID ArrowHan提供，
該開發者同時也提供「監票系統」app [67]。

最後，在第4章提過 deepfake 的造假影片，這樣的技術也被應用
在政治宣傳上，包括美國前總統歐巴馬、川普，都曾有他們的造
假影片。2022年俄羅斯入侵烏克蘭，3月16日，一則烏克蘭總統
澤倫斯基「促請烏克蘭軍民放下武器」的deepfake造假影片在網
路上流傳[68]，澤倫斯基總統隨即在社交媒體上回應，呼籲俄軍放
下武器，停止侵略。

政治宣傳有好有壞，用資訊判讀來面對

讀到這裡，我們應該已經知道，政治宣傳無所不在。政治宣傳無
所不在，因為政治無所不在，任何資訊，都可以和政治有關，相

較於「政治歸政治」,「生活即政治」這個說法更積極,也更合理。

各式各樣的政治宣傳,就像任何資訊一樣,有些可信,有些不可信。我們的確不能把政府和非政府的訊息一視同仁,不過,也不應該單純以「生產者」是不是政府來決定訊息的可信度。運用第4章的「訊息可信度評量」,我們更可以拆解一則政治宣傳內容裡的事實和觀點,檢查它的資訊來源、事實內容、推論過程是否有誤,最後做出可信,或者不可信的判斷。

不過,在判讀政治宣傳時,我們可以「擴大視野」,不只判讀訊息的內容,也要判讀關於這則訊息的額外資訊[69],因應潛在的政治目的,對訊息可信度做出更完整的評量。一則訊息可以有許多額外資訊,針對政治宣傳,其中特別值得注意的是「生產者」、「媒介」及「發布時間」。在第5章,我們知道「生產者」生產資訊,「媒介」發布資訊,而「發布時間」則是指「生產者」發布資訊的時間。面對一則政治宣傳,結合訊息內容、訊息的「生產者」、「媒介」、「發布時間」,我們可以知道更多關於這則訊息的時空脈絡,基於證據,用合理的因果關係推論訊息對其「利害關係人」可能造成的影響,進而猜測「生產者」及「媒介」在當下生產及發布一則政治宣傳的目的。

關於政治宣傳的「生產者」及「媒介」,認識其真實身分是關鍵。如果是一則來自新聞媒體的報導,除了記者、編輯的署名,內部分工管理、「業配」情形、公司或集團的資金來源,都可能影響報導;如果是來自匿名粉專、網站、聊天群組的訊息,要知道作者身分可能也有困難。不過,我們還是可以嘗試從網站的「關於我

們」頁面獲得一些資訊，對於揭露真實身分、組織架構、財務狀況的「生產者」及「媒介」給予較多的信任，如果是匿名或使用假名，則應該持續存疑。透過「擴大視野」，資訊判讀的對象不再受限於訊息內容，作為「閱聽人」，我們應該主動調查、驗證，增加自己的「能動力」[70]，調整政治宣傳的可信度評量結果，做出更完整的判斷。

在眾多政治宣傳的「生產者」及「媒介」之中，以政府機關及官員為「生產者」，或以政府出資控制，或高層主管與政府關係密切的媒體為「媒介」的政治宣傳，可以說是「來自政府」的政治宣傳，值得我們特別注意。

在台灣，我們的民主體制限制政府的權力，也保障人民的基本自由，包括在資訊環境表達意見，參與公共討論的自由，支持政府、反對政府，都是台灣人的日常，都是民主的實踐。相對於民主，威權體制則為了「維穩」，運用國家的權力控制資訊「生產者」及「媒介」，強化或妨礙特定內容的生產及傳播，維持本國人民對威權政府的認同，也試圖影響其他國家人民對威權體制的印象。近年來，這些「來自威權政府」的政治宣傳，利用民主體制下的言論自由，在台灣美化威權體制，或者傳播有問題的資訊，妨礙公共討論，降低民眾參與民主機制的意願。更有甚者，宣稱「威權是民主」、「民主是威權」，製造混淆，讓「民主」的意義變得空洞，如同小說《1984》「真理部」的標語：「戰爭即和平；自由即奴役；無知即力量」。這些「來自威權政府」的政治宣傳，妨礙民主機制的運作，傷害民眾對民主體制的信心。相對於「來自民主政府」的政治宣傳，我們必須對來自威權、支持威權的政治宣傳，

特別提高警覺。

作為「閱聽人」，我們可以怎麼對「來自威權政府」的政治宣傳提高警覺？社交媒體平台像是Twitter、YouTube已對部分帳號加註包括「政府官員」、「國家關係媒體」的標籤，協助使用者判讀。IORG的「中國觀察」[71]開放中國政府官員、官媒的網站、社交媒體帳號列表，供讀者參考。自俄烏戰爭爆發後，匿名網民在社交媒體上發起「大翻譯運動」[72]，自主把中共官媒、中國社交媒體上各式各樣的貼文、影片、留言翻譯成英文，並且用hashtag #TheGreatTranslationMovement匯集，讓使用其他語言的網民，也有機會判讀中共官媒的政治宣傳。

圖7.13「大翻譯運動」Twitter帳號貼文[73]。圖中左側為《人民日報》官方微博帳號2022年3月8日貼文[74]，貼文內容為中國外交部發言人趙立堅當日發言內容，圖中右側為匿名網民的英文翻譯。

08 在網路上帶風向：訴諸恐懼、 以偏概全、群聚分享、 網軍幫高調

- ◉ 你曾經被「帶風向」嗎？為什麼會有人要「帶風向」？
- ◉ 誰會「揪團」一起「帶風向」？
- ◉ 如何才能破解「帶風向」？

讀到這裡，我們認識了可疑訊息、資訊操弄、政治宣傳，這些「有問題」訊息的內容可能左右我們對議題、政策的想法，進而影響公共討論。在上一章的最後，我們在使用「訊息可信度評量」判讀政治宣傳之後，提出了「擴大視野」的概念，也就是說，除了訊息的內容，訊息在資訊環境的傳播行為模式，也可能影響訊息的可信度。

在網路論壇上，我們可能常常看到「帶風向」這個詞。在公共討論的過程中表達意見，說服他人，是非常合理的事。「帶風向」給讀者的印象是「造假」、「操弄」，那麼「傳播資訊操弄」應該算是「帶風向」的一種，不過，應該還有其他「帶風向」的方法吧？在這一章，IORG 從研究成果整理出 4 種常見「帶風向」的方法：「傳播訴諸恐懼的訊息」、「用網友言論以偏概全」、「匿名粉專協力分享內容農場」、「網軍拿錢創造聲量」。

好恐怖！快轉發！那些引起恐懼的 LINE 訊息

你是否曾從親友的 LINE 群組收到過駭人聽聞的訊息？「壁虎的尿液會使皮膚潰爛，眼睛失明，誤食其爬過的食物嚴重時會中毒死亡！」[1]「美國正式宣布了：基因改造食物含有嚴重毒素，終於爆開了！」

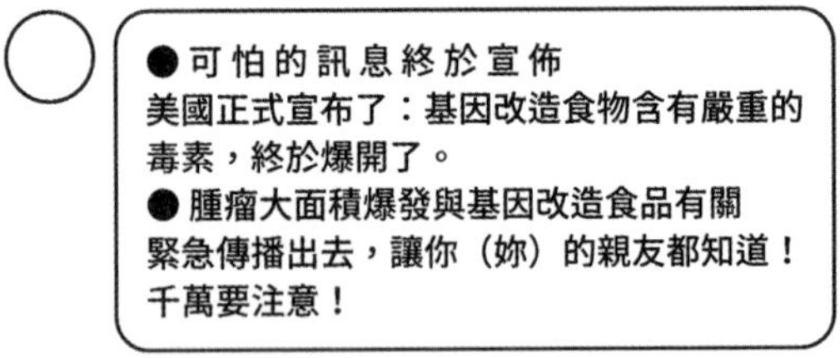

●可怕的訊息終於宣佈
美國正式宣布了：基因改造食物含有嚴重的毒素，終於爆開了。
●腫瘤大面積爆發與基因改造食品有關
緊急傳播出去，讓你（妳）的親友都知道！
千萬要注意！

圖8.1 錯誤訊息，宣稱基因改造食物「含有嚴重的毒素」[2]。

IORG 研究台灣資訊環境，就常觀察到這樣的訊息，主題包括致癌、減壽、基因突變、戰爭動亂，令人害怕。這些訊息，有些符合資訊操弄的定義，有些卻遊走在資訊操弄的灰色地帶。例如：「疫苗含有最高致癌物質 SM-102？」「AZ 說不定會引起癌症」[3]就是用「問題」或「假設」製造「疫苗」和「癌症」之間的連結，在閱聽人接收到訊息之時，同時引起對癌症的恐懼及對疫苗的懷疑，收到訊息的人就可能因為「出於好意」、「保護家人」的心情，協力傳播這些訊息。畢竟，我們都不希望生病，希望掌握所有可能讓身體健康的資訊。

在 2018 年公投宣傳期間，也出現過許多會引起恐懼的錯誤訊息。「同志教育，絕子絕孫」[4]「同婚通過，小孩就不會叫爸媽」[5]「同婚通過，愛滋拖垮健保」[6]，這些內容錯誤、推論有問題的資訊

操弄，連結許多家庭的既有衝突，對特定疾病的不了解，對國家財政的擔憂，以及對多元性別的「不信任感」，在公投前透過信箱傳單及LINE訊息廣為傳播[7]，有律師出面闢謠[8]，健保署也出面澄清[9]。在台灣長期幫助同志及家長的「台灣同志諮詢熱線」觀察，這些訊息確實造成同志族群的心理壓力，高雄醫學大學精神科教授顏正芳也做出調查，顯示同志族群的自殺意念在公投後顯著提高[10]。訴諸恐懼的訊息，帶動了「風向」，也對真實的人造成了真實的傷害。

恐懼是人類保護自己的本能[11]，實驗也發現，訴諸恐懼能有效影響人的態度、意圖及行為[12]。有學者認為，適當訴諸恐懼並不是一定有問題，在COVID-19疫情期間，就有一位前急診室醫師投書《紐約時報》，建議用寫實的照片，讓民眾感到害怕，進而遵守防疫規範[13]。所以，我們可以進一步區分「有道理」以及「沒有道理」的恐懼。例如，菸盒上的畫面，很可怕，讓我們對吸菸產生恐懼，但這樣的恐懼是有證據支持、有道理的，因為抽菸的確會傷害身體健康。而「接種第3劑疫苗會感染愛滋病」這樣的訊息，很可怕，讓我們對接種疫苗產生恐懼，但這樣的恐懼是沒有證據支持、沒有道理的，這種「沒有道理的恐懼」，是我們必須特別小心的。

WARNING FROM
法國諾貝爾生理學醫學獎 病毒學家 生物學家
呂克·蒙塔尼耶 DR Luc Montagnier
接種第三針的人，去做愛滋病檢測
結果會令你吃驚
然後，去起訴你的政府。

圖8.2 錯誤訊息，暗示接種第3劑疫苗「會感染愛滋病」[14]。

當沒有道理的恐懼成為放大資訊操弄的工具，就可能讓人們失去冷靜，加深社會對立，妨礙公共討論。我們可以使用第 4 章的「訊息可信度評量」拆解訴諸恐懼的可疑訊息，但這不一定是最有效的闢謠方法。不管有沒有道理，恐懼都可能真實存在。如果行有餘力，可以嘗試找出彼此的共同點，開啟對話，理解恐懼，消除恐懼的第一步[15]。

關於對話，請參考第 26 章「對話千層派」的專文。

看到「網友說」就先想到「以偏概全」

不知道你有沒有注意過？網路文章常用「網傳」、「網議」、「網友」當作標題，如果是電視新聞，因為畫面空間有限，只好就用「網：」一個字來下標。

例如，「風傳媒」網站上的一則報導，標題是「外籍移工月薪62K完勝一堆上班族！網友一看薪資條：台灣人不肯吃苦」[16]，報導內容寫到網友在網路論壇PTT上討論一張看起來像是「外籍移工薪資條」的內容，報導選擇引述了幾則網友留言，包括「台灣人不肯幹」、「好吃懶做」、「做幾天就跑了」，符合標題「台灣人不肯吃苦」的說法。不過，如果仔細閱讀報導所引用的網路討論[17]，可以發現更多不同的說法。有留言說「獎金未必每個月都有」，表示「62K月薪」這個說法「太偏頗」；有留言鼓勵貼文原作者分享宿舍平面圖、衛生及安全防護狀況，認為要更了解當事人的狀況，才能做出合理判斷；也有留言說台灣有許多基層員工加班

「十小時以上沒加班費」。綜合觀察，可以發現各種質疑貼文事實內容的留言，而「台灣人不肯吃苦」的留言，也有許多不同及反對的看法。「風傳媒」刊出的報導並未充分反應網友的多元意見，以「不肯吃苦」單一觀點代表眾多參與討論的網友，這就是「以偏概全」，屬於推論過程錯誤的資訊操弄。

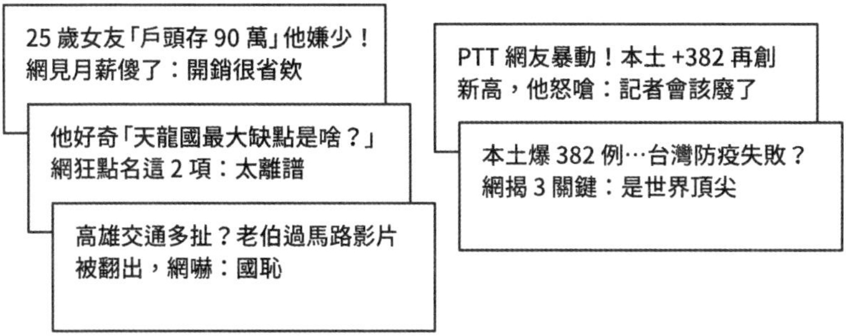

25 歲女友「戶頭存 90 萬」他嫌少！網見月薪傻了：開銷很省欸

他好奇「天龍國最大缺點是啥？」網狂點名這 2 項：太離譜

高雄交通多扯？老伯過馬路影片被翻出，網嚇：國恥

PTT 網友暴動！本土 +382 再創新高，他怒嗆：記者會該廢了

本土爆 382 例…台灣防疫失敗？網揭 3 關鍵：是世界頂尖

圖8.3 引用網友意見的新聞標題 [18] [19] [20] [21] [22]。

政治大學新聞學系劉慧雯教授就說：新聞媒體最好避免模糊的「網友說」，提供閱聽人明確的資訊來源。如果要引用網友言論，也應該揭露從網友言論的來源，並且負起查證的責任，同時呈現不同網友的觀點。劉慧雯也提醒，當讀者看到太多「網友說」，這可能代表該則報導缺乏關鍵的消息來源，或者當天沒有重要資訊可以報導。

IORG研究中國對台的資訊操弄，發現中共官媒也喜歡引用「台灣網友」的留言。不過，除了「沒新聞報」，官媒作為中國政府的傳聲筒，有充足的動機，用特定網友言論「代表」台灣，讓讀者對台灣社會產生偏頗的印象。2021 年 8 月，美國總統拜登批准上任以來首次對台軍售案[23]。中共官媒隨即刊出報導，包括「環球

網」、「國際在線」、「央視網」都引用「台灣網友」的留言，說美國對台軍售是「掏空」、「欺騙」、「敲詐」台灣，軍售的武器是「垃圾」，台灣是美國的「ATM」。IORG研究員調查後發現，這些網友留言都來自於《中國時報》報導網頁上的Facebook討論區[24]。當時，台灣本土COVID-19疫情危機尚未解除，「新華網」更直接以「台灣社會…要疫苗不要武器」為標題[25]，用《聯合報》報導討論區的一則網友留言代表台灣社會[26]。類似的案例，不只出現在COVID-19疫苗相關報導，2021年底的公投前，「萊豬」進口的議題受到廣泛的討論，中共官媒香港《大公文匯》在11月引用了「台灣網友」言論[27]，把「萊豬」比為「毒品」[28]。在這個案例，網友的言論是「錯誤類比」，而《大公文匯》的報導是「以偏概全」，都是屬於推論過程錯誤的資訊操弄。

引用網友留言的報導，常常無法確定網友是否真實存在，也不知道有多少網友認同或反對這則留言。身為讀者，我們無法確定報導「生產者」及「媒介」的動機，但我們可以提醒自己，在看到「網友說」的時候，先意識到這則報導正在引導我們的注意力，讓特定的意見佔據更大的版面，妨礙我們用更開放的態度，認識這個多元的社會。

「默契十足」的內容農場和Facebook匿名粉專

還記得在第5章首次登場，對資訊環境有害的「內容農場」嗎？

內容農場不只是自己發布可疑訊息，還可能有「幫手」。IORG研究發現，特定內容農場的文章，常常獲得特定Facebook匿名粉專

的分享，這些Facebook匿名粉專，會以固定的組合出現，在短時間內大量分享一則內容農場的文章連結，這樣的行為IORG稱為「群聚分享」。如果只有一次，這可能是巧合，如果這樣的群聚分享經常發生，內容農場和匿名粉專之間有統籌、協調行為的可能性就會提高。如果常常看到相同組合的匿名粉專，一起分享相同組合的內容農場，這樣的行為，IORG稱為「集團式群聚分享」。

2020年初，當時還沒有名字的COVID-19疫情在中國武漢爆發1月，就有一群Facebook匿名粉專在1分鐘內群聚分享了內容農場「怒吼」的文章，強調「美國流感大爆發」，「死了6千6百人」。到了2021年，COVID-19已經嚴重影響全球各國，台灣也不例外。6月，疫苗短缺是當時台灣資訊環境的熱門議題，6月14到20日一週內，IORG資料庫裡就出現660個粉專參與「群聚發文」，一共分享了1,379則連結，來自167個網域，其中最受「歡迎」的網域，就是內容農場「密訊」，共有101則連結在短時間內被大量轉發[29]。這個「密訊」，正是我們在第5章曾提到被Facebook禁止分享的內容農場之一，不過在被「下架」之後，「密訊」就從mission變身為pplomo，換了網域，就能夠再度復活。

Facebook 匿名粉專集團	內容農場集團
● 反蔡英文粉絲團 ● 韓家軍鐵粉聯盟 ● …	● 怒吼 nooho.net
● 神力女超人藍戰將 ● 藍天再現中華民國 ● 空心荣政府 ● 民間大小事 ● …	● 密訊 pplomo.com

● 海外华人频道 ● 我愛大中華 ● 今日关注 ● 棱镜世界 ● …	● 趣享網 qiqu.world ● 奇趣網 qiqu.pro ● 琦琦頭條 qiqi.world
● 全球華人資訊聯盟 ● 全球華人亞洲聯盟 ● 全球華人戰略聯盟 ● 全球華人鋼鐵聯盟 ● … ● 左左的世界 ● 講東講西 Pro ● 柒柒的世界 ● …	● 琦琦看新聞 facebook-qiqi.com ● 琦琦看新聞 hotqiqi.com ● 琪琪看新聞 iqiqis.com ● 琪琪看新聞 newqiqi.com ● 琪琪看新聞 qiqis.org ● …
● 傻大姐健康百科 ● 財運満堂 ● 荣荣美食 ● 我是吃貨 ● 生活大合集 ● 菲比美食好簡單 ● 百科知一知 ● 人生歷練 ● 时事健康新闻台 ● 請別傷我的心 ● Facebook 女人帮 ● 奇聞狂想 ●爱情星座馆 ● …	● MalaysiaNow malaysianow.life ● 一禪小和尚 yichan818.com ● 有故事的人 www.lifestory818.com ● 微妙小世界 kannews.life ● 頭條 tou-tiao.co ● 惜緣隨緣 www.goodluck818.com ● 炎黃子孫 形勢網圈 yanhuang.online ● 爆点 zanzanzan88.com ● 招財進寶 uns721.com ● 中華軍事網 chineseweb.online ● 只有微笑才會美麗 100value.net ● 我們都是有緣人 warmfeel99.com ● 生肖我最棒 goesonnews.net ● …

表 8.4 2021 年間 IORG 資料科學研究發現的「集團式群聚分享」案例。除了「怒吼」、「密訊」，像是「趣享網」、「琦琦看新聞」、「頭條」這些內容農場，也都有「默契十足」的 Facebook 匿名粉專幫忙分享 [30] [31] [32] [33] [34] [35]。

除了短時間內大量分享同一則連結，另一種反常的現象，是「覺醒的粉專」。也是在 2020 年初，COVID-19 疫情蔓延全球，病毒的起源引起爭議[36]。有些粉專，以愛情、星座為名，平時分享育兒、健康、宗教相關資訊，卻在此時突然「覺醒」，群聚分享了「世界欠中國一個清白」的內容農場文章，傳播「病毒來自義大利」的錯誤訊息[37]。這種反常的行為，讓平常追蹤這些粉專的讀者，在毫無防備的情況下，接觸到有問題的資訊。

內容農場和匿名粉專所形成的各個「集團」，影響力有多大？以 2021 年的熱門議題 COVID-19 疫苗來看，IORG 統計 2021 年 4 月到 8 月之間 Facebook 華語粉專分享過所有關於疫苗的連結，並以分享次數排名，除了 YouTube，前 12 名都是新聞媒體，《聯合報》和《ETtoday 新聞雲》分享次數最多。不過，如果把不同廠牌疫苗的排名分開，在關於「高端」、「BNT」疫苗的排名，卻出現了「密訊」，分享次數超過《風傳媒》、《中國時報》、《自由時報》等

圖8.5 2021年間，Facebook 華語粉專發布關於4款疫苗貼文所分享網站前12名 [38]。

台灣新聞媒體。也就是說，針對特定議題，像密訊這樣的內容農場可能比新聞媒體更能被讀者看見，影響讀者判斷。

上一章，我們提到「生產者」及「媒介」的真實身分對判斷訊息可信度的重要性。對比以真實身分發布資訊的新聞媒體及認證帳號。在這一章，「默契十足」的內容農場和 Facebook 粉專都是匿名的，讓「閱聽人」無法得知其真實身分，調整可信度評量結果，也無法針對有問題的資訊問責。也就是說，匿名的內容農場和 Facebook 粉專可以不必為自己發布的資訊負責，只要沒有違法，它們不用擔心在真實世界的信用受損，如果失信，只要創個新帳號，一切可以重新開始。因為如此，它們可以更無後顧之憂，用引人注意的名稱，塑造值得信任的形象，發布各種有問題的訊息，為匿名的經營者或出資人製造經濟及政治上的利益。因為無法問責，面對來源不明的資訊，我們應該提高警覺，小心求證。

那些拿錢「幫高調」的「網軍」

2021 年中，《紐約時報》揭露了一份驚人的「報價單」[39]。「境外社交平台註冊」每個月 5 千人民幣；「境外社交平台帳號偽裝及維護」每個月 5 千人民幣；「製作原創影片」每個月 4 萬人民幣。這些服務項目，是一家中國公司提供給中國上海某公安分局的報價，要在 Facebook、Twitter 這些被中共禁用的社交媒體平台上，帶動對中國有利的「風向」。

從 2000 年起，中國許多省市就開始招募「網路評論員」，工作就是要「引導網上輿論」，「打贏網路意識形態鬥爭」[41] [42]。長期流

圖 8.6 2021 年 6 月 11 日上海市公安局浦東分局「輿論技術服務項目成交公告」[40]。

亡海外的中國藝術家艾未未，曾經以「一台 iPad」的代價成功讓一位從事多年「引導輿論」的網路評論員受訪，他說：「有時候，連新聞都還沒披露，我們就會收到電子郵件，告訴我們發生了什麼事，以及要如何引導網民，是要模糊焦點，還是要煽動網民對特定觀點的熱情」…「你必須隱藏自己的身分，用很多種風格來寫文章，甚至必須和自己對話。」[43]

《紐時》揭露的報價單，呼應在這之前已多次出現的其他證據：中共想要「引導」的，不再只是中國國內的輿論，中共的網軍，正在世界各地的資訊環境中嘗試「引導」公共討論。2021 年 1 月，美國國務院發表聲明，將中共在新疆對維吾爾穆斯林及少數民族的暴行定義為「種族滅絕」[44]，時任國務卿龐培歐在接受電視訪問時表示，中共對維吾爾人的暴行是「21 世紀的最大污點」[45]。數日之內，許多「土生土長新疆人」異口同聲批評龐培歐「胡說八道」的影片開始出現在新疆政府的官媒平台上，這些影片被轉發到其他中國平台，然後出現在 Twitter 及 YouTube[46]。根據

《ProPublica》[47]及《紐約時報》的調查，有超過300個Twitter帳號分享了這些影片。這些帳號的貼文都包含一些亂碼，似乎是想要避開Twitter的偵測，帳號的註冊時間都只有幾個月，最多只追蹤了幾個帳號，大部分的貼文都在北京的上班時間發布，調查記者認為，這些跡象都「強烈顯示」這些帳號不是一般使用者。

雇用網軍「帶風向」，台灣的案例也不在少數。

2018年9月，日本關西地區被強烈颱風侵襲，各國旅客受困機場，台灣網路論壇PTT出現ID為idcc的貼文，指責台灣駐大阪辦事處人員「態度惡劣」、「爛到該死」[48]。經過調查，法院認定這是由楊蕙如付錢指示聊天群組裡的工作人員發布特定立場的言論，一審判決6個月徒刑[49]。

2019年4月，台灣即將迎來2020年的大選，各大政黨正在內部初選，要推出最強的候選人參選。當時，《天下雜誌》訪問一位「網路行銷公司」經營者，他說，他「有總統選戰的客戶」。擁有50個PTT帳號，他們「帶風向」的方法，說穿了並不特別，就是貼新聞引起注意，然後留言引導討論。訪問中，這位「操盤手」描述他們的工作細節，讀起來就像是同時管理許多虛擬藝人的「經紀人」一般，他和3個同事要注意每個帳號的人格設定，讓讀者容易產生共鳴，要勤勞、細心的切換IP，左手貼文，右手就要搶先留言，如果要「爆料」，還要記得用「我做了一個夢」來開頭避免被起底、被告[50]。

除了調查報導，在台灣也有學者用資料科學嘗試理解這些「帶風

向」帳號的行為。中正大學資工系的王銘宏助理教授研究2018年台北市長選舉期間2萬5千則貼文、7萬個帳號接近200萬則留言的資料，用嚴謹的統計分析，發現特定帳號疑似「網軍」特殊行為，包括：在關於特定候選人的貼文發布後幾分鐘內「搶先」留言，只在週一到週五「上班日」大量留言，或使用同樣組合的IP位址。

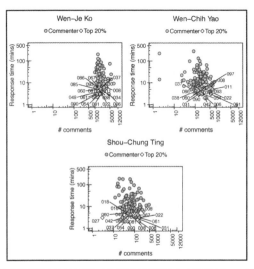

圖8.7 王銘宏助理教授及其他共同作者以資料科學研究方法分析PTT使用者留言數及留言時間的關係[51]。

透過記者的眼睛，我們能看到更多相同卻也不相同的案例，出現在法國[52]、德國[53]、印尼[54]。拿錢辦事「帶風向」的「網軍」存在，已經是不爭的事實，只要商業模式持續成立，似乎就難以動搖。

一則貼文，一個帳號，都有一個價碼，而這些交易，帶動了「風向」。當「風向」被帶動，謠言也可能被相信，然後變成信念，甚

至化為行動。當網路論壇、社交媒體上有「網軍」，如何判斷對話是否真誠？如果每一則留言都有可能是有人付錢的「業配」，如何維繫人與人之間的信任？

事實比觀點重要，用資料科學發現事實

你可能聽別人說過，現在是「後真相」時代。不過，地球還是圓的，事實並沒有消失，只是情緒和個人觀點比客觀事實和真實的陳述更有影響力[55]。在這個「後真相」時代，許多人不再信任那些傳統上發現真相、生產真相、把關真相的機構，而新的科技打造了新的產業，讓有心人士可以用權力和金錢擴大自己的言論，利用恐懼，濫用信任，傳播特定立場的觀點，讓觀點的「音量」蓋過事實。

事實，是對話的基礎。當觀點和事實脫節，公共討論充斥著情緒、立場、利益、陰謀，因為直覺比證據好找，對立比理解容易。在餐桌上，在電視上，我們各說各話，各自相信彼此相信的，因為感覺比事實重要，所以說謊也沒有關係，因為說謊也是一種觀點。網路、手機、社交媒體的普及，讓資訊更容易傳出去，也讓對立也更容易傳出去。如果有一天，彗星真的像電影情節那樣出現在天空，就要撞上地球，我們應該還是會清醒，相信擺在眼前的事實[56]。不過，在虛構的荒謬情節發生之前，社會正在因為失信而衰敗，民主正在因為恐懼而倒退，這樣的情節遠不及彗星撞地球來的華麗而戲劇化，然而這種緩步的毀滅，卻是和任何災難都一樣可怕。

在這一章，我們認識了4種在資訊環境中製造混亂的內容和行為，有一些是需要我們發揮閱聽人的資訊判讀力，不要被「風向」帶著走，也有一些則是需要更多調查報導及學術研究，揭露憑藉一己之力難以察覺的協同造假行為。

第5章曾經提過，台灣的資訊環境就像台灣社會一樣，是動態而多元的網絡結構。研究資訊環境，建立對資訊環境「生態」的整體理解，至關重要，研究機構必須建立資料科學研究方法，分析大量的資料，才能發現問題，提出解方。結合機器學習的各種自然語言處理技術，能夠幫助偵測「熱門議題」和「熱門訊息」，而像是「集團式群聚分享」、「搶先留言」、「上班時間」、「IP組合」這些傳播行為特徵及行為模式，更是只有資料科學研究才能發現。這些帳號的動機是什麼，是否有拿錢，或者聽命於某個政府機關，可能眾說紛紜，難以釐清，但資料科學的分析結果，可以被檢驗，用科學和事實，爭取讀者的信任。做出可信任的研究，讓讀者更認識台灣的資訊環境，強化資訊判讀力，這是IORG的目標。

到目前為止，「帶風向」的都是「看得見」的帳號和網站。但是，如果「風向」的帶動者是看不見的機器呢？下一章，我們就來看看這些能在資訊環境造山、填海的「隱形的手」，以及我們可以如何保護自己。

09 保護你的個人資料，也是保護腦袋自主

> ● 你曾經覺得手機會「偷聽」你說話嗎？
> ● 填資料、掃條碼、手機安裝各種app、連免費的WiFi，會怎麼樣嗎？
> ● 政府可以保護你的個人資料，那政府會不會濫用你的個人資料呢？

是什麼樣的力量，可以在資訊環境中造山、填海？又是什麼，造就了這樣能夠呼風喚雨的龐大力量？答案：你。

「這是我的隱私！」身分證字號、病例、私密的照片，這些是敏感、重要的資訊，不能隨便傳給別人，要保護隱私，很多人都知道。不過，如果是其他好像不那麼重要的資訊，像是購物網站上的購買紀錄，算不算「隱私」呢？

打開電視，又看到詐騙集團冒充購書網站打電話給民眾，謊稱購書時設定錯誤，引導民眾「解除分期付款」[1]，其實是要騙民眾的錢。意識到被騙的民眾說，詐騙集團「很清楚」他「何時買了什麼書」[2]。這樣的新聞，似乎是台灣人的日常。詐騙集團為什麼能成功欺騙民眾？這個問題有許多答案，其中一個答案，是因為詐騙集團在撥電話給你之前，已經知道你是誰。用你的姓名、電話，以及購物紀錄這些真實資訊，電話那端的陌生人，可以突破

你的心防，取得你的信任，操弄你的行為。

「同溫層」、「迴聲室」、「過濾泡泡」，這些詞描述全世界數以億計的人們[3]在社交媒體上「群聚」的現象，而「演算法」像是一個認真的助理，掌握了我們的長相、交友、日常、工作，每次打開app，每一個滑動、點選的手勢，每一份我們自願、非自願，或不自覺提供、分享、上傳的資料，都認真記錄。這個盡心盡力的助理，取得了許多人的信任，成為我們每天仰賴的資訊來源，然後，根據我們的喜好，這個助理開始決定我們可能會喜歡什麼，進而獲得左右我們喜好的權力。

就像這樣，你的自拍、廢文、打卡、按讚，你隨身必備的手機、藍牙耳機，在虛擬世界用資料建構出來的複製的「你」，造就了無比強大的「手」，在看不見的地方，決定我們能夠看見什麼，與什麼樣的人交流，應該喜歡什麼，討厭什麼。無論私密與否，你的個人資料，造就了這隻手，而這隻手，正在用你的個人資料操弄你。

這一章，讓我們一起認識這隻「手」，還有可以如何保護自己的個人資料，保護自己。

你以為的命中註定，只是有心人的精準投放

「我的手機是不是在偷聽我說話？」[4] [5] [6]你有沒有過這樣的經驗：和朋友聊到放假想去旅遊的景點，接著隨手打開手機一滑，馬上看到那個旅遊景點的廣告。或者，在網拍平台上搜尋某樣商

品，結果，接下來整個星期，不管到了哪個網站，到處都是這件商品的廣告。這應該不是緣分，也不是命運的安排，而是「精準投放」[7]。

為了提供社會大眾良好的產品、服務，也為了獲利、永續經營，每一家企業都希望找到會對自己產品有興趣的「目標客群」。假想你是一家企業的老闆，你能用什麼方法找到這些顧客，投其所好呢？

過去，實體店家可能透過會員制，累積你的消費紀錄，用這些資料推測你的喜好，推薦你可能會喜歡的商品。現在，線上購物、音樂串流平台，除了你訂了哪個廠商的商品、播了哪個樂團的歌，更有你在這些網站上搜尋、瀏覽、點擊、停留、收藏，各式各樣關於你的資料，如果能適當的運用這些資料，就能更精準的推薦你可能會喜歡的商品，也讓企業獲利。PChome 的「別人也看了」[8]、Spotify 的推薦歌單[9]，都是這樣的案例。

隨著人們泡在網路上的時間越來越長[10]，你、我在越來越多的網站上留下關於自己的紀錄。註冊會員留下的姓名、生日、電話、學歷，社交平台上的動態、定位打卡、心理測驗的結果、你和朋友的合照、和家人的聊天訊息、造訪各種網站的瀏覽、消費紀錄，這些我們在虛擬世界中留下的「數位足跡」，都是關於你的寶貴資料。有些企業，為了更精準掌握你的個性和喜好，除了透過自己建置的平台蒐集關於你的資料，更希望進一步獲得你在網路上其他地方的足跡，這就是「資料仲介」可以提供的服務。

「資料仲介」[11]會盡可能的從各種地方蒐集各種個人資料，包括政府、銀行、電信業者、日常消費的商家、各大社交媒體平台上那些免費的心理測驗。接著，「資料仲介」分析內容，依照不同的屬性，例如年齡、宗教、家庭狀況、個人喜好，整合這些資料，建立一個一個具備特徵的「人物側寫」[12]，依照這些特徵來追蹤分析你在網路世界的各種行為，整合更多關於你的資料。這些資料成為「資料仲介」可以販售的商品，賣給需要資料的客戶，這些客戶拿到資料，就能針對不同特性的目標客群投放客製化的廣告[13]。

「精準投放」、「側寫」，和第7章提到的「政治宣傳」一樣，都是中性的詞彙。更精確的行銷，可能可以讓民眾享受更輕鬆便利的消費體驗，買到更適合他的商品，不過，提供這些服務的企業、蒐集個人資料的資料仲介，有詢問過你、我的意見嗎？如果我們的「數位足跡」在沒有充分知情、同意的情況下，被蒐集、利用，用來追蹤、影響我們的行為，你接受這樣的做法嗎？如果受到影響的不只是你的購物車，而是你的選票呢？

你的投票意向，真的是你的投票意向嗎？

2016年，全球最重要的選舉之一，就是「英國脫歐公投」，是英國全體公民集體決定英國是否應該繼續留在歐盟的一次公投[14]。競選期間，雙方陣營支持者各提己見，觸及經濟前景、移民政策[15]，辯論激烈，關於國家主權，甚至是民族尊嚴的言論，挑動仇外情緒[16]，選前1週，甚至出現「留歐派」國會議員被高呼「英國優先」的民眾公然槍殺的悲劇[17]。

2016年6月24日，公投結果公布，「脫歐派」以52:48的比例贏得勝利。當日，首相卡麥隆辭職，表示「必須貫徹英國人民的意志」[18]，多位英國政治人物稱這次公投為「英國史上最大規模民主實踐」[19]，有人震驚，有人憂心，有人高呼勝利。公投結束後，經過多年國內及國際協商，釐清英國及歐盟之間複雜的法律及貿易關係，等到英國正式脫離歐盟，已是2020年1月。

公投結果顯示，英國國內不同地區的意見分歧，另外，2016年公投投票率是72%，和前一年的英國大選相比，投票人數多了近300萬[20]。觀察自2015年9月起的民調，「留歐」持續領先，投票前倒數一個月，「脫歐」的支持度持續上升，最後翻轉[21]。投票過後，英國「脫歐」已成定局，但記者、研究者才正要出發，為心中的疑問尋找答案。

2017年5月，英國《觀察家報》刊出調查記者瓦勒德的報導。記者說，英國的民主被「身在暗處的億萬富翁挾持」了[22]，報導揭露證據，證實「富商挾持民主」的方法，是透過英國「劍橋分析」、加拿大「聚合智囊」這些公司，用非法或合法的方式蒐集或購買，累積大量的個人資料，找到「可以被說服」[23]的選民，再精準投放廣告「投其所好」，試圖影響選民投下特定的票，或者不出門投票。同月，英國資料保護專責機關「資訊特任官」[24]宣布展開調查。

2018年3月，《紐約時報》及《衛報》報導「劍橋分析」未經許可蒐集超過5千萬名Facebook使用者資料，並運用這些資料，為時任美國總統川普2016年的競選團隊提供服務[25] [26]，記者瓦勒德

亦有參與此次調查。和先前的報導不同[27] [28]，當時正值美國期中選舉，這一次的報導激起英、美兩國民眾及國會議員要求Facebook出面說明並負起責任。7月，時任英國資訊特任官登漢交出初步調查結果，並對Facebook未妥善保護使用者資料開出50萬英鎊的最高罰款[29]，數月後，包括「脫歐派」公民團體、濫用資料的保險公司、資料仲介公司也相繼收到特任官辦公室的罰款通知[30]。

2018年7月，Facebook終於向英國國會交出「聚合智囊」為「脫歐派」創作的精準投放廣告內容[31]。從英國國會公告的文件內容，我們得以看見針對各種議題涉及的反歐盟廣告，內容充滿假訊息、資訊操弄、訴諸恐懼，包括「歐盟要殺了我們愛喝的茶」、「西班牙鬥牛虐待動物」、「土耳其有7千6百萬人口，讓他們加入歐盟是好主意嗎？」

圖9.1「聚合智囊」為「脫歐派」創作的廣告，寫著「歐盟要殺了我們愛喝的茶」，針對愛好喝茶的人，並使用英式俚語「cuppa」暱稱「一杯茶」[32]。

從「脫歐公投」到「劍橋分析」，這場「有史以來最大規模的調查」[33]連結英、美、加拿大[34]的新聞媒體及政府機關，揭露社交媒體平台、政黨、競選團體、富商、資料分析公司、大學、學者、資

料仲介之間彼此合作、利用，複雜、隱密，更跨越國界的關係網絡。整起事件引起國際廣大關注，甚至拍成了電影[35] [36]。就像2013 年史諾登洩漏美國國家安全局機密文件，引發全球對「科技監控」的關注，2018 年的「劍橋分析」事件，讓我們能藉由吹哨者的證詞，理解「科技操弄選舉」這個看似抽象而遙遠的議題[37]。

用個人資料打造的「隱形的手」，在我們不知情的情況下，讓每個人能夠看見的資訊變得不一樣，操弄了我們身處資訊環境的視野，也就操弄了我們對真實世界的認識。

從「資安」到「腦袋安全」，個人資料保護、資訊操弄防治關乎人權、民主

在台灣提到「資安」，往往會想到密碼外洩或駭客入侵，造成重要的資訊外流，不過，從這一章的例子可以看到，那些我們覺得「不那麼重要」，甚至是自願提供的個人資料，也擁有強大的力量。個人資料讓「精準投放」成為可能，搭配資訊操弄，可以改變我們對這個世界的認識，影響日常消費、選舉罷免、國家政策。保護個人資料、防治資訊操弄，二者息息相關。

「腦袋安全」，聽起來很重要，但又有些模糊，可以怎麼理解這件事呢？IORG 詢問了中正大學資訊工程學系助理教授，同時也是中華民國資訊安全學會監事王銘宏，他建議可以從「資訊安全 3原則」開始。

資訊安全 3 原則分別是「機密性」、「完整性」、「可用性」[38]。機

密性，是確保資訊的存取須經過授權；完整性，是確保資訊的內容正確且完整；而可用性，則是確保使用者經過授權後能確實存取及使用資訊。

在社交媒體平台上的個人資料，因為平台保護機制不足而被竊取、濫用，就可能構成破壞第 1 原則「機密性」。2021 年，超過 5 億個 Facebook 使用者的姓名、電話號碼及其他個人資料被竊取、公開，其中有 73 萬個，是台灣的使用者[39]。而可疑訊息、資訊操弄，則可能會破壞第 2 原則「完整性」。例如 COVID-19 疫情期間的謠言，竄改衛福部長陳時中說過的話，或把「衛福部長陳時中」和陳時中部長沒有說過的話結合在一起，這樣包含錯誤內容、訴諸權威的資訊操弄，不正確也不完整，不符合「完整性」原則。

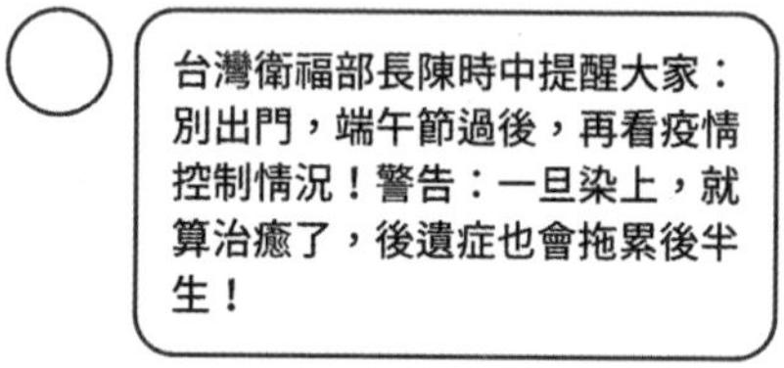

台灣衛福部長陳時中提醒大家：別出門，端午節過後，再看疫情控制情況！警告：一旦染上，就算治癒了，後遺症也會拖累後半生！

圖 9.2 2020 年 4 月曾在台灣資訊空間流傳的謠言 [40]。

除了資訊安全，王銘宏也建議可以連結「網路人權」的概念。1966 年聯合國大會決議通過的《公民及政治權利國際公約》ICCPR 第 19 條第 2 段規定，人類擁有尋求、接受、傳遞各種資訊及思想的自由。王銘宏認為，如果實體世界的交流必須尊重每個人的自由，網路上的交流也必須尊重。他說，在網路世界裡，這樣的自由可以進一步理解為這 3 項權利：

1. 透明的獲取資訊
2. 自在的表達言論
3. 公平的交流意見

而什麼行為，會對這3項權利造成損害呢？王銘宏進一步舉例。

首先，看不見的個人資料濫用，限制了我們獲取資訊的視野，資訊操弄讓閱聽人難以辨別訊息的可信度，政治宣傳則可能讓人混淆政府和民眾的意見，都對「透明的獲取資訊」有害。網路霸凌、人肉搜索、毀謗，讓身處網路世界的我們感到害怕，對「自在的表達言論」有害。創造分身、控制大量帳號來「帶風向」，破壞了人與人之間的平等關係，對「公平的交流意見」有害，如果把每個人的意見看作參與公共討論的選票，用大量帳號「帶風向」的行為，就是對民主制度下一人一票、票票等值原則的嚴重破壞。

無論是這一章提到的個人資料濫用，或是前幾章介紹的資訊操弄、政治宣傳、「帶風向」，都會侵害我們的「網路人權」。當權利受到侵害，我們便無法透明、自在、公平的參與公共討論，甚至會對民主失去信心。

《公民及政治權利國際公約》[41]英文是 The International Covenant on Civil and Political Rights，簡稱 ICCPR，是聯合國「國際人權公約」其中一份重要文件，於 1966 年由聯合國大會決議通過。截至 2022 年 4 月，ICCPR 共有 173 個締約國，締約國政府必須「尊重並確保」人民的各項公民及政治權利，包括生存權、宗教自由、言論自由、集會自由、選舉權、公平正當審判權。

在台灣，《公民及政治權利國際公約》ICCPR及《經濟社會文化權利
國際公約》ICESCR常被合稱「兩公約」。台灣並非聯合國會員國，立
法院於2009年三讀通過ICCPR，並制定《公民與政治權利國際公約
及經濟社會文化權利國際公約施行法》，明定《兩公約》「具有國內法
律之效力」[42]。

台灣的鄰國中國並非ICCPR締約國，而是尚未締約的「簽署國」[43]。

數位民主，還是數位威權？政府能保護個人資料，也能濫用

2018年5月，就在「劍橋分析」事件爭議期間，歐盟一部重量級
的個人資料保護法《一般資料保護規則》GDPR[44] 正式上路。
GDPR被稱作「全球最嚴格的個人資料法規」，藉由限制個人資料
的「控管者」及「處理者」，無論是政府或企業，並且訂定高額的
罰金[45]，來保護個人資料的「資料主體」，也就是個人資料的「當
事人」。

什麼樣的資料是受到GDPR保護的個人資料呢？在定義上，
GDPR納入各式各樣可能可以連結特定個人的資料，包括規範族
裔、宗教、政治意見、生物特徵為敏感資料，也將地理位置資料
以及「線上識別」納入，把我們每天在虛擬世界裡留下的「數位
足跡」都視為個人資料，受到法律保護。

GDPR課責所有個人資料的「控管者」及「處理者」，無論是政府
單位或是民間企業，對個人資料的「處理」都受到限制[46]，必須

合法、公平、透明，蒐集個人資料時，必須有明確、合法的目的，並且以蒐集最少的資料為原則[47]。除特殊情況外，在「處理」個人資料時，必須取得「當事人」的同意[48]，尤其是敏感資料[49]，GDPR特別規定，尋求同意時必須用清楚、簡單明瞭的語言，而且必須是和其他事項分開，毫無歧義的，否則無效。另外，撤回同意及給予同意的程序，應該一樣容易。GDPR課責的對象不只是歐盟境內的政府單位及民間企業，向歐盟人民提供服務的個人及組織也必須遵守[50]，和歐盟經貿關係緊密的台灣，也不例外。

除了課責政府及企業，GDPR更賦予民眾8項權利，分別是「受到告知」、「查閱」、「更正」、「被遺忘」、「限制處理」、「資料可攜」、「異議」、「拒絕自動化」的權利，強化民眾對個人資料的自主控制[51]。

從這個角度來看，歐盟及歐洲國家各國政府，受到法律的約束，是個人資料的保護者。在「脫歐」及「劍橋分析」事件中，政府機關扮演的，也是監管、調查的角色，糾正不當行為，維護人民的「腦袋安全」，也維護民主。不過，政府和企業一樣擁有巨大的權力，是不是也有可能濫用權力，濫用個人資料呢？

2017年，一名英國BBC記者在中國的貴陽市被警察「逮捕」，原因：「天網」人臉辨識。就在被「逮捕」的當日稍早，這位中文名為沙磊的英國記者，來到貴陽市的「公安局塊數據指揮中心」，他請工作人員幫他拍了一張照片，並且用這張照片把自己登錄到指揮中心的「黑名單」上。接著，記者坐車到市中心，下車步行，往車站走去。從記者下車到被警察包圍，前後只過了7分鐘[52]。

中國是世界上安裝最多監視攝影機的國家[53]。從2005年的「平安建設」[54]、「天網工程」[55]開始，再到2015年的「雪亮工程」，中國政府以「全域覆蓋」為目標[56]，從城市深入鄉鎮，安裝監視攝影設備，蒐集大量的個人資料。在這些監視攝影機背後，是一座一座大小不一的指揮中心、「大數據派出所」[57]，大量的個人資料被匯集起來，在指揮中心的大型電視牆、派出所的機台、警察手中的行動裝置上顯示，更有民眾加入「網格員」的行列，運用這些個人資料監視彼此[58] [59]。與此同時，這些資料，正在看不見的地方，讓AI學會監控人。

中國的「警務雲」可以用身分證字號連結各種個人資料，追蹤個人及身邊的人的行蹤，「發覺看不見的事件及人物關聯」，達到「預防性」的犯罪偵防[60] [61]。在新疆，「一體化聯合作戰平台」IJOP更是結合監視錄影、網路封包竊聽、道路檢查、門禁系統、警察家戶訪問、購車、就醫、生育、金融、司法，包山包海的資料被整合在一個平台，被政府機關用來監控一整個社會，並且按照政府的定義，鎖定「可能對社會造成危害」的「重點人員」[62]。

不過，利用個人資料監控民眾，並不是中國的專利。

根據卡內基和平基金會2019年的《AI監控全球擴張》報告，至少有75個國家正在使用AI監控人民，其中63個國家使用來自中國的科技[63]，較2018年增加[64]。中國的銀行會提供這些國家貸款，像是「華為」、「海康威視」這些中國企業提供硬體設備、軟體系統、人員訓練，中國政府機關則舉辦「網路管理交流研習」[65] [66]，機器在學習，人也在學習。報告也說，不只是威權國家

會輸出「威權科技」給另一個威權國家，威權國家及民主國家都有輸出、輸入、使用監控科技，2020 年首次被報導的美國公司 Clearview AI 就是著名的案例[67] [68]。

在厄瓜多，經常批評政府的人發現自己家門口裝了附近唯一的監視攝影機，可以拍到自己家的客廳，政府宣稱作為緊急應變服務使用的攝影機，拍到的影像畫面卻也同步傳進國家情報局[69]。在俄國，異議份子認為警察鎮壓抗爭的策略已經改變，不是在街頭逮捕抗爭者，而是利用監視攝影機拍下畫面，而後「登門拜訪」[70]。在烏干達，政府更是直接監控反對派政治人物、社會運動者、新聞工作者的聊天群組，偵測批評政府的「攻擊性言論」[71]。

掌權的獨裁者可能有一天會下台，但監視器會留下、系統會留下、制度會留下，那些受到監控的人，他們的家庭，還有因為恐懼而噤聲的這一代以及下一代人，因為政府濫用個人資料對他們造成的傷害，也會留下。這一點，經歷二二八事件、戒嚴、白色恐怖的台灣，應有切身的了解，而對於當代受到資訊科技「加持」的地方及國家政府，我們應該更加謹慎。

你的資料，你來決定，但也可以想想那些沒有選擇的人

個人資料，讓企業找到客戶，讓政治人物找到選民[72]，讓科技平台能操弄資訊環境，影響我們對世界的認識，讓威權政府能夠監控生活環境，改變我們的行為，如此巨大的潛力，讓人難以抗拒，很想擁有。同時，個人資料也可以改善日常生活，帶來隨時連線的個人通訊、語音助理，讓我們只要想要，就能知道任何事，去

任何地方，更可以推進科學研發，生產知識，推進人類文明。

個人資料，是「濫用」還是「善用」，這個辯論似乎不會停止。

以「智慧城市」為名，香港、新加坡、台北都在城市裡立起「智慧路燈」[73] [74] [75]，台北市的「台北通」及「大數據中心」受到質疑，市長柯文哲認為「科技永遠走在法律前面」[76]。多個國家政府推行「數位身分證」，愛沙尼亞的數位身分證被認為是「最先進」、「最成功」[77]，台灣政府的 eID 引起廣大爭議[78]，委內瑞拉的「祖國卡」則被稱作是「社會控制」[79]。從國小到大學，都有使用人臉辨識管制進出，在課堂上點名，或監測學生有沒有專心上課的計畫[80]。

世界各國的 COVID-19 防疫措施，也不斷出現個人資料保護的爭議。美國衛生及公共服務部與美國企業合作建立的 HHS Protect 專案資料流向不透明[81] [82]；中國上海的「智慧城市」建設在住戶大門裝上感測器，違規開門就會自動通報[83]；香港的「安心出行」[84]、新加坡的 TraceTogether[85] 都引起公民的疑慮；台灣的「電子圍籬」引起國際關注[86]，台灣公民社會對「簡訊實聯制」也持續多有討論[87]。

面對疫情，我們似乎願意放棄一些個人資料，多承擔一些資料被濫用的風險，交換降低自己和家人感染的風險。不過，也有些人，可能無法承擔個人資料被濫用的風險。美國電視節目「上週今夜」就曾引用美國新聞報導家庭暴力受害者的地址可以在「資料仲介」的網站上找到，讓他擔心自己的安全[88]。

我們不要台灣成為無法批評政府、無法課責企業的社會，也不想放棄科技帶來的便利及賦能。保護個人資料，讓資訊科技和民主共存共榮，我們應該怎麼做？

「我們不能一直談民主，卻又一直告訴大家應該怎麼做。」王銘宏說，「我們可以做的，是提供一個做決定的流程。」這句話，讓IORG作者群們印象深刻，也讓這一章再增加了一節。

個人資料保護評量4步驟

無論虛擬或是實體世界，無論動靜，我們隨時隨地都在生產個人資料。借用第5章「資訊傳播3角色」這個「模型」，我們可以更清楚理解個人資料的傳輸流程。

首先，每個人都是個人資料的「生產者」。不過，我們的行為、狀態還必須透過各種「裝置」的感測，才能被化為可以被傳輸、記錄的資料，所以個人資料的生產，是個人和裝置的「合作」，也是因為這樣的「合作」關係，當裝置不完全受到當事人控制時，就會產生更多需要處理的問題。

在個人資料被生產出來之後，經過「媒介」，抵達個人資料的「閱聽人」，在這裡稱為「接收者」較為恰當。在這裡的「媒介」和「接收者」可能都是各種軟體系統、硬體系統、組織的組合，而且在個人資料的「媒介」不只傳輸，「接收者」不只接收，都有可能蒐集、儲存你的個人資料，或把資料透過下一個「媒介」分享給像是「資料仲介」這樣的下一個「接收者」。

生產　　　　　　　傳輸　　　　　　　接收

圖9.3「個人資料傳輸流程」示意圖。

拆解個人資料的傳輸流程之後，IORG 提出「個人資料保護評量」
4步驟。

　　1. 拆解具體情境，建立現有流程
　　2. 改善現有流程
　　3. 尋找替代流程
　　4. 判定、決策、行動

依序完成這4個步驟，讀者可以評估現有傳輸流程會產生哪些個
人資料，又有誰可能取得這些資料，有沒有方法能介入改善現有
的傳輸流程，加強對個人資料的保護，如果沒有，有沒有替代的

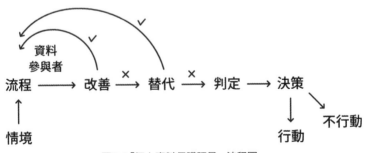

圖9.4「個人資料保護評量」流程圖。

流程，最後判定目前的流程是否已妥善保護個人資料，綜合判定
結果及相關資訊做出決策，付諸行動。

拆解具體情境，建立現有流程

首先，拆解具體情境，建立現有流程。使用「個人資料傳輸流程」
4個角色，拆解生活中遇到的具體情境，列舉流程中會產生的具
體個人資料項目，以及所有參與個人資料傳輸流程的人和組織。

只要是網路服務，你的每次打字、點擊、滑動、停留、播放、暫
停，都會留下紀錄；只要使用電腦或手機，就算沒有打開任何
app，甚至在「關機」的情況下，裝置內部的各種感測器也會持續
產生各種資料，基地台定位、GPS定位、光線感應、加速感應、
陀螺儀，隨身穿戴的智慧手環、手錶，記錄你的作息，你的身體
的各項資訊。在家，智慧燈泡、喇叭、冰箱、掃地機器人，按照
裝置用途，記錄你的日常生活；出門，公共場所、大眾運輸的監
視攝影機記錄你移動的軌跡還有當天的穿著；各種卡片、線上支
付、便利商店的會員集點，則記錄你的消費能力。這些，都是在
日常生活中可能產生的個人資料。

至於個人資料傳輸過程的參與者，服務提供者，也就是直接提供
服務的機構，像是網站、app的經營者、手機的製造商，能夠取
得你的資料；服務提供者的協力或承攬機構，像是雲端服務商、
金融機構、客服機構，可能取得你的資料；資料傳輸過程的「中
繼站」有可能取得你的資料，還有這一章一開始就提過的「資料
仲介」，以及那些向「資料仲介」購買資料的任何一家企業，可能
取得你的資料；監管機關和執法機關，也有可能因為法律賦予的

權力，取得你的資料。

根據拆解的結果，我們可以建立起一條或多條「個人資料傳輸流程」以及流程之中「生產者」、「裝置」、「媒介」、「接收者」4個角色。這個步驟能讓我們更確實的了解所面對的情境，協助後續的探索及最後的判定。

改善現有流程

了解現有流程之後，下一步是嘗試改善現有流程。以減少資料、減少參與者為原則，以下，IORG提出一些可能的行動，讀者可以根據自己所處的情境、自己的能力範圍，採取適當的行動，改善現有流程。

關於「生產者」，可以減少提供個人資料的項目數量及精確度。例如，非必要的資料不予填寫，避免提供地理位置資料，避免上傳照片，避免上傳描述身體特徵的各種資料，或者，刻意填寫不完整的資料，刪除非必要的細節，都是改善目前流程可能的做法。

關於「裝置」，可以調整裝置的系統設定，關閉各種感測器。在手機上，可以調整設定，限制單一app存取系統資料、定位、相機、麥克風及其他感測器的權限，也可以限制app之間的追蹤。在電腦上，可以使用瀏覽器的「無痕模式」隱藏線上身分，也可以使用例如Firefox Container的軟體工具「隔離」多個線上身分。

關於「媒介」，可以使用值得信任的VPN服務，隱藏我的網路位址，也可以把個人資料經過加密之後傳出，確保在傳輸過程中，

不會被竊聽。

尋找替代流程

如果沒有方法改變現有流程，我們可以尋找替代流程，改用利於個人資料保護的「裝置」、「媒介」、「接收者」，保護自己的資料。

就像判定訊息的「可信度」一樣，無論是「裝置」像是手機，「接收者」像是手機app以及各種網路服務，其本身以及其來源，也就是製造商，都應該提供可驗證的事實，才能獲得我們的信任。開放原始碼，就是一種可驗證的事實，有公開的程式碼或設計圖，公眾就可以驗證軟體工具或硬體裝置的各項功能是否確實有利於個人資料保護。關於「裝置」製造商、個人資料「接收者」的各項公開資訊，包括組織註冊國、負責人、個人資料保護、資料去識別化政策、過去關於資訊安全或個人資料保護的良好或不良紀錄，也都是我們判定其「可信度」的重要依據。

如果是手機app，蘋果公司的App Store及Google的Google Play應用程式商店都有揭露app的製造商，以及app會蒐集的個人資料清單[89]。我們可以依據這些資訊判定app是否可信，如果可信，才下載安裝。

個人資料從「生產者」抵達「接收者」，「媒介」不應該得知資料的內容。在技術上，提供通訊服務的廠商的確「接收」了寄件人的訊息，負責將訊息傳給收件人，這個情境下，個人資料「接收者」仍然應該是收件人，而不是負責傳輸的廠商。在選擇服務時，可以使用「點對點加密」的通訊軟體，能夠大幅提高「媒介」竊聽的

困難度，確保祕密通訊，並且注意文字、圖片、聲音、影片不同資料格式，聊天時是一對一或是群組，保護程度都有可能不同。如果個人資料必須透過WiFi傳輸，應該選擇裝置本身安全，且受到在可信機構管轄下的基地台連線，不使用沒有密碼的WiFi，選擇有密碼保護的WiFi。

判定、決策、行動

探索了如何改善現有流程，嘗試尋找了替代流程，最後一步就是綜合以上資訊，更新流程，判定目前的流程是否已妥善保護個人資料，最後，做出是否採用流程的決策和行動。

在做決策時，考慮判定結果，可以進一步嘗試回答下列2個問題，作為決策參考。

● 採用流程，可能讓我獲得什麼價值？承受什麼損失？
● 不採用任何流程，可以嗎？

回答問題時，考量可能獲得的價值及承受的損失，除了個人資料保護，也可以考量社會、經濟、心理層面的得失；除了考量個人，也可以考量對親友、社區的影響；除了一次性的效果，也可以進一步思考長期的效應。當損失看似無法避免，做出「不採用任何流程」的決策，也是可能的決策。

就像是「訊息可信度評量」一樣，「個人資料保護評量」不是權威認證，而是分析和思考的工具。評量的過程及判定，必須有憑有據，而最後的決策和行動，則必須連結你的生活經驗和當下狀況。可信的訊息、妥善的個人資料保護，能讓資訊環境變得更

好，相反的，有問題的訊息、濫用個人資料，則製造更多資訊環境的亂象。我們的行動，不只影響當下的自己，也可能影響身邊的人，或是一段時間之後的其他人。我們要在充分知情之後，做出決策。

「搭計程車，有些人會選擇在離家一段距離的地方先下車，寧願多走一段路，也要確保住家地點的私密性，但也有人覺得這樣很不值得。」王銘宏在訪問最後，分享了這個例子。

當代科技減少了日常生活的「摩擦力」，帶來各種便利。不過，有公民團體認為「摩擦力」是必要的[90]，「它讓我們了解生活中的各種機制的運作規則，幫助我們做決定。」「沒有摩擦力，我們便會失去認識事物及其背後商業邏輯的能力。」無論是「訊息可信度評量」還是「個人資料保護評量」，都是在生活中增加「摩擦力」，就像是在超級市場買牛奶，思考抵制劣質廠商而停頓的那 3 秒鐘，就是在實踐充分知情、知情決策的「腦袋自主」。

10 面對資訊操弄，我們堅持民主，與世界交流

> ◉ 世界其他地方，也有資訊操弄嗎？
> ◉ 其他國家的人，為什麼會關心台灣的資訊操弄？
> ◉ 提升自己的資訊判讀力，也能讓台灣走向世界？

從廣播、電視到行動網路，資訊環境的脈動早已與實體世界的發展，緊密連結。資訊操弄、國際事務，彼此連結，互相影響。其他國家，是不是也和台灣一樣，正面臨資訊操弄的問題？其他國家，是怎麼看正在應對資訊操弄、外國影響力的台灣呢？台灣民主遇到的挑戰，其他國家是否也正在面對？台灣和世界各國可以如何合作呢？

為了尋找答案，IORG 訪問臺灣民主基金會副執行長陳婉宜、政治大學國家發展研究所助理教授黃兆年、中央研究院社會學研究所研究員林宗弘、美國國際共和學會 IRI 台灣辦公室專員 Christopher Olsen、「敏迪選讀」創辦人敏迪、德國之聲記者鄒宗翰，以及 UDN Global「轉角國際」編輯林齊晧，透過他們的分享，結合 IORG 成立以來的親身經驗，讓我們一起進入國際事務的世界。

資訊操弄加深「不信任」，是世界各地公民的共同課題

資訊操弄，是全球各地公民都正面臨的問題。

2009 年起，美國智庫「自由之家」就開始研究、評估世界各地的網路自由程度。在首次發布的《網路自由》報告裡，「自由之家」就提到「內容操弄」[1] 會影響網路上自由的公共討論。報告裡列舉了俄國的官方宣傳網絡、中國拿錢辦事的「五毛」，以及突尼西亞的臥底網民，他們建立冒牌的網站、破壞反政府運動，並且積極引導網路論壇上的討論，製造對政府有利的「風向」[2]。

2016 年，美國總統大選[3]、英國脫歐公投，2017 年，法國總統大選、德國聯邦大選。選舉期間，資訊操弄在美國、歐洲各地的資訊環境中流傳，除了公開的社交平台，也在看不見的角落影響選民的判斷，以及民眾對民主的信心。研究「民主化」的政治學者們說，民主正在「倒退」[4]。也是在 2017 年，美國研究機構 First Draft 提出「資訊亂象」這個概念[5]，嘗試描述、分類各種內容為假，或意圖造成傷害的訊息，同時提倡減少使用「假新聞」這個詞。

「言論自由、網路自由是民主的優點，但在有心人的惡意操弄下，也能變成攻擊民主的工具。」2022 年剛到任 IRI 台灣辦公室的 Christopher Olsen 這麼說。政治大學助理教授黃兆年在 2020 年接受 IORG 訪問時曾說，威權政府正在「說壞民主故事」[6]。中央研究院研究員林宗弘也說，民主政體正承受鄰近的威權政體的單向攻擊，製造爭端，分化社會[7]。這些來自境外的「攻擊」，正在凸顯民主的缺點，讓人對民主失去信任，覺得威權更好。

每個民主國家，都有各種政治、經濟、社會問題，亟待解決，在一個國家的人民持續共同尋找解方，改善國家的同時，對民主機

制的信任，是民主存續的根源[8]。謠言、八卦、假訊息、政治宣傳，是每個國家都有的問題。這些資訊操弄阻礙開放、公平、基於事實的公共討論，讓民主無法有效運作，既有的問題無法獲得解決，如果再加上境外勢力的滲透、介入、操弄，讓資訊環境變得更混亂，原本對立的人更對立，原本不信任的就更不信任。

不論來自國內或境外，資訊操弄可能正在加深社會既存的不信任。「怎麼辦？」世界各地的公民都在找答案。

2018年夏天，來自南韓、日本、中國、馬來西亞、菲律賓、泰國、越南、新加坡、緬甸、印尼、印度的公民運動者齊聚台北杭州南路的一家會議中心，他們來參加由台灣及東南亞公民組織合辦的工作坊，要一起「打擊假訊息」[9]。3天的討論，來自各國的公民運動參與者在會議室的一面牆上貼滿便條紙，分享他們在自己國家看到的謠言、假訊息和仇恨言論，這些訊息攻擊LGBTQ社群，針對特定宗教，歧視少數族群，在社區裡激化暴力行為，影響公共討論及選舉結果[10]。

2018年10月，來自世界各地23國，包括中國、圖博[11] 將近千人的「公民黑客」聚集在台北中央研究院，資訊操弄和「不信任」，是此次g0v零時政府雙年會的重點議題之一[12]。從婚姻平權闢謠開始，台灣的「Cofacts 真的假的」用一次一次的工作坊，聚集群眾的力量，開放協作，查核事實，同時累積了台灣最大量的LINE謠言資料庫，開放給研究單位使用。來自巴西「科技社會研究所」[13] 的講者告訴我們，假訊息正在影響巴西的總統大選，而巴西的新聞媒體、民間組織發起了各種計畫，查核事實、開發辨識機器

人的線上工具、提升資訊判讀的線上課程，以多邊、多元的方法對抗資訊操弄，讓資訊環境更健全[14]。其中，事實查核機構作為因應資訊操弄的重要對策，數量持續成長，2018年為止的4年內成長3倍[15]，2021年6月，全世界運作中的事實查核機構達到341個[16]。

圖10.1 2018年10月6日，g0v Summit 2018高峰會第2天議程，地點為中研院人文社會科學館[17]。

儘管全球公民都在努力提出辦法，但資訊操弄對民主的威脅並未消失，更有跨國呼應的現象，在台灣資訊空間觀察到的論述，換了個主詞，可能就會出現在歐亞大陸的另一端。例如在台灣，有人會說「台灣的民主是假民主」、「台灣無法獨立自主」，在立陶宛也有人認為立陶宛無法自主，必須仰賴強權[18]。2021年8月美軍撤離伊拉克，網路上流傳「台灣也是美國的棋子，終究會像阿富汗一樣被拋棄」這樣的說法，同樣的論述也被套用在俄烏戰爭下的烏克蘭。當台灣政府站在正當民意基礎上施政，拒絕中國政府侵略，「台灣挑釁、美國引戰、中國愛好和平」是一種常見的說

法；當俄羅斯已然佔據克里米亞，並於2022年2月大舉入侵烏克蘭，在烏克蘭則有「烏克蘭有侵略鄰國的野心，以美國為首的北約挑起戰端，俄羅斯軍事行動是自我防衛，維護和平」的說法[19]。

台灣公民社會以開放、科學、民主自由應對挑戰，與世界交流

面對軍事威脅、COVID-19疫情、資訊亂象，各國各有對策。有的政府選擇「控制」，以「緊急狀態」為名，控制資訊流通，限縮公民的自由權。但在台灣，有許多人堅持民主、自由，選擇開放、透明，並強調以科學研究進行倡議、制定政策，這樣的「台灣模式」、「台灣經驗」，在世界上獨樹一格，引起國際關注。

2021年10月1日，中國建國72週年，4天內，149架中國戰鬥、轟炸、偵查軍機，飛進台灣的「防空識別區」[20]。這並不是第一次發生「共機擾台」，而中國的行為，廣泛的被國內、國外新聞媒體報導，更出現在美國深夜脫口秀「上週今夜」第一次以台灣為主題的節目裡[21]。中國的軍事行動，為什麼能引起廣泛的報導、討論？其中一項因素，是我國國防部自2020年9月起，開始每天不止一次的在網站上公告中國軍機進入我國空域的動態[22]，每次公告包括共機機型、路徑、檔案照片，以及我國空軍如何應對。

COVID-19疫情自2019年底從中國武漢蔓延至世界大流行，截至2022年2月已經超過兩年，全球超過3億確診案例，5百萬人死亡。2020年1月21日，台灣出現COVID-19首例，民眾也開始搶購口罩。2月2日，台灣公民黑客社群g0v的貢獻者 Howard 在 g0v

社群的公開聊天室裡分享他做的「超商口罩現況回報」，獲得廣大迴響，就此展開一連串關於資料來源、格式、功能的熱烈討論。行政院政務委員唐鳳也在當晚加入，表示「需求變更」，政府正在擬定「口罩實名制」政策。其後，政府釋出藥局口罩存量資料，1天之內，在g0v貢獻者協作整理的線上筆記裡，出現至少72項「口罩地圖」及相關資訊工具[23]，滿足民眾各種需求。在此之前，香港的公民黑客社群g0v.hk就已經建立了「武漢肺炎民間資訊」網站[24]，在此之後，日本、韓國的公民黑客們參考香港、台灣的經驗與技術細節，與政府、企業合作，建立了符合日、韓民眾需求的資訊工具，從「自幹」到「協作」，共同對抗疫情。

2月2日			
tnstiger	yo 各位，大家忙碌在搶口罩的同時，寫了一個超商口罩回報工具，讓大家可以一起來追蹤和回報超商口罩狀況，也請大家給使用建議		11:30
wjwang	我們目前也正在做一個類似的，還在做資料整理寫點爬蟲，現在約 8000 多筆資料，晚一點我們會包裝成 Web API 的方式，預計會涵蓋到台灣的幾大超商跟藥妝店的 data，不知道你這邊需不需要？		13:33
	但還要一點時間整理 XD		
tnstiger	太棒了，大家一起努力		14:00
jackymaxj	google maps API 的 quota 用完了喔 XDD		14:23
tnstiger	爆掉了，可能帳單會繳爆		15:00
wjwang	@tnstiger 我們 API 跟 API 文件已經 OK 了，如果有需要可以直接取用		22:26
	目前相關的工作記錄我們也放在 HackMD		
tnstiger	沒問題，我看看晚一點能不能把 API 開出來讓大家一起來新增地點資訊		22:31
ky	如果修好後需要 g0v 粉專幫忙擴散的話可以填這邊喔～～～		22:47
2月3日			
chihao	如果要用 g0v 粉專 po 文，請加入 #sns 頻道 :D		19:43
au	先不急著 po sns，有需求變更～		21:29
	明天下午會請 PDIS 同仁瞭解新的 API 之後和填坑的朋友說明，也會更新到 Mask Help Info 的 HackMD 上		
tnstiger	好呀		21:55
bess	大家 ++		22:32

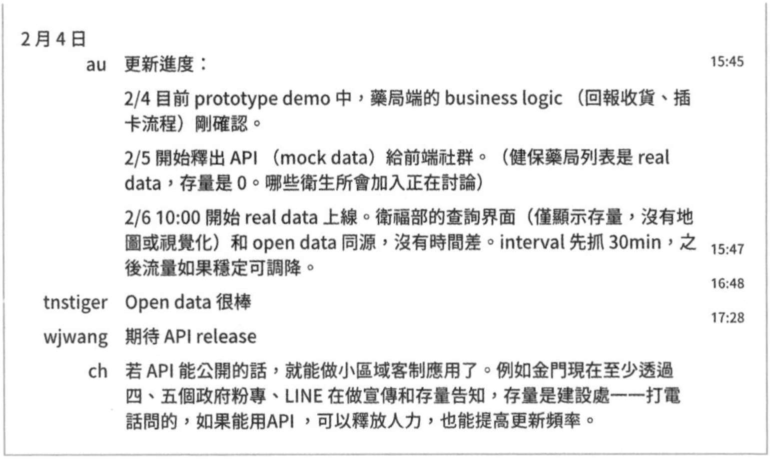

2月4日

au 更新進度： 15:45

2/4 目前 prototype demo 中，藥局端的 business logic（回報收貨、插卡流程）剛確認。

2/5 開始釋出 API（mock data）給前端社群。（健保藥局列表是 real data，存量是 0。哪些衛生所會加入正在討論）

2/6 10:00 開始 real data 上線。衛福部的查詢界面（僅顯示存量，沒有地圖或視覺化）和 open data 同源，沒有時間差。interval 先抓 30min，之後流量如果穩定可調降。 15:47

tnstiger Open data 很棒 16:48

wjwang 期待 API release 17:28

ch 若 API 能公開的話，就能做小區域客制應用了。例如金門現在至少透過四、五個政府粉專、LINE 在做宣傳和存量告知，存量是建設處——打電話問的，如果能用API ，可以釋放人力，也能提高更新頻率。

圖 10.2 2020年2月2日至4日間，g0v社群公開聊天室對話紀錄，最左欄爲發言者聊天室id，其中，tnstiger爲Howard的id，au則爲時任政務委員唐鳳的id。IORG節錄[25]。

也是由g0v社群貢獻者發起、建置的「Cofacts真的假的」[26]，從2016年開始，邀請網友把在LINE群組裡看到的謠言回報給機器人，也可以到網路平台上當編輯，共同查證這些謠言。2019年，「0archive零時檔案局」開始運作[27]，除了像「Newsdiff新聞改過沒」[28]一樣備份台灣新聞媒體的報導內容，也備份內容農場、網路論壇的文章，網友可以回報看過的可疑網站，讓0archive幫你備份。這3項 g0v 專案，都是在蒐集可疑訊息，並且提供開放資料[29]，任何人都可以取用，讓想要研究資訊亂象的人，不需要自己蒐集資料，也讓這些資料，成為了解台灣資訊環境現況，以及討論解方的共同事實基礎。

> g0v「零時政府」是一個從2012年開始運作的台灣「公民黑客」社群，共同發起人包括高嘉良、吳泰輝、瞿筱葳[30]，由跨領域、不特定的自願參與者組成，以開源模式、行動主義、公民精神爲基本價值，推動多項開放資料、開放政府、開放協作專案。根據2015年的資料，g0v是世界前3大的公民黑客社群[31]。
>
> 根據g0v社群的網站，g0v把政府的「gov」用「0」代替，代表用「數位原生世代」的視角「從零重新思考政府的角色」。
>
> 想更了解g0v，IORG推薦從閱讀〈g0v 宣言〉開始[32]。因爲g0v社群多中心的特性，這裡的簡短說明只是其中一種觀點，不具代表性，也可能無法充分展現g0v社群的多樣性。

2018年起，台灣、美國之間的交流管道之一「全球合作訓練架構」[33]在眾多交流主題中加入了「以媒體識讀防衛民主」一題。從台、美交流，逐年擴大至日本、太平洋、印度洋地區，以及歐洲國家的多方交流，集結法律、企業、學術研究、公民社會各方觀點，討論資訊操弄防治、資訊判讀教育，改善媒體環境、維護言論自由所遭遇到的種種困難，以及得來不易的成功經驗。

「每個國家的民主發展進程都是獨特的，卻也有共通之處」，IRI亞太區域負責人Johanna Kao[34]在一次線上會議中這麼說。在亞太地區工作超過20年，Johanna Kao認為「有許多人，正在不同國家，面對相同議題而努力，他們得來不易的經驗與故事，能帶給彼此莫大的力量。」

自IORG成立以來，很幸運能獲得國內外政府、研究、教育機構

圖 10.3 2021 年 11 月 16 日「美台印太民主諮商」「以獨立媒體強化印太民主韌性」線上圓桌會談，臺灣民主基金會、美國民主基金會主辦，IORG 受邀參加 [35]。

多方邀請，說明科學、開放、當責原則對防治資訊操弄、健全資訊環境的重要性，並分享資料科學的實作研究成果。2020 年起，歐洲各國國會議員多次組團訪台，包括捷克[36]、斯洛伐克[37]、法國[38]、愛沙尼亞[39]、拉脫維亞[40]、立陶宛[41]，以及歐盟的歐洲議會[42]，訪問過程中，都問到台灣是如何應對中國長期以來持續的外交打壓、資訊操弄。臺灣民主基金會副執行長陳婉宜說，在這些交流的過程中，台灣經驗可以讓歐洲民主國家比較中、俄兩國行動的異同之處，在面對俄羅斯的同時，預先了解中國可能對他們採取的行動。

台灣是個海洋國家，要與世界交流，每個台灣人都可以是「大使」。不過，在「出訪」之前，如果多認識對方一些，知道對方怎麼看台灣，會很有幫助。要怎麼做呢？讓我們繼續看下去。

關心國際事務，先來試試國際新聞吧！

國際事務往往讓人覺得距離日常生活有點遠，真的想開始關心，也好像不知道從哪裡開始。針對這個問題，IORG拜訪了宗翰、敏迪、齊晧，請3位工作與國際事務息息相關的「過來人」分享經驗，而他們也各自給出了不同的答案。

「或許可以從學英文開始，我們不都這麼開始的嗎？」聊天的過程，德國之聲記者鄒宗翰回想自己一開始接觸國際事務的起點。「就從看懂一篇新聞為目標開始，慢慢累積對國際事務的認識」。

「我的英文並不好，但我們身邊其實有非常多工具，可以協助我們接觸國際新聞。」Podcaster敏迪指的，是她安裝在手機上的翻譯軟體。稱自己為「手機小孩」，敏迪說，為了不讓自己被演算法控制，她還會「餵養」自己的社交媒體，透過追蹤官方帳號、有公信力的傳媒，讓自己的社交媒體充斥國際消息，就能夠在碎片時間之間，吸收國際新聞。

因為日本動漫，從高中開始接觸國際事務的轉角國際編輯林齊晧說，可以從「半徑兩公尺」開始。「國際新聞是永遠看不完的，」他說，「來自跨國婚姻家庭、新移民家庭的同學、各國營養午餐的比較，先從自己身邊兩公尺內，而且有興趣的人、事、物開始。」代號「七號編輯」的他也建議，如果覺得不知從哪裡開始關心一件事，沒有「施力點」，「可以先看一些歷史脈絡的內容。」喜歡《鬼滅之刃》，還是不斷推陳出新的韓國殭屍影集？如果喜歡日本動漫、韓國流行，齊晧說，可以試著去了解，是什麼樣的文化、

社會背景，才孕育出這些廣受歡迎的內容。

聽完三位的分享，國際事務似乎並不是遙不可及，「在現在這個全球化的時代，國家之間都會相互影響。遠在天邊的國際事件，也可能有一天影響到台灣」，宗翰這麼說。說到這個，敏迪舉了機車族都關心的油價，當做例子。「還記得 2020 年 4 月，油價大跌，原本要 100 元才能加滿的油，只花了 60 元。」敏迪說，她當時還以為加油站人員偷懶，沒加滿油，查證之後才知道，是沙烏地阿拉伯希望和俄羅斯及其他石油輸出國一起「減產」[43]，維持讓因為疫情而需求下降的油價。「不過，俄羅斯不願意走上談判桌，沙烏地阿拉伯就和俄羅斯賭氣，甚至提高產量到每天 1 千萬桶[44]！供應量大幅超過需求，石油價格大降，在台灣的我們，也都受到了影響。」在聊天的過程中，敏迪也分享了她投入國際新聞編譯的起點，正是因為意識到，自己竟然在 2018 年公投都投完了，才知道「禁止福島食品」這件事[45]，除了是國內的食安議題，更是超越國內的國際經貿、外交議題，從此意識到國際事務與台灣的緊密連結，「而且很有戲劇張力，絲毫不輸八點檔！」

看國際新聞，了解國際事務，也別忘了資訊判讀！不管是電視、YouTube、podcast，還是 Clubhouse 聊天，並不是名稱有「世界」的節目就真的很有世界觀，也並不是自稱專家的來賓說話就一定可信。所有的言論，都可以被檢驗，都應該有憑有據。這個時候，3 種資訊操弄、「訊息可信度評量」的 4 個步驟、注意政治的宣傳、注意風向的製造，這本書的每個章節，都可以是幫助判讀的工具。

閱讀國際新聞，可以看見世界，也能看見台灣，臺灣民主基金會副執行長陳婉宜在訪問時分享她的觀察。她說，一直以來，國際新聞總是把台灣放在「兩岸關係」的框架之下，報導中國對台灣採取的各種行動，關於台灣的段落，也總會出現「台灣於 1949 年自中國分裂」、「自治的島嶼」、「中國視台灣為一個叛亂的省份」這樣的描述。最近，因為國際社會對台灣的關注，新聞媒體對台灣的報導開始變得多元，台灣的民主發展、台灣人的故事，開始被看見。「這是一件好事！」陳婉宜開心的說。

身為台灣人，受到國際關注的當下，我們希望被世界看見的台灣，是什麼樣的台灣？

提升自己的資訊判讀力，就是健全台灣民主，就能讓台灣走向世界

參加國際會議，常常聽到對台灣的肯定。從國外來訪的或出國拜訪的外國友人，常常會說，台灣的數位民主，真的很先進，台灣的公民社會，真的很有行動力，不等誰許可，覺得自己能夠、也想要改變社會。

這樣的說法，不管是不是出自禮貌，首先，都是反思的機會。

在國際場合獲得肯定，當然開心，不過，就在我們光鮮亮麗的站上舞台，分享台灣的進步與民主，我們必須提醒自己，台灣，還有很多工作要做。我們的政府，仍然不夠開放，開放資料的品質必須改進，數位落差、社會分歧，仍然未解。同時，確立價值，

尋找實踐方法，成就「台灣」這個共同體的過程之中，充滿挫折及犧牲。我們必須記得，在這過程中，有許多人並沒有拿到麥克風，獲得為自己發聲的機會。他們的貢獻，不為人知，也沒有得到認可。而在我們分享自己故事的同時，也能聽見其他國家朋友的故事，看見他們面對威權監控、社會衝突、生命威脅，在比台灣更艱難的環境下，仍然堅持價值、行動、發聲。面對他們的堅持，我們的成就，似乎微不足道。

在德國，聯邦公民教育中心[46]連結公民，推動民主及包容[47]；在印尼，民間社群和新聞媒體組成事實查核大聯盟[48]；在日本，公民科技社群遍佈全國，不只在東京，而在泰國的朋友們，面對軍隊鎮壓，抗爭時仍不忘記保持幽默[49]。聽著他們的故事，我們會問，這些在地經驗，可以被「複製」嗎？許多參與國際交流的人，都正在找答案。不過，與其用「複製」作為國際交流的目標，用「啟發」、「協作」、「連帶」[50]，也許能更好定位國際交流的價值。

台灣有「Cofacts」，泰國有「Cofact」[51]，名字只差一個s，正是因為泰國的Cofact，是從「複製」台灣Cofacts開始的。一群受到啟發，認同群眾協作事實查核的泰國朋友們，在訪台期間因為唐鳳政委的牽線，認識了台灣Cofacts的貢獻者們。因為Cofacts是個開源專案[52]，程式碼可以被快速複製、改作，成為台、泰兩地貢獻者協作的基礎。在溝通、協作的過程中，泰國的朋友分享他們在泰國做事實查核的困難，台灣的朋友遇到關於泰國的謠言，會寄信詢問泰國的朋友，舉辦線上的討論會，台、泰會互相邀請，跨越地理障礙，建立了彼此之間的共感及連帶[53]。

Cofacts真的假的、口罩地圖,以科技工具開啟跨國協作的g0v社群對「複製」給出了一種答案。似乎就像是香港人常說的「兄弟爬山、各自努力」,只是在這裡的「兄弟」生活在不同國家,這座「山」則是「讓民主更好」的信念。在各自努力的同時,兄弟之間互相關照,讓登頂的漫漫長路,不孤單。

圖10.4 2019年12月21日,日本公共媒體NHK於台南吳園拍攝g0v社群Cofacts真的假的專案協作過程[54]。

國際交流,在不同文化脈絡之間,搭起橋樑,認識橋樑另一端的人們,也讓對方認識這個叫做「台灣」的地方,還有真實存在的「台灣人」。我們保持開放的態度,展現台灣人的能力,分享工具,也提出未解的問題。台灣很大,沒有一個人能代表台灣,但每一次交流,都是在建構台灣,形塑世界眼中的台灣。我們的行動、發言,背後蘊含的價值選擇,會在那些最細微的地方,被發現,被記得,成為台灣民主的實質內容。

在這個威權也能宣稱自己「民主」的當代[55],「民主」的實質內容

到底是什麼？

國外朋友們眼中的台灣，是能夠以多元價值形塑國家政策的國家；是一個以開放、開源作為政治哲學，勇敢面對過去威權錯誤的國家；是一個正在努力對抗外力侵略，同時以科學證據堅守民主自由，公民力量強大的國家。這樣的國家，是不是我們想要的呢？如果是的話，我們每個人都可以做自己能做的，也唯有每個人做自己能做的，讓這些民主的實質內涵，在這片土地上落地、扎根、茁壯。

「台灣的孤立，不僅是台灣的問題，也是世界的問題，因為可以保護美國人、歐洲人，或其他地方人民的工具，可能就是在台灣被研發出來。」IRI 的 Christopher Olsen 這麼說。在專注於台灣的同時，可以同時思考，我們在台灣的工作，能夠如何貢獻世界，幫助正在其他地方努力的人。因為，答案可能就在台灣。

這本書到了這裡，我們一起認識了資訊操弄，學習評量一則訊息的可信度，認識了資訊傳播過程中的角色、多樣而複雜的當代資訊環境，以及政治宣傳、個人資料可能造成的影響。在具備理論、理解現狀後，接下來，讓我們一起行動。

11 主動出擊：判讀、對話、協作

- 什麼樣的人比較容易被騙？是比較笨的人嗎？
- 你常常覺得長輩都在傳假訊息？擔心孩子被洗腦嗎？
- 除了做好個人資訊判讀，還能再多做些什麼嗎？

謝謝你，一路讀到了第11章，與IORG一起認識資訊操弄的各種樣貌，運用「訊息可信度評量」判讀各式各樣的訊息；一起擴大視野，認識資訊傳播過程中的3個關鍵角色，以及廣大的資訊環境複雜而迷人的生態；一起看見了政治宣傳、帶風向、個人資料的濫用如何影響我們的「腦袋自主」。

不過，放下這本書，你可能還是會問：真的能夠決定每一件事的可信度嗎？就算加強了自己的資訊判讀力，如果身邊的親人朋友還是在傳假訊息，我能夠做點什麼？

你可能是個學生，看到同學在班上群組分享的都市傳說影片，覺得哪裡怪怪的，卻不知道該如何查證，也擔心「糾正」同學是找自己麻煩。你可能深受家人關愛，在晚餐餐桌上，親戚們又在分享來路不明的健康資訊，你很想告訴他們那些可能是未經證實的謠言，卻不知道怎麼開口。你可能是孩子的媽，剛升國中的小孩每天花在手機上的時間比陪伴家人還多，你感到擔心，不知道他都看了什麼，也不知道他有沒有能力判斷。

校園、餐桌、職場、社交媒體、聊天群組,生活中,人與人有著不同的身分,不同的處境,現實世界,比書裡複雜,你的疑惑和焦慮,我們也有。這一章,IORG想和你分享4項行動方案,從自己開始,到身邊的人,到社區,再到社會,每個人的行動力慢慢累積、連結,就能讓台灣的資訊環境越來越好。

建立防備意識、擴大視框、運用訊息可信度評量,形成個人意見

我們可能都有一種迷思,認為別人比較容易被騙,對自己的判讀能力比較有信心[1]。到底什麼樣的人比較容易受騙呢?

一項中央警察大學的研究發現,網路和電話詐騙案件之中,占比最高的被害者年齡層,是通常被認為比較有專業能力、有社會經驗的「20到29歲」和「30到39歲」,分別是43.0%和27.4%,而「19歲以下」和「70歲以上」反而是占比最低的族群,只有1.1%和4.2%[2]。研究者在訪談詐騙被害者之後,認為他們的受害原因是「對外界接收資訊的不足、對詐騙類型了解不夠」[3]。臺灣大學新聞所王泰俐教授在2018年選舉期間的研究結果也顯示[4],年輕、女性、中間選民對資訊操弄的判讀力最弱。王泰俐告訴IORG,這與教育程度無關,而是「不關心」[5]。

根據這些調查研究可以推論,相信資訊操弄的人,不一定是「笨」,因為腦袋不好,知識不足,而是因為沒有意識到資訊操弄的存在,或者覺得自己不會相信資訊操弄,所以沒有「防備意識」,沒有即時集中注意力。

建立防備意識的關鍵，是知道「還有很多自己不知道的事」。要知道「還有很多自己不知道的事」，必須要能夠而且想要知道，而這兩項條件，我們可能都做不到。

「有一天，我收到一個朋友的訊息，他是個學識淵博、受人景仰的老師，但傳來的訊息卻是關於疫苗的陰謀論。我禮貌的提供了幾則Google上查得到的澄清資訊，結果這位朋友竟然回覆：我告訴你！連Google都被收買了！」政治大學社會學系的黃厚銘教授在接受IORG訪問時，分享了他的一次親身經驗。他接著說，「我很驚訝，這位學養豐富的老師會傳這樣的訊息，但我相信他絕非惡意，而是為了維持視框的一致，甚至選擇用另一個陰謀論解釋澄清訊息。」

黃厚銘所說的「視框」，是我們看世界的框架。每一個人都有「視框」，依靠這個框，我們得以了解世界，解讀事件，產生想法。如果接收到資訊符合自己的視框，就算不符常理、不合邏輯，人們的心理也會本能的選擇相信，以避免認知失調。1970年代，以色列心理學家特沃斯基[6]及康納曼[7]就用可重製的實驗證明人類的決策常常違反「理性選擇理論」，面對未知，我們使用「捷徑」[8]來快速判斷，導致認知的「偏誤」[9]。其他常見的認知偏誤包括「確認偏誤」[10]、「可得性偏誤」[11]、「定錨效應」[12]。

另外，黃厚銘也提到「流動的群聚」這個概念[13]。他說，人們因為需要安全感，所以傾向擁抱群體，犧牲一部分的個體性，尋求身處群體所帶來的情緒「共感」，造就了「同溫層」。不過，待在「同溫層」裡，又還是會想要找回自己，因此會在同溫層的「風向」

之上，發表更為極端的言論，以凸顯自己的獨特性。黃厚銘認為，因為人們同時追求安全和自由，既要和大家一樣，又要不一樣的矛盾心理，在這個「擺盪」之間，社交媒體上的「同溫層」持續存在，內部言論越來越極端，「同溫層」間越離越遠，平台上的公共討論也就越來越「極化」。

「視框」和認知偏誤，讓我們更容易相信資訊操弄，而「流動的群聚」則讓我們在同溫層裡變得極端。這些現象，都讓我們無法知道，也不想知道「還有很多自己不知道的事」，也就無法建立防備意識。

該如何跳脫這個困境呢？試試看擴大自己的「視框」吧！在學習歷程中，常常被提醒要「多看多聽」，卻不知道為什麼，也許這裡的說明，能提供更多為什麼要「多看多聽」的好理由。

還記得第4章的「訊息可信度評量」嗎？「訊息可信度評量」是一個判讀訊息可信度的框架，從拆解事實和觀點，查證來源和內容，連結事實和觀點，最後判定訊息的「可信度」。在完成每一個步驟的過程中，除了要用證據確認自己的信念，也可以主動探索自己不那麼熟悉的事物，如果覺得自己可以，主動尋找和自己不同的觀點，以及支持不同觀點的證據。

我們要用可驗證的事實支持自己的觀點，同時，可以保持懷疑和好奇，善用網路，探索未知的世界。就像是阿根廷作家波赫士《小徑分岔的花園》[14]啟發了「超文字」、「超連結」[15]的發明，我們可以用已知作為起點，用「網狀」的行為，從一個連結到下一個

連結，在這個龐大的「全球資訊網」上漫遊。在這個漫遊的過程中，我們要為自己的信念尋找證據，但同時，也要運用「訊息可信度評量」，決定眼前的一句話、一段影片是否可信。就是這個走走停停、探索、確認、再探索的過程，擴大了「視框」，讓我們能更好的運用「訊息可信度評量」，形成個人意見，並且不斷調整，讓自己與時俱進。

當代的資訊環境，瞬息萬變，我們慢慢思考。不盲目相信，也不因噎廢食，認為什麼都是假的。帶著自己的方向感，抱著謹慎的態度，擴大腦袋裡的知識網絡，提升「資訊判讀力」，逐步理解這個世界。

順道一提，這本書的註釋，必須翻到書的最後才看得到，雖然不如 Wikipedia 方便，沒辦法點一下就跳轉，但「翻書」參照的這個動作，也是朝未知跨出的下一步。

參與公共討論，聆聽、發問、理解，用分享來對話，用可驗證的事實強化信任基礎

如果說，在資訊環境裡，我們每個人都是一座小島，那麼島和島之間的橋樑，就是信任，而在橋樑上通行的，是各式各樣可信與不可信的資訊。以可信的訊息形成個人意見，就是守護一座小島，而築起橋樑，連結島嶼，就是公共討論。

當我們形成個人意見，就做好參與公共討論的基本準備了。不過，參與討論，並不是單向的大聲說話，而是雙向的對話，在這

個過程中，影響你對面的人，也被對你對面的人們影響。

公共討論，可能是晚餐後的閒聊，社區中心的活動，班會，社團的聚會，網路論壇的討論串，在這些公共討論的場合，有各式各樣的人。在形成個人意見時，要知道「還有很多自己不知道的事」，在參與公共討論時，要知道「還有很多跟自己不一樣的人」。我們擴大自己的「視框」，建構自己的知識，同時，這個世界上也有千千萬萬的人，正在做著同樣的事，用他們的方法，建構屬於他們的知識。這是你我之間的差異，這樣的差異，不一定能用「對錯」來判斷，都是真實的存在。

如果要說最困難的對話，那應該是家人吧？

「長輩一直傳假訊息，我好幾次用事實查核來澄清也沒用，還被罵說事實查核才是假的…」「我的小孩，是不是被政黨洗腦了？」「講不聽」「教不會」「怎麼辦？」這些問題，從2018年就不斷出現，今年已經是第4年，包括IORG的作者群，以及身邊的朋友們，許多人在對話的過程中受傷，或者選擇不再對話。

面對家人，我們可能因為熟悉，所以忘了聆聽。我們忘了，家人也是獨立的個體，在不同的時代，不同的環境，受到不同的教育，擁有自己的朋友。我們為他成為資訊操弄的協力者感到著急，擔心他可能對台灣的民主造成傷害，不過，家人之間的信任，比陌生人之間可以有的信任複雜許多，而讓家人間的橋保持暢通，很重要。因為，只要橋還暢通，就還有進一步對話和改變的機會，橋一旦倒塌，信任的重建可能是更艱難的工程。

對話的時候，無論面對的是誰，都可以像在資訊環境裡探索未知一樣，抱著好奇心，聽面前的這個人說話。聆聽，也許問他問題，用他的成長背景、生活經驗，理解他的話、他的價值和行為選擇，不是要認同他的選擇，而是理解「世界上有這樣的人，經歷過這些事，而做出這樣的選擇，說出這樣的話」。尤其在面對自己的家人、朋友，在有情感連結的情況下，更該先傾聽對方「為什麼這麼想」，而不是急著評斷。

在這個島島相連的資訊環境，資訊操弄可以利用既有的信任「過橋」，污染下一座島，有問題的資訊，侵蝕著「事實」這個支撐橋樑的信任基礎，有些橋樑，就這樣因為基礎被淘空而倒塌。台灣這個國家，就像是一座座的群島，每一座島在大海中獨立存在，又互相依賴。如果資訊操弄侵蝕的是事實，那麼，我們就要用可驗證的事實，強化群島之間的信任基礎，讓橋樑變得穩固。健康的島嶼，穩固的橋樑，在這片海洋連結起多樣的聲音，讓台灣的資訊環境生機盎然。

IORG 成立以來，持續在全國各地舉辦資訊判讀工作坊，對 IORG 來說，每一場工作坊都是聆聽、發問、理解、對話的寶貴機會，讓 IORG 學到，面對和自己不一樣的人，與其上對下的「教」，更好的想法是「分享」。IORG 在校園、社區舉辦工作坊，常常碰到參與者當面質疑 IORG 的研究。面對質疑，IORG 的做法，就是分享。分享我們的研究動機，也盡量完整的分享研究方法，為觀點提供證據，讓參與者能夠自行驗證——用可驗證的事實，強化 IORG 及參與者之間的信任基礎。這麼做，雖然不一定每次都會「成功」，但有時候，參與者就會願意暫時擱置質疑，繼續參與。

為什麼要對話？

對 IORG 作者群來說，因為對話能讓社會多樣的真實提醒自己「不知道的事」、「不一樣的人」，擴大自己的「視框」；因為對話必須建立在信任基礎之上，需要提出可驗證的事實，所以需要驗證自己，釐清自己的推論方法，驗證自己的信念，也讓對方驗證自己，讓自己獲得寶貴的機會，補充或修正個人意見；因為，如果有越來越多人，基於可驗證的事實形成個人意見，並且願意參與公共討論，用聆聽、發問、理解和身邊的人對話，每座島嶼之間的連結就會更強，當好的資訊比有問題的資訊「大聲」，「良幣」就能夠慢慢「驅逐劣幣」。對話，就是積極改善資訊環境的行動。

用分享來對話。

下次，當你收到朋友傳來你無法認同的訊息，你或許也可以先用第 4 章的「訊息可信度評量」拆解、判斷這則訊息，然後再一步一步分享你的判斷，更重要的是，分享你的方法。最後，再邀請對方：關於這則訊息，我是這麼想的，你是怎麼想的呢？

每個場域、每個角色，在生活應用，用實踐推廣「資訊判讀力」

假訊息、陰謀論、「帶風向」，有問題的資訊會破壞人與人之間的信任基礎，妨礙講道理的公共討論。既然有問題的資訊會影響每一個人，如果我們能把握更多機會，加強更多人的「資訊判讀力」，資訊操弄能夠「過橋」污染下一座島的狀況就會減少。

我們可以如何推廣「資訊判讀力」呢？

如果你是學生，和同學一起看完網路影片之後，你可以在聊天的時候分享你發現的疑點。在想學習歷程檔案要寫些什麼嗎？你可以在各科的課堂作業加入對資訊操弄、新聞媒體的觀察或研究，在數學科做假訊息的數據分析，在英文科做國際新聞的編譯，在自然科做科學普及，這些都可以是你獨一無二的作品。如果行有餘力，加入和新聞媒體或社會議題有關的社團，把你對資訊操弄和資訊判讀的認識分享給同學，也實踐在社團活動之中。

如果你是老師，你可以把新聞報導、網路訊息和領域知識結合，配合108課綱的施行，設計資訊素養、媒體素養的課程，在自然科運用像是《研之有物》這樣的科學普及內容，應用「訊息可信度評量」判讀YouTuber影片的內容，在國文科帶領學生寫新聞，在數學科學習判讀統計圖表。從2020年開始，已經有多位國高中老師和台灣放伴教育協會合作，以IORG的研究成果為基礎，共同設計出教案，並且開始在學校執行。

在家裡，如果家人又因為政論節目聳動的言論而情緒激動，你可以從關心他們開始，向他們分享你的觀察，哪些說法可能不是事實，哪些觀點缺乏證據，哪些可能是意圖讓人害怕，哪些又是幻想邪惡勢力的陰謀論。你可以在晚餐之後分享學校或工作上碰到的可疑訊息，輕鬆的閒聊，也許會聽見你本來不知道、沒有想過的觀點，更認識自己的家人。

在社區裡，遇到社區事務的決策，鄰里之間的謠言和紛爭，第4

章的「訊息可信度評量」可能可以協助拆解事實、觀點,第7章告訴我們可以擴大視野,注意訊息生產者的目的,而這一章提到的形成個人意見、參與公共討論,也能夠協助我們意識到自己的不足,從聆聽開始理解差異,如果能適時用適當的方式分享這樣的理解,也許能讓其他的社區成員加入對話。

「資訊判讀力」不只能用來判讀電視裡的新聞、論壇上的貼文、群組裡的訊息。綜合這本書的內容,「資訊判讀力」也可以應用在生活裡,在對話的過程中,實事求是,有憑有據,但也同時互相理解。就像上面提到的「用分享來對話」,分享也是推廣「資訊判讀力」最好的方法。「我是這麼想的,那你呢?」適時分享你的想法,讓與你對話的人開始反思,一起判讀,找到彼此不同和相同之處,再從相同之處尋找「共感」,開啟更多對話,尋求更多共識。

再進一步:關注、監督、參與、協作, 更好的資訊環境,更開放的社會

從自己連結他人,用分享對話,用實踐推廣資訊判讀,讓公共討論更健康。如果你還有力量,想要做得更多,讓資訊環境更好,你可以關注、監督、參與、協作。

在第5章、第6章,我們認識了資訊環境中多個重要角色,包括政府、企業、媒體、研究者、教育者,這些角色影響資訊傳播,也承擔改善資訊環境的責任。上一章提到,台灣公民社會的開放、科學、民主、自由,是台灣社會進步的基礎,也引起國際矚目。

這些價值正如何在資訊環境的各個角色身上實踐，需要每一位公民的關注及監督。

例如，落實開放，社交媒體平台應公開被「下架」的貼文資料及內容審查的原則；電視新聞台應公開每日報導清單；新聞、網路媒體應揭露報導、文章的作者及參考資料；受到企業支持的媒體應充分揭露財務資訊，說明編輯室公約及落實情形；研究者則應秉持科學精神，公開證據、資料及研究方法，讓閱聽人驗證其理論。落實開放，是資訊環境眾多角色對閱聽人負責任的行為，落實開放，才更值得人民信任。

需要爭取人民信任的，還有政府。政府的權力來自於人民，政治人物及公務員組成政府，能夠制定法規、推動政策，應確實落實開放，接受公民的監督。在宣傳上濫用梗圖，忽略對政策的完善說明，這是不信任公民的思辨能力；防治資訊操弄，如未經充分的多方利害關係人討論而倉促立法，空談「開放政府」[16]，這是「開放洗白」[17]，如給予行政機關過度的空白授權，這是違反憲法權力分立的精神；如誤以為教育「緩不濟急」[18]而未盡力協助學校及老師推動媒體素養及資訊判讀教育，這是忽略以教育培育人才的短視近利，也是不尊重持續推進民主的台灣人民。台灣是民主國家，具有防止政府濫權的制衡制度，而制度的運作成效，有賴公民的持續關注、監督。公民力量，就是政府最好的「防腐劑」。

持續關注、監督，很辛苦也很困難，不過，你不是一個人。上一章提到，台灣公民的行動力，受到國外友人的肯定。在台灣，有

許多人正在貢獻他們的力量，做他們可以做的事，讓資訊環境更好。除了關注應該受到監督的企業、政府，你也可以關注那些正在努力的社群和組織，主動聯絡他們表達支持，同為公民，如果願意，你更可以參與他們的工作，成為志工、貢獻者，或是投入正式的工作，發揮你的力量。

如果你關心資訊判讀教育，你可以關注「台灣放伴教育協會」。他們正在和全國各地的國高中老師合作，發展相關課程，並且持續歡迎更多老師加入協作，希望讓更多學生在學校就能學到媒體素養及資訊判讀，而不要在畢業之後誤信有問題的資訊，才上了人生的一課。

如果你關心多元觀點，以群眾協作的方式查證可疑訊息，你可以關注「Cofacts 真的假的」。「Cofacts 真的假的」是一個公民自主發起的平台，你可以放心的把在 LINE 看到的可疑訊息回報給他們，或是參與聚會，和其他志工一起查證可疑訊息，因為「Cofacts 真的假的」的所有成果都是開放的，和所有人共享。如果你對於開放資料、開源模式的公民行動有興趣，或者有個絕佳的點子想揪人協作，你可以參加「g0v 零時政府」的「黑客松」，成為 g0v 社群的「貢獻者」，不管是「開坑」還是「跳坑」，g0v 社群的活動總是準備了 pizza、炸雞，歡迎所有人的參與。

如果你關心科學普及、科學新聞的重要性，你可以關注「台灣科技媒體中心」。他們架構了橫跨各個科學領域的資訊平台，引介合適的專家，提供第一手的科學資訊解讀及轉譯。

如果你關心個人資料保護或資訊安全，你可以參與由「開放文化基金會」OCF、「台灣駭客協會」HIT、「華人民主書院」、「台灣人權促進會」組織及社群參與者共同籌辦的每月「網路自由小聚」，參與科技和人權的跨域交流。如果想要再進一步，你可以關注CSCS「公民團體資安暨隱私交流計畫」，或參與一年一度的HITCON「台灣駭客年會」，與社群成員一同深入了解資訊安全領域的新發展和新技術。

如果你想促進人與人之間的對話，你可以關注「對話千層派」，他們推廣「溫和共好的對話行動」，希望帶動更多人持之以恆地在日常生活中，交換彼此對公共議題的想法。Facebook社團「家庭診聊室」提供一個分享與家人溝通困難和秘訣的安全空間；「行動山棧花」則在街頭找人練習對話。

最後，看完這本書的你，如果關心台灣的資訊環境，希望看到更多可公開驗證的資料科學研究，揭露資訊操弄的內容、傳播行為及影響，或者認同強化「資訊判讀力」是防治資訊操弄的根本解方，請持續關注IORG，你可以分享我們發布在網站上的公開研究報告，參與資訊判讀工作坊，如果對研究工作有興趣，也歡迎聯絡我們。

讓台灣變得更好，不是少數人的特權，也不是一個人的責任。當代民主社會的反思、修正、進步，不再能夠只靠「領袖」一人前進百步，而是必須要靠百人協力，前進一步。當代的政府，也不再只是「為民服務」，而是「與民協力」，公民能夠，也必須回應且帶領社會的愈趨多元。我們相信，更好的社會，要由公民協作

打造，以自己的主體性與人協作，以行動展現價值，共同形塑文化、建築社會，這是民主的強大。也許你現在還因為課業、工作、家庭而分身乏術，沒關係，當你想要做些什麼，只要找到社群，一定能找到伙伴。

來自境外，也源於本土的資訊操弄，對台灣社會帶來危害，需要每一個人出一份力，增加自己和身邊的人的「抵抗力」。這個行動，並不困難，一天一次，用「資訊判讀力」判讀訊息，分享可信的文章，和家人聊聊天，台灣的資訊環境就會變得更好。

更好的資訊環境，來自強韌的社群連結。

而強韌的社群，需要每一位強韌的獨立公民。

第 2 部

21 事實查核，很重要？

◎胡元輝
台灣事實查核教育基金會董事長

台灣事實查核中心，是公益性的非營利組織，也是台灣第一個獲得國際認證的事實查核團隊。台灣事實查核中心依循著專業、透明、公正的原則，查證與公共事務相關的可疑資訊，並與社交、新聞媒體、公民團體合作，推廣被查證的內容以及事實查核教育，是提升台灣資訊環境品質的重要一員。

某次IORG工作坊，有人說：「假訊息，抓起來關三天就好啦！」也有人認為，查核的工作交給政府就好了。這一章，IORG邀請到台灣事實查核教育基金會董事長，同時也在中正大學傳播學系任教的胡元輝教授，和我們分享事實查核為什麼重要？事實查核中心對台灣資訊環境的意義又是什麼？如果交由政府管制，處罰資訊操弄的製造及傳播者，又有什麼問題呢？

為什麼事實查核很重要？

想一想，如果有一天你要和同學以一筆固定經費去旅行，結果有一位負責旅館住宿的同學事前把費用搞錯了，而且是到了旅館才知道，以致大家必須提前打道回府，你的心裡嘔不嘔？同樣的，如果你和同學在辯論學校該先建一棟大樓，還是先改善現有的教學設備？但是你的同學連蓋一棟大樓需要花多少錢都不知道，卻還要跟你硬拗，你會不會感到很生氣？

這就是我們日常生活中經常遇到的事實查證問題，一旦相關事實未能正確掌握，就很容易造成困擾。有的困擾或許影響短暫，有的可就牽涉廣泛，麻煩許多。譬如學校蓋大樓與更新教學設備的選擇，可能對教學品質產生長期的影響，關乎全校學生的學習權益。相對的，旅行規劃上的疏忽就只涉及少數人的遊興，與其他學生沒有甚麼關係。

將上述生活問題放大到社會運作或國家事務的層面，道理相通。以COVID-19疫情來說，大家都很想在疫情中趨吉避凶，避免染疫，因此會特別留意相關的防疫資訊，可是如果誤信一些偏方而不加以查證，就會發生像伊朗民眾以喝工業用酒精來防疫的慘劇[1]，至少有近千人為此而喪失生命。更嚴重的是，許多民主國家在疫情中出現大量境外假訊息的攻勢，希望破壞防疫成效，製造社會對立，其所造成的影響就不只是個人生命的危害了。

我們都知道，民主的基本原理就是人民自治，所以人民是頭家，公共事務須經由人民的參與或投票來決定。但人民要如何自治

呢？最重要的依據就是真實可靠的資訊，藉此進行討論並形成公眾意志，從而決定國家政策的走向。而如果公眾所擁有的資訊多係黑白不分、真假不明，或是扭曲真相、虛構事實，那麼不只人民無從做出公共事務的正確判斷，整個社會還可能因此陷入彼此攻訐、相互仇恨的境地。

在許多遏制假訊息的做法中，事實查核（fact-checking）可以說是最新興也最受矚目的機制。所謂事實查核，就是針對事實性的陳述查核其是否真實或正確。甚麼是事實性的陳述？譬如你本來要和一位同學去看電影，結果他爽約了，隔天給的理由是生病了，必須到醫院就醫。但你從其他同學處得知，他根本沒有生病，也沒有到醫院，而是在家睡大覺。顯然你的同學是以「生病看醫生」這個事實性的陳述來呼攏你，而你進行了事實查核，發現這個陳述是編造出的謊話。

可是，如果你和同學依照原約定去看了電影，看完之後兩人意見大不同，一個人說很好看，另個人認為很難看，彼此辯論起來，這個狀況可就沒法進行事實查核了。因為電影好不好看屬於價值判斷，是一種對事情的意見，不是事實性陳述，並非事實查核的對象。簡言之，事實查核查的是事實，不查意見。因為民主社會尊重多元價值，每個人都可以形成自己的觀點，擁有自己的看法，並進行理性的溝通與交流，但溝通與交流必須以正確的事實理解為基礎，否則就很容易落入非理性的對話或衝突。

事實查核在新聞業中其實歷史悠久，不過，傳統的事實查核乃是新聞組織內部針對新聞記者的報導進行事前查核，近一、二十年

來所興起的事實查核計畫則主要是對網路訊息、新聞報導或政治人物的言論等進行事後查核，希望藉此健全資訊生態。根據美國杜克記者實驗室的調查[2]，迄2021年6月，全球至少有341個活躍運營的事實查核計畫，分布於102個國家，台灣列名其中者有《台灣事實查核中心》及《MyGoPen》兩個組織。

以我國第一個獲得國際認證的《台灣事實查核中心》為例，它是將涉及公共事務的網路訊息及媒體報導作為主要查核對象，並以傳統新聞查證方法結合各種數位工具進行查核。前者包括親臨事件現場，蒐集文件資料，訪問相關當事人，以及請教學者專家等等。至於數位工具就相當的多，譬如透過Google Reverse Image Search、TinEye、Yandex等圖片反搜平台來確認照片與影片的真實出處；運用Google地圖、Google地球來確認事件的發生地點，藉由Jeffrey's Image Metadata Viewer、metapicz、Online Exif Viewer等影像資訊檢視軟體來瞭解照片的拍攝時間、尺寸、機型、光圈、景深等。

其實，事實查核就如同偵探辦案或科學家進行研究一般，須秉持嚴謹核實、合理懷疑、系統思考、邏輯推理等精神，對相關文件與人的消息做反覆驗證。依據國際規範，查核作業除了要以證據為基礎，力求讓證據說話之外，還要以透明為核心，將查核過程攤開在陽光之下。因此，《台灣事實查核中心》會公開所有查核所依據的資料，讓每位讀者都可以依樣畫葫蘆，重新就中心所提供的資料進行自己的查核。為了避免發生錯誤，該中心在公布查核報告之前至少須經三位查核人員核校，而且一旦發現查核報告出現錯誤，會立即更正以示負責，不能明知有錯，還拒不承認。

台灣在公私部門多方利害關係人的協力下，已發展出具特色的假訊息治理模式，毫無疑問，公民社會所推動的事實查核計畫在其中扮演了重要角色。《台灣事實查核中心》成立之目的並不侷限於假訊息的查核，其深層願景更在於期望透過資訊環境的健全化，為台灣的新聞改造運動挹注活水，為民主鞏固工程增添助力。

政府為什麼不管管這些假訊息？
為什麼不處罰那些傳假訊息的人？

首先，我們必須瞭解，假訊息問題有其複雜而多元的生成背景，它可能肇因於個人的不滿，也可能發端於群體的憤懣；它可能來自境內的競爭者，也可能來自境外的敵對者，其中不乏有計畫、有系統的資訊操弄。正因為有如此複雜而多元的生成背景，所以這個自古就存在的問題不但綿延至今，還在數位傳播的環境下發展出新的面貌，甚至構成當代民主的重大挑戰。

其次，我們也必須知道，假訊息已經形成一個生態系統，其中包括製造者、傳輸者與接收者，每一個環節都必須面對才能加以破解。所以，我們不只要揭露假訊息的製造者，以及背後的政經力量，還要面對媒體之外的假訊息傳播途徑，特別是當代的網路與社群媒體，如果這個重要的資訊平台不能有效抑制假訊息的傳播，許多努力都可能功敗垂成。同樣的，作為訊息接收者的一般大眾如果不能擁有假訊息的「免疫力」，就會成為假訊息傳播的破口，並且被牽著鼻子走。

所以，要解決假訊息及資訊操弄的問題，不是處罰傳播者就可以

奏效，何況傳播假訊息的人，有的是無心之失，有的是故意為之，而刻意製造假訊息的人往往運用科技隱匿自己，要找到真正的「元凶」並不那麼容易。面對假訊息及資訊操弄的課題，我們必須標本兼治、長短兼施，有計畫、有系統的進行長期抗戰，並無特效藥或萬靈丹。

短期而言，包括強化新聞媒體的自律作為，讓它發揮過濾不實訊息的把關功能；要求社群媒體平台建立嚴謹而透明的公眾申訴處理機制，積極刪除假帳號與抑制假訊息；催生具公信力的事實查核組織，讓民眾擁有更多可信賴的資訊查證對象；以及支持各種偵測或抑制假訊息的創新科技等等。長期而言，則有賴媒體結構的健全化與媒體素養教育的推動。要達成上述目標，就政府層面而言，至少包括警政、國家安全、傳播監理、教育、科技等相關單位，必須大家通力合作，才有辦法消弭假訊息所可能造成的危害。

民主國家對於傳播課題的監理，多遵循自律優先於法律的原則，除非所造成的公共損害已經鮮明，非得透過立法規範方足以達成損害控管的目標時，通常不輕言訴諸法律，不實訊息的處理亦復如是。綜觀全球民主國家近年來處理不實訊息的經驗，業已發展出不同的處理模式，這些模式雖各有成效，亦各有其必須面對的問題。例如，若干歐洲國家在不實訊息的處理上採取立法管制模式，希望透過制定新法來抑制假訊息的傳播，德國與法國乃其中的代表，但兩國的立法都出現是否侵害言論自由的爭議。

以德國推動制定《網絡執行法》的立法過程為例，該法並未授權

行政機關直接介入內容審查，而是要求 Facebook、Instagram、YouTube 等大型社群平台必須負責刪除違法的假訊息。即使如此，立法過程中仍面臨諸多爭議，認為這些平台可能因為擔心受罰而採取嚴格的審查標準，形成「懷疑即刪」的寒蟬效應。新法施行之後，爭議依然未止，不少訊息或帳號被刪的民眾向法院提告，法院也做出若干「平反」判例，要求社群平台業者必須重新開放被刪民眾的帳號，並恢復原先刪除的評論內容。

當然，也有的民主國家如美國採取消極管制模式，民眾擁有最開闊的言論表達空間，但不實訊息亦持續困擾社會與國家的運作，不僅民生性、消費性的假訊息屢見不鮮，政治性、選舉性的假訊息更是層出不窮。最近形成全球世紀性公衛災難的 COVID-19，有關防護與治療的假訊息就氾濫成災，中國與俄羅斯更被指利用疫情進行不實訊息宣傳，大力散播病毒起源於美國的陰謀論，並強調中共已成功遏制病毒的制度優越性。

由此可見，民主國家處理假訊息問題的方法雖不完全一致，但都必須考慮假訊息的生成有其複雜的因素，它不只是科技問題，還是政治、經濟、社會、文化等層面的問題。假訊息的傳播與影響往往植基於社會所存在的爭議或衝突，如果社會爭議或衝突能獲得有效解決，假訊息就不容易見縫插針、掀起波瀾。其次，假訊息既然是一個生態系統的問題，破解假訊息的行動就必須針對其中所有成員分別訂定有效的因應對策，並且系統性、持續性的加以處理，才有可能消解假訊息所形成的民主挑戰。民主國家既要維護言論自由，又要進行假訊息的損害控管，確實面臨很多兩難之處。

如果重罰這些人會有什麼後果嗎？有國外的案例嗎？

面對假訊息的問題，有一些國家採取了與歐美民主國家不同的因應措施。它們透過立法賦予行政機構可以直接審查假訊息，並從重處分的權力，我們可以將它歸類為威權管制模式。亞洲的新加坡與馬來西亞可以說是此種政府介入模式的代表，其中馬來西亞對散播假訊息者最高可處六年徒刑，新加坡則是十年，且賦予政府要求網路平台撤下假訊息的權限，如果網路平台未遵指示，還可處以高額罰款。

星、馬兩國屬於實施有限民主的國家，至於中國、北韓等極權主義國家，政府的介入可就更直接而嚴厲了，我們可以將它們歸類為專權管制模式。中國早在網路發展之初，即已建立嚴密的控制系統，將「捏造或者歪曲事實，散布謠言，擾亂社會秩序」視為網路監控對象[3]，並透過持續發布的各項命令嚴管各種新興網路現象。假訊息對中國而言不過是既有言論控制的對象之一而已，在法網森嚴的壓制下，行政機關可恣意解釋法令中的禁制規定，較威權管制模式的言論管制嚴密甚多。

毫無疑問，無論是威權或專權管制模式，都會對言論自由產生很大的壓抑與傷害，它們的差別只是程度的不同而已。所以，我們在上述國家不只可以看到人民因傳播所謂的假訊息而被罰款，甚至被關入獄，身繫囹圄。我國在因應假訊息問題的對策上自不會採行威權或專權管制模式，截至目前為止，大致介於立法管制與自律共管兩種模式之間。一方面，政府雖未立專法處理，但仍透過個別修法來控管不實訊息可能形成的危害；另方面，推動新聞

媒體與網路平台的自律，期能有效抑制假訊息的傳播，並降低對言論自由可能造成的影響。

我國目前所通過的修法中不乏對傳播假訊息的行為人予以處分的規定，主要是在傳染病、食安、核安與災防領域新增散播不實訊息刑事責任的條文，不過處分的前提是出於惡意、虛偽假造及造成危害，也就是傳播假訊息者必須包含這三個元素才會遭到處分。以《傳染病防治法》為例，新修正的條文規定，「散播有關傳染病流行疫情之謠言或不實訊息，足生損害於公眾或他人者」，最高可罰新臺幣 300 萬元。此外，為因應 COVID-19 疫情而制定的《嚴重特殊傳染性肺炎防治及紓困振興特別條例》，對於散播疫情之謠言或不實訊息，足生損害於公眾或他人者，最高可處 3 年以下有期徒刑或新臺幣 300 萬元罰金。

必須提醒的是，來自境外的資訊操弄是涉及國家安全的假訊息課題，在處理對策上自與境內的假訊息有所不同。境外的資訊操弄不是單純的搞怪捉弄，不求直接的經濟利益，而是企圖以不實訊息激發目標社會的矛盾與衝突，製造敵對國家的動盪與紛亂，進而達成非武力的政治目的，不少人因此以資訊戰來稱呼此種新形式的戰爭型態。

對於民主國家而言，何以境外的資訊操弄特別難以發覺，亦特別需要防範，原因就在於由國家發動的資訊戰往往組織嚴密、行動細緻，並不容易掌握與揭露。更嚴重的是，此類操弄並不只是著力於若干政治事件或社會衝突，而是以動搖民主制度的運作與價值為其最終目標。例如 2016 年初，一名逃家的俄裔德國少女謊稱

被阿拉伯移民性侵的案例，引發德國社會高度爭議[4]，俄羅斯網軍發動資訊戰的目的就是要讓受到移民與難民問題困擾的德國政府左支右絀，難以兼顧民主與人道；同樣的，俄羅斯網軍近年來積極介入美國多個種族爭議事件的背後，亦是希望深化種族矛盾以暴露美式民主的「虛假」。

境外資訊操弄的攻防涉及跨境調查、資安維護的科技能力，亦涉及情資收集與跨國合作的情報作業。面對來自境外的資訊操弄，處分境內的傳播者並無法根本解決問題，必須由政府、業者與公民社會共同協力，阻斷境外假訊息的傳播鏈，並清楚揭露其具體作為及相關證據，以提升民眾的警戒意識。

22 事實查核也能「開放協作」？

◎李比鄰
Cofacts 真的假的共同發起人

「Cofacts 真的假的」是一個透過群眾協作以及聊天機器人來做事實查核的可疑訊息查證平台，讓每一個不確定真假的訊息，都能透過群眾的共同努力，被好好檢視跟查核討論。「Cofacts 真的假的」透過聊天機器人能 24 小時、不間斷的回應使用者疑惑的可疑訊息；另一方面，我們的網站平台呈現所有被收錄的訊息，每一位無私貢獻的志工都能查核表達自己查到的資料。

「Cofacts 真的假的」是一個公民發起的平台，不隸屬於任何政黨或是政治人物，成果開放由所有人一起共享，讓所有人一起努力，貢獻各自的技能、查證不實訊息。

某次 IORG 工作坊，有人舉手問：「這個 Cofacts 真的假的平台，查證的人是一般民眾，這樣可信嗎？」

在第 10 章，我們介紹了 g0v，以及由 g0v 社群貢獻者發起建置的 Cofacts 真的假的事實查核平台，不過，你是否也有一樣的疑惑，或是覺得事實查核就應該「交給專業的來」？Cofacts 真的假的是一個開源、協作的專案，但「開源」、「開放」到底是什麼意思？這一章，IORG 邀請到 Cofacts 真的假的共同發起人比鄰，為我們解說這些疑問，也和我們分享在「開放」這件事上，台灣還做了些什麼？有哪些地方還能更好？

「開放」的概念是什麼？為什麼要開放？

如何理解開放？對我來說，開放就是對不特定人的給予。我很喜歡用台灣人「奉茶」的概念舉例，我想跟不特定的路人分享飲料，所以準備了一個大茶壺、在裡面放我喜歡的茶飲，任何人看到我放在路邊的茶壺，都能隨意倒一杯去喝。我不會限制說，「只有可愛的女孩子」才可以喝，也不會規定說「只有聰明的人才可以喝」，我會說我有一壺茶，大家都可以自己倒。開放「茶壺」最神奇的是，當茶壺裡面的茶飲被喝光了，會有其他想分享的人，在裡面重新注入新的茶飲，一樣讓任何人一起喝，我也有機會喝到不同口味的飲料。

另一個理解開放的方法，是用「權力」來解釋。有一個特別有權力的人，他可以決定很多事情，而其他人都沒辦法這麼做。（用茶壺的例子來說就是，我規定這個茶壺裡只能放伯爵茶，而且只有我認可的人才可以倒來喝，其他人或飲料通通不行。）君權神授的時候，國王會把權力最大的王位傳給與他有親緣關係的極少數人，可是，最適合治理國家的人不一定是國王的小孩呀？公司有權力的人是最有能力的人嗎？班上老師挑的模範生是最適合的人嗎？人緣有最好嗎？他有最善良嗎？這些都可能會有很多不同的答案，如何讓每一個人都可以擁有機會，並也有權力去一起建構他們理想的世界，我覺得這是「開放」最有價值，並且必須被保護的地方。

Cofacts 真的假的可能不是最好的事實查核工具，但它是第一個查核機器人與群眾查核平台，也是 2016 年以來，工程師在自己小

小的堅持下，對台灣層出不窮的不實訊息與LINE上的錯誤資訊進行最大的努力嘗試。如果我們做得不夠好，我們很期待也很希望能被更有能力的人、團隊、程式或是平台取代，Cofacts真的假的一直以來都維持資料的完全開放，從資料庫、程式碼到細微末節的開會討論內容都是完全公開的，甚至是對於系統資料的惡意攻擊，Cofacts真的假的也都會公開，讓所有社群參與者共同決定處置方式。

我們相信更多的公開討論，持續的開放，才能確保信任、透明與真實。在Cofacts真的假的，開放的價值體現在查證資料的產出、違反使用規定的處置討論、與程式開發協作，並不會因為我最早開始參與專案，就具備不一樣的特權，如果我查核後寫下的回應不好，任何人都能立刻做出負面的評價，並且直接補上資料更完

圖22.1 Cofacts真的假的，讓查詢可疑訊息跟朋友聊天一樣簡單。使用者受到可疑訊息時，能分享轉傳給真的假的聊天機器人來查詢，就像分享給朋友一樣。

圖22.2 被收錄的可疑訊息就會出現在Cofacts真的假的公開協作平台上，供全世界人閱覽。同時會有AI自動分類系統，標記可疑訊息的種類，以便相關專業查核社群貢獻者搜尋。

圖22.3 之後遇到一樣或是類似變種可疑訊息時，聊天機器人將自動比對回覆，使用者閱覽後，能評價並分享查核結果給親友。若發現查核結果不如預期，使用者也能至網站寫下自己的答案。

整、論述更清楚的回應。此外，這些累積出來的查證資料，也再開放給所有人進行運用與檢索。如果程式系統遭遇攻擊，任何人都能在公開會議中提出討論，並且提議決策。至於程式開發過程中，所有人都能進行檢視，任何人也都能對程式碼發出修改的提議，參與程式的開發。

開放在我心中有兩個定義。第一、能讓第三方取得資訊、內容、知識、成果；第二、第三方對於第一項提到的資訊、內容、知識、成果是有機會、權利參與改變、成為提供者，而非僅被動接收。舉例來說，我參加 g0v 黑客松，除了以參加者的身分享用食物與氣氛，也能在黑客松中提案的專案裡花時間做出貢獻。來真的假的要求採訪，或是期待把真的假的作為研究題材的研究者，我們也都會同時邀請他們必須參與實體的工作聚會，成為貢獻者，為其他人查核、闢謠、留下查核的成果。如此一來，獲得資料、或者需要研究素材的人，也必須對此研究素材的產生做出貢獻，也對查核產生責任感。得到幫助的時候，也能同時幫助其他人，這些小小的點滴累積起來便能使這個成果長長久久。

在真的假的，因為所有資訊都是開放的，所以它可以長成各種不同的樣子。舉例來說，成為學者或是智庫長期研究的資料，所有的資訊都能經過再整理，並且時時用來與民眾溝通。有人用來觀察輿情、有人用來吸收新知，在開放的場域裡，沒有限制也沒有壟斷，希望互助與貢獻能創造最大的公民利益，幫助我們實踐一個自由而友善的社會。

闢謠和查核爲什麼不由專業組織來做呢？

這牽涉到我們怎麼定義「專業」。專業是指把查核當成正職工作、每天做完8小時的查核嗎？或者是應該要通過某個甄試、取得證書，證明某個人具備足夠的查核技巧，才能進行查核呢？這樣聽起來，專業似乎需要經過某個人的認可，無論是第三方的資格認證還是公司上司的聘用合約，沒有符合這個標準，就不能稱作是「足夠專業」。

可是「查核」不該是「某個人」的工作或是某種「學位」呀！我的意思是，的確有查核記者這樣的工作職位，以第一線透過採訪、聯繫、搜查，最後找到線索寫出查核報告的工作內容。但作為一個人，為什麼要主動放棄自己可以求證與認識新知的權利呢？查核記者的專業查證，的確能幫助到對查核技巧不熟悉，或是習慣被動獲得資料的人，但是知識跟資訊不應該總是掌握在其他人手上，僅當一個被動受豢養的知識寶寶。查核跟闢謠最需要的能力只有兩個。

- 閱讀、文意理解能力：理解圖的內容，理解影片的內容，從文字與發出訊息的人去理解意義，探索這些內容的合理性是知識或是娛樂目的。
- 就已知資訊，再搜尋資訊的驗證能力：這是在已理解前一項內容後，從關鍵字、圖片的放大縮小，拍攝環境判讀，甚至主動聯繫詢問，經過確認與資料搜集判斷它們的真實性。

這些完全不是什麼特定技巧，小至隨口寒暄說笑大至作弊說謊，

人類在日常對話互動、待人接物的過程中都在應用這些基本能力。許多笑話與段子，用既存事件，透過誇大與想像力，讓同場的聽者感到戲謔發笑；虛偽的詐欺與謊言，用精巧的邏輯與事件誘騙上當。實際上是，不論是查核或是闢謠，都是「自己」就可以做到的事，也只有當所有人都認知到，這是人人都可以具備的常識與基本能力時，對抗不實訊息才能達到最大的效果，而錯誤內容帶風向、試圖影響認知的行為也能在最短的時間內被阻止。

Cofacts 真的假的很常被問到的問題之一是，「我怎麼知道你說的是對的？ 你說假的就假的啊？」說這種話的人既不自己查，也不相信其他人查，這樣其實很可惜，如果拋出一個困難的問題，期望找到救世主或是唯一的真理，最後的結果往往是什麼都看不到。（有時候這些人是來聊天的，就陪他們聊聊天就好。）對「群眾協作」不信任的人，通常也以一樣的心態看維基百科，認為「維基百科是免費的，上面很多錯誤耶，可以讓網友、志工更改的話，就會有很多錯，不可信任。」但換一種方式想，如果維基百科強制收費了，會讓它比較有可信度嗎？

Cofacts 真的假的和事實查核組織最大的不同，除了開發過程用到更多程式設計與數據之外，就是完全開放給所有「公民」一同進行查證。平台是公開的，讓任何人都能夠登入並記錄查核資訊、互助合作。有的人可能不太信任「其他公民」，那他們就能立刻做出更正，在這個基礎上，每個人的查證都是平等的，沒有人有特權去控制這個平台。也因為這樣，只要參與的人越多，並且所有人都認知到查證是個人就可以做到的事情時，資料的樣貌會更清楚。Cofacts 真的假的支援一則訊息與多則回應，希望可供參

考的資訊多樣性被看見，也更不容易被特定的人影響。

媒體一直以來都會因為他們的背後出資者來自何方而受到檢視，實際上報社或是電視台也的確常常因為公司方向影響內容產出。我們只是公民，公民把屬於自己的能力找回來，不需要經過特定媒體的餵養，你的查證專業不用特定人給予頭銜，這份知識與能力可以永遠伴隨自己，在有害資訊出現時積極的保護你。

查證是自己的事，Cofacts 真的假的正在用行動，積極鼓勵大家多多想想自己的事，並且讓大家彼此互助貢獻，累積更多自己的查證成果，查證不需要等待，闢謠能幫助更多人。你就是那個具備查核和闢謠專業的人，只是把查到的資訊積極的與他人分享，我們相信只有這樣，才更能鼓勵對話，而不是把知識變成只有少數人才能觸及的特權或資產。

在開放上，台灣做了些什麼？
還有哪些可以再進步的？

台灣有一些重視開放原始碼的社群，而「開放」因為通常象徵著「透明」與「民主」，因此政府或是有權力的人常常也會如此主張。

政府也有開放國會的計畫。開放原始碼的社群讓開發者或是對開源有興趣的人，可以交流學習，無論是程式設計的技巧教學或是互助合作的理念，這些持續的社群活動，也屢屢創造了不同的開發與專案。政府也有足夠的動機希望對外宣示自己透明與開放，例如「人民的政府」、「高度透明的政府」，除了是個比較正面的形

象之外，也能產生治理的正當性。例如政府需要公開招標，確保不是圖利特定廠商或是公司，而利用國民給予政府的稅金揮霍。

至於實際的開放狀況，除了政府自主舉辦的開放場域活動之外，政府也會把定好的決策或是規範公開，至於公部門所釋出的資訊，多半也都是開放，能在不曲解意思的前提下供民眾使用。警政署發出的資訊、法務部的資料、判決的內容與判例，都能在網路或是資訊檢索時取得，並且應用在民眾需要的地方。

政府的開放資料，有時會讓研究者（甚至只是想做作業的學生）感到應用很困擾，例如檔案的格式難以複製，找尋資料不容易，未經整理的素材彷彿埋在某個宇宙，而對方只說「我都開放了，自己去找吧！」其實並不是真的很便民，開放既有資料是一份工，但把資料重新整理到清楚好找好複製其實又是另一份工，在有限人力都已經吃緊的情況下，這個現狀暫時沒有被很積極的解決。

要處理過去的累積資料畢竟比較困難，但可以至少從新的開始做起，讓資料能明確經過整理，比起無法複製的圖片、影印格式，切換成容易取得並且檢索的純文字，這些都能大幅降低資料複製與應用的門檻，而且如果在一開始就建立規範，整理資料只會變成舉手之勞，而不是太過困難的執行。

開放有脆弱的地方，但讓公民社會更有力量——
願意分享的良善文化

其實很多時候，不願意開放，是一種對於未知狀況無法掌控的不安全感。

回到最前面奉茶的案例，如果茶壺沒有一個看守人，有人在裡面放了毒藥，那喝下去的人便會對身體造成傷害。如果有人很貪心，一口氣把所有茶壺中的飲料倒光，其他人便沒有辦法在需要的時候解渴。如果人們只想珍藏自己的茶葉，茶壺放在外面放了數個月，頂多只能等到水。如果有人願意分享茶，卻意外有人飲用了之後生病了，誰要去負責任或是釐清茶水有沒有問題？如果茶壺需要有人時時刻刻看守，又會因為這個人力成本困難取得而無法提供。

如果需要為所有喝下茶水的人身體狀況負責，是否會因此讓大家不情願貢獻自己的茶葉分享，避免多做多錯，分享貢獻反而還惹上麻煩的困境。從這個角度看來，大家只好沒水喝了，因為貢獻茶壺、提供茶葉、供給茶水，變成一件吃力不討好，甚至也不快樂的事。很多專案之所以會有免責聲明與相應對的授權條款，是為了讓貢獻者能更自在的用自己選擇的方式進行貢獻與投入，同時避免那些指責與無止盡的要求與想像。

開放也有其脆弱的地方。

很多時候開放作為一種選擇，是因為用良善相信彼此是可以合作

與友好的關係，基於善意的信任，主動提供手中的資源與能量，並且率先作出改變，這些都是開放最可貴的地方。以Cofacts真的假的為例，開放的查核場域確實會遭遇攻擊、也會有不熟悉使用方式的民眾誤用，讓錯誤訊息無法達到有效的澄清，這些就需要更多人願意一同相信系統，並明確知道查核的責任就在自己，主動提報、共同監督。重點是即使這個過程很困難，我們依然願意信任他人，相信他人也會願意協助，讓專案長成符合公共利益的樣子。

開放作為分享，是一種文化。

目前台灣面臨到的問題可能是許多人對此還不夠了解，對更多人來說，擁有資產、知識、能力卻要共享是很奇怪的。主動帶領他人向前行，主動進行分享，把擁有的東西提供出來，作為一種文化，這份共感與能量必定能傳遞下去，讓更多人知道它的優點，進而創造更大的影響力。

圖22.4 Cofacts真的假的小聚，2021年2月21日於台北NPO Hub。

23 法律管制假訊息，可以嗎？

◎王鼎棫
法律白話文運動網站主編

法律白話文運動是由期待台灣擁有法律專業媒體的法律人所組成的。他們來自不同地方、擁有不同專長，卻都意識到許多人因為無法理解法律，對法律產生許多誤會，因此聚集在一起、懷抱著共同使命，希望透過白話文的方式傳播法律知識，改變台灣的法律文化，不只分享如何思考法律議題，更希望能讓社會大眾感受到自己的聲音與主張被聽見，也被法律尊重。

第6章提到，台灣政府近年來透過立法、修法、執法管制假訊息，不過，由政府管制假訊息也有「限制言論自由」的疑慮，如何權衡考量，是目前世界各國都在找答案的的大問題。這一章，IORG邀請到法律白話文運動網站主編王鼎棫，分享關於假訊息立法上應該注意的問題，避免政府過度擴張權力，參考德國等其他國家的制度，了解我國目前的制度上的缺口和改進方向。

我國政務委員羅秉成在《防制假訊息危害專案報告》提到:「所謂虛假訊息,是行為人將自己或他人捏造…或虛構…可證明為不實的訊息…故意甚至是惡意的藉由媒體、網路或以其他使公眾得知之方法…散布於眾,引人陷入錯誤…造成個人或公眾的損害,即具有法律問責的必要性[1]。」

簡言之,我國政府認為,虛假訊息之所以產生困擾,就是有「假」、「惡」、「害」三大特徵。

生活在網路時代,人們每天接收的資訊量非常龐大,往往只能用破碎的直覺與情感,挑選放在眼前的內容。這個趨勢顯示,人們辨識「客觀真相」的能力已被嚴重削弱,也讓無處不在的虛假訊息趁隙摧毀民主社會賴以運作的信任基礎。

具體來說,現代民主制度的初心,是採取「1人1票」還有「多數決」的做法,讓取得同意數量較多的人,站上啟動國策的制高點;並盡可能讓人民充分掌握「人選或政策」,且經各方好好會商,才會作出決定。

可是,這些美好的想像,碰到了虛假訊息充斥的現代政治運作,猶如即將失速出軌的火車,快要分崩離析。就像臺灣2018年的公投,民間社會不斷流傳各式誤導,也讓許多選民在極短時間之內,在連題目甚至利弊得失都搞不清楚的前提下,一口氣對眾多提案作出影響重大的政治決定。

這樣的結局,是否是現代民主社會不可避免的宿命?而如果我們

同意這樣的趨勢，卻不採取防衛行動，是否也是一種對民主衰敗的冷眼旁觀？

是否該管制虛假訊息？

或許，還是有人會堅持「言論自由市場」的譬喻，認為對付虛假訊息的最佳解方，就是在社會大眾的輿論之中，投入更多的澄清言論來促進新陳代謝，而不該讓政府介入私人之間的資訊流通。

但建構「言論自由市場」有個非常重要的前提：參與討論的大眾願意探求事件的真相，而非僅是跟風分享。然而，在這個「造謠一條腿、澄清跑斷腿」的時代，比起客觀理性的分析，每人心中所謂的「真相」，往往受到個人主觀信念的影響。

這樣一來，當社會大眾不願或不能分辨資訊的好壞，那麼高喊「面對虛假訊息，只要用更多更棒的言論來淘汰既有不好的言論」，不免淪於一場空談。

這也如同司法院釋字第613號中指出：通訊傳播媒體是形成公共意見的平台，在民主國家之中，有幫助社會大眾監督行政、立法等公權力運作的功能。為了維護這樣的「公共功能」，政府即可在合乎比例原則的前提下，發動合理管制。

比方說，是否可以為了捍衛民主機制，擬具草案要求社群平台在一定條件下移除某些政治言論、刪除某政治人物的帳號？回到我國法的脈絡下，就必須舉出相當程度的公共利益，證明有足夠干

預言論自由的正當性。

而要限制政治性言論，到底要多大的公共利益呢？一般認為，應該出於具體迫切的需求。過往最著名的爭論，就是可否用「集會遊行法」禁止「主張共產主義或分裂國土」的相關活動。司法院釋字445號即明白指出：在一開始申請集會、遊行的時候，主管機關若只是因為申請人有推動共產主義的想法，對社會秩序毫無「明顯而立即危害」，卻禁止對方遊行，即過度干預人們表達政治意見的自由，進而違反憲法第23條比例原則的精神。

這樣的觀點，也如美國前大法官 Oliver Wendell Holmes, Jr. 所說：當人們堅信自己所說的是正確的，想要鎮壓不同的意見是很合於邏輯的；而不同危機狀態下所衍生的集體恐慌，不免放大了人民對安全受到威脅的想像。

因此觀察言論管制的相關規範時，絕對不能忘記檢驗「目的是否足夠正當」。

綜合前述，若有人在網路上散布虛假訊息，將視其言論的內容、傳播速度、衍生規模與所帶來的急迫性，不排除在個案中被認定有「明顯立即危害」的可能。同時，鑑於民事賠償或刑事追訴只能事後零星收拾殘局，並考量社群平台掌控資訊流動的關鍵地位，即有對其發動適度管制的餘地。

但所謂兩害相權取其輕，一方面我們不允許社群媒體上有惡意放出的錯誤或煽動資訊，使市民無法接近正確並完整的資訊，進而

破壞民主社會的互信基礎，讓公共議題的討論形同虛設，二方面我們也不該允許用漫無邊際的國家安全，輕易封殺言論自由，傷害民眾知的權利，反過來一同蠶食民主的運作基礎。

既有法制的鳥瞰

總的來說，現行的管制手法，主要是在不同生活情境的法規裡面設下界線，利用公權力「懲罰」在各種場合散布虛假訊息的個人或團體；而面對虛假訊息的攻擊升溫，從 2019 年以來，政府即針對前述不同法規，發動了數波修法，慢慢強化法律上的制裁力道。

除了既有的《刑法》，像是《災害防救法》、《糧食管理法》、《農產品市場交易法》、《傳染病防制法》、《食品安全衛生管理法》、《核子事故緊急應變法》等規範，就是考量虛假訊息在不同生活情境之下爆發的話，所激起的民怨或對政府施政的影響不容小覷，而有分開設計的必要。

講到民怨，2019 年曾有所謂「衛生紙之亂」。當時全台民眾人心惶惶，急著搶購囤積；經過追查，才發現一切都是虛假訊息的禍害——大家以為衛生紙即將缺貨，也才大量購買。為了杜絕這種亂象再起，立法院即修正了《刑法》規定：未來如果有人意圖影響民生必需品的價格，進而散布不實資訊，最重可處2年徒刑[2]。

至於維護政府施政的考量，如《災害防救法》就規定，當大家在努力救災的時候，如果有人散布謠言，像是官員偷偷藏資源、要

救自己的親人等內容，讓社會陷入恐慌、政府失去信賴，使眾人不願再度配合，管理效率大打折扣，災害將逐漸難以控管，防治系統更隨之崩壞——那麼，所有全體國民不免面臨更多的損害。這時，就能處罰3年以下有期徒刑、拘役或100萬元以下罰金[3]。若因此鬧出人命，甚至還可以判到無期徒刑。

法制缺口與改進方向

美國哥倫比亞法學院吳修銘教授所寫的《注意力商人》強調：現代有心人士，若要控制或影響言論，將透過「注意力稀缺」的現象；也就是重心會放在資訊接收者，以「更多的言論」作為手段，讓大眾吸收過多不必要的言論，排除其他言論的流通。

換句話說，由於言論市場上的閱聽者注意力有限，所以有心人士只要大量散布某些虛假訊息，本來該好好論述的議題，就會瞬間變得很難被人注意，也就順勢達到混淆視聽的效果。

因此，虛假訊息的防制，不應只從「懲假」的角度辦理，還應從「識假、破假、抑假」等面向切入。綜觀行政院近年的修法方向，除了提高懲假機制的處罰外，未來還會導入有關「破假、抑假」方面的設計。

這是因為，有關「識假」固然治本——推廣解讀虛假訊息的教育，或建立相關查核機制，但這樣的努力，恐怕遠遠跟不上訊息傳播的速度，故有必要額外引進迅速攔截訊息的手段，避免危害持續擴大。

具體來說，平台業者固然沒有事先檢查用戶言論的義務，但一經知悉不法，卻任由流傳，就要負起相對的責任。這正是考量平台在匯聚或散布內容的關鍵角色，也讓它成為世界各國研議管制的焦點。

首先，我們是否能讓平台多多關注自己的作為呢？在本文完稿（2021月12月）之際，政府即推出《數位通訊傳播服務法》草案架構（相關細節預計於2022年推出）[4]，要求平台建立「自律機制」：像是移除使用者貼文，或將使用者停權之際，必須說明原因，並提供申訴的機制，保障使用者權益。另外，針對規模較大的線上平台，該草案更要求每年都要進行風險影響評估，並接受外部獨立稽核，以確保服務不會受到惡意濫用，對社會造成危害。

同樣由平台判斷移除貼文與否，對照組好比德國《網路執行法》的立法先例。具體來說，超過2百萬德國人註冊的社群平台，須在通報後24小時內，撤除「明顯」違反德國刑法的相關言論（如侵害他人人格、或經由貶低族群進而擾亂公共和平的言論）；否則，該網站公司將會面臨最高5千萬歐元的罰款，負責人也會面臨最高5百萬歐元的罰款。

雖說，我國與德國模式都是要求社群平台負責移除不當言論，但這樣直接賦予平台管制義務，其實也形同把社群網站拉入國家干預言論的整體機制中，重點就該共同擺在「如何強化社群平台的管理與申訴程序」。

而從我國政府目前公布的簡約文字揣測：比起政府大動作介入管

制，希望改用規定鼓勵平台與用戶之間，自行以「使用規約」約定貼文的管理機制。這雖然提升了平台與用戶的自主性，但如何確保平台不會過度侵害言論自由，再次發生過往臉書「禁言標準」難以捉摸，抑或「演算法任意調降」進而影響網路言論多樣性的爭議，都尚待具體條文曝光，才能得知完整面貌。

再者，在虛假訊息所產生的眾多危害中，如果是選舉、罷免與公民投票的公正性被破壞，將會有非常大的負面影響；2018年開始，政府分別提出《總統副總統選舉罷免法》、《公職人員選舉罷免法》與《公民投票法》等修正草案，打算用「他律」的方式，禁止媒體「刊登境外勢力的廣告」——規定報紙、雜誌、廣播電視事業、提供數位通訊傳播服務者、網際網路業者或其他媒體業者，不得接受外國、大陸地區、香港、澳門的人民、法人或團體等委託刊播的競選、罷免或公投廣告。

同時，為了徹底避免選舉過程中，媒體上的虛假訊息不當左右民眾的政治選擇；2019年5月，行政院再提出《公職人員選舉罷免法》草案，參考法國的立法例，明定自選舉公告發布或罷免案宣告成立之日起，一直到投票日的前一天為止，擬參選人、候選人、被罷免人或罷免案提議人，如果針對大眾傳播媒收費刊播的廣告，認有散布不實訊息的狀況，且有侵害權利或影響選舉、罷免結果的疑慮，可以向法院聲請「緊急限制刊播令」來移除社群平台上面的內容（法院應於3天內裁定）。

而這些起身防衛民主的做法，是源自德國，乃基於「防衛性民主」的理念。這是因為德國過去並無類似防衛機制，導致希特勒等極

端份子透過民主程序奪取政權，進而讓德國毀滅於民主之手。因此，二戰之後，德國制憲者就著手為全新的共和國建構一套具有自我防衛能力的民主制度，以免重蹈覆轍。

不過，回到臺灣，就在行政院丟出「法院下架模式」的隔日，就馬上碰到來自司法院的激烈反彈，並舉出「法院並非第一線事實查核之最適機關」或「法院不宜過早介入民主政治進程」等理由，藉此維護司法機關獨立於政治風暴的形象。

總之，前述種種法案，或才剛踏出行政部門、等待立院審理，或因種種因素未能順利三讀通過，即因立院「屆期不連續」的慣例而石沉大海。放眼未來，「破假、抑假」的法制空窗，還需立法者努力加速關上。

24 尋找古老的失傳技藝：如何分辨科學新聞和科學謠言？

◎**陳璽尹**　台灣科技媒體中心執行長
◎**高佩勳**　台灣科技媒體中心專案主任

台灣科技媒體中心是一個因應台灣當前媒體挑戰而成立的科學新聞平台，以「即時回應」與「專題報導」的方式，提供正確的科學新聞素材與新聞專題，並以提供合適的專家，作爲媒體採訪的參考。台灣科技媒體中心也會將專家的意見完整呈現於網站上，促進不同觀點的討論與對話。台灣科技媒體中心致力於傳播正確的科學新聞，並建置具備可信度的科學傳播網絡，促進社會學習、提升公眾參與科技評估與討論的能力和意願。

日常生活中，我們常常聽到許多健康新知，卻不一定有能力分辨眞假。如果能有專業的媒體報導正確的科學知識，是不是能減少誤信謠言呢？

IORG 一直堅持用資料科學來研究台灣資訊環境的問題，深切理解科學傳播的重要，因此在這一章邀請到台灣科技媒體中心，分享科學新聞的生產、傳播、接收。網路時代，資訊快速流通，如果我們沒有正確解讀科學證據的能力，反而更容易被包裝成科學的謠言所欺騙。要如何正確解讀科學證據？又有什麼方法，能夠建立媒體與科學之間的橋樑？請聽他們的分享。

我們的生活中處處是科學，但我們卻不時常需要科學。沒有科學，我們的日子照過，決策照做。大部分的時候，科學是教科書上的，是新聞媒體宣稱的，科學是科學家的事。科學是可以無關緊要的，直到我們在社群媒體上看到，竟然有科學研究發現精油具備神奇的療效，可以抵抗新型冠狀病毒。如果我們沒有能力進一步確認這項資訊的來源，或無法檢視支持這項資訊的證據，這個資訊就可能在我們心中留下印象，甚至會因為我們對家人朋友的關心，讓不實的資訊擴散出去。

疫情期間，各式科學傳聞都以最新、最前瞻、最引人注目的方法傳散在社群媒體上。從COVID-19的病毒是不是人工製造的，到防止病毒擴散的防疫手段，無一不是透過科學的包裝，進入輿論的市場任君挑選。問題是，我們真的能逐一檢視這些科學宣稱的研究證據、評判資訊的品質，進而決定外出是不是戴口罩，吃飯是不是內用，或要不要打疫苗嗎？

大腦的決策偏誤

事實上小至個人，大至國家，很難事事找尋科學證據、根據科學證據做決定。大部分的時候，當我們做決定，仰賴的是身邊的人的意見。當我們思考，腦中愈容易獲得的資訊，也就愈容易被我們拿來考量。我們傾向去尋找事情的因果，而且常常忘記一種結果可能由多種原因造成。尤其當我們心中已有定見，我們會選擇支持這個信念的資訊，來強化信念的真實度；我們愈希望這個信念為真，違背這個信念的資訊就愈不容易吸引我們。

這樣的思考習慣並不專屬於某些人。心理學家發現，人們在吸收、消化、記憶和回憶資訊的時候，非常仰賴這些習慣來整理外在爆量的訊息、簡化煩冗的細節，以減少大腦的負荷量。這些習慣常常又被心理學家稱為「認知偏誤」（cognitive bias），是我們大腦運作時候的內建機制。認知偏誤雖然能幫助我們過濾龐大的資訊、形成意見，甚至建構想法，但這些偏誤卻可能讓我們更容易接受某些訊息，忽略其他。一方面，沒有這些偏誤的協助，這個世界將無法在我們心中好好組成，只能隨機散落各處。另一方面，若我們無法警覺這些偏誤所造成的影響，將大大阻礙我們客觀判斷情勢的能力，無法做出理性的決策。

我們每天都要做各式選擇，從吃什麼午餐，穿什麼衣服，感冒要不要吃藥，空腹能不能喝咖啡，食衣住行無一不需要決策判斷。這些決策有些差別不大，有些卻性命攸關。當我們不知從何決定，接收到的資訊品質就會直接影響決策的品質。這些資訊可能來自過來人的經驗，像是你傳訊問朋友；或來自專業者的意見，像是你掛號看病；然而，最常見的資訊來源，其實是無所不在的網路資訊。網路發達的今日，幾乎沒有網路上找不到的資料。難處是，即使你知道人都有認知偏誤，因而想要真正客觀的接近事實，但若是資訊的品質不好，就算你再警覺也很難改變什麼。

變動的科學道理

尤其當這些資訊牽涉到科學時，要找到好品質的訊息又格外困難。科學是門複雜的學問，充滿術語和複雜概念，科學方法幾乎

脫離了現實的情境，若不花時間仔細鑽研，要正確解讀科學研究的機會微乎其微。科學研究必須先鎖定問題，找到最適於研究這一問題的方法，嚴謹控制會影響結果的因素，設立實驗組與對照組，或使用特定的統計方法，才有機會抽絲剝繭，得到較為確認的答案。科學方法的目的，就是希望能在充滿不確定的真實世界裡，在持續變化的現實中，找到不變的道理。

然而，科學希望能發現的「不變的道理」，事實上必須要隨著新的證據而改變。這是科學最讓人迷惑，也最迷人的特質。迷惑的是，每項科學研究的結論都有限制，因為實驗設計通常針對的是很特定且細微的問題，以致單一實驗得出的科學結論，通常無法全稱式的提供真實世界一個完美答案；如果你問科學家一個簡單的問題，你通常不可能如願獲得一個簡單的答案。

而科學迷人的是，它必須要本著證據說話，即使證據可能隨著時間而變動。科學證據的可靠性建構在重複發現之上。不同的科學家、不同的實驗室，在不同的時間點，若重複找到可互相支持的證據，即使每一次的發現都有所限制與不足，但透過證據的累積，就能勾勒出真實的樣貌。反之，若單一科學證據以全知的樣貌呈現，或愈是特別表彰單一科學證據的確定性，就愈不可能建構出 世界的真實。

解讀科學證據的重要性

科學用許多方式來減少因人的偏誤而影響科學家尋找答案的可信度，像是藥物實驗中的雙盲設計，除了受試者不知道自己吃的藥

物是不是安慰劑，連實驗人員也不能知道，這是為了讓實驗人員和受試者不會因為期待藥物的效用，影響了實驗的過程和結果。這些設計讓人不被自己都可能意識不到的偏誤給左右，以實驗的數據作為藥物有效與否的唯一判準。嚴謹的科學證據得來不易，要能正確的解讀證據，了解它的重要性與限制，需要的是專業人員的通力合作。

過去，新聞產業中曾存有現已不復存在的稀缺角色，稱為科學記者。這些記者的專業是轉譯科學研究，把專業的科學內容寫成可讀性高的新聞文章，讓科學之外的世界，能分享科學世界的進展與發現。1997 年愛丁堡大學的羅斯林研究所（Roslin Institute）發表了複製羊的研究成果，科學家移植了母羊的乳腺細胞到未受精的卵子中，成功的複製了那隻母羊。在「複製羊桃莉」（Dolly the sheep）七個月大的時候，隨著研究論文的發表，透過科學記者的報導引世矚目。

這項基因工程科學的創舉同時開啟了世人對於複製生物的重要討論，包括實驗室能否創造出複製人的倫理議題。在當時，大家對於新技術的擔憂並不亞於科學獲得重大進展的歡欣鼓舞。複製出桃莉羊這種跨時代的基因工程技術，不論以現在或過去的社會氛圍，都極有可能被視為是挑戰道德極限的爭議之舉。但是，幸而當時英國的科學記者在報導時，除了闡明這項科技的進展，更清楚說明科學家發展該技術的目的不是要創造出複製人，而是要產生與捐贈者相同 DNA 的胚胎幹細胞來了解治療疾病的可能方法，稱為「治療性複製」（therapeutic cloning）。而且這個技術仍存在許多限制，使用生物的非生殖細胞來複製出另一個生物非常

困難，一次實驗成功之前，可能有幾百次的失敗，民眾無需擔心「科學家在實驗室大量製造科學怪人」。英國BBC新聞台的科學記者帕拉博·戈許（Pallab Ghosh）在2016年桃莉羊誕生20週年的新聞文章上說道，「正是因為這個研究領域很敏感，科學家知道他們必須透明、公開並誠實交代正在進行的工作。」

複製羊的研究問世之後，全世界掀起數不清的辯論，包括到底是什麼定義了人之所以為人？複製的生物會與被複製的生物完全一樣嗎？如果真的可以複製出人類，家庭價值與道德倫理是否將崩壞？這些問題的重要性，最終當然促成了立法禁止任何「複製人類」的研究行為，但治療性複製的研發與進展，卻可以繼續為治療人類疾病的方法尋找曙光。若是當年，報導這一科學進展的記者將之放在爭議的框架內，不看證據，只用情緒或恐懼的訴求，提出反對研究進行的各方說法，科學很可能不會獲得大眾的支持，更將無以為繼。

但是科學記者的角色不僅在台灣已難得見，其他國家的科學記者也隨著媒體角色的模糊逐漸消失。新聞單位無法提供職位給需要花費大量精力解讀文獻、產出速度有限，且文章點閱率不如其他新聞的科學記者。科學議題變成其他議題的一部分，科學新聞的產製變成失傳的技藝。在這個人人都可以是資訊提供者的時代，若不仔細端詳科學證據的品質與轉譯的正確性，科學資訊將是最受人需要、最容易獲得，卻最不能為人所信的資訊。只要打著科學的旗號，夾帶著讀者對於「科學實驗證實」的執迷，錯誤的資訊就能有效散播出去。

網路時代的科學新聞

新聞的產製在這個時代較以往更為艱困。過去有限的新聞露出管道，讓新聞的數量存在上限。如今當電視台 24 小時播送新聞，網路媒體則是填不滿的無底洞，新聞愈來愈快，篇數愈來愈多，新聞之間競爭的不再是報導價值，而是人們有限的注意力。社群平台的推波助瀾讓新聞的傳播更有效率，記者不再是專美於前的資訊提供者，社群平台的內容甚至轉而成為新聞媒體的資訊來源，讓閱聽眾接收資訊的管道不僅多樣，也更複雜了。

社群平台讓我們即時建立與朋友的連結，某個程度也擴大了我們的生活圈，隨著演算法愈來愈成熟，社群平台甚至比我們更了解自己。它知道什麼樣的資訊適合你當下的心情，放假了推薦適合旅遊的地點，想買東西則推薦各種品牌。社群媒體平台事實上節省了我們很多篩選和評斷資訊的功課，演算法已經做好那些前置作業，根據你使用平台的習慣與偏好，隨時為你量身定做動態瀏覽牆，方便你接受資訊。然而，社群媒體平台為你所準備的資訊並非隨機產生，它只是根據人們的習慣與偏好，再次強化而已。

當媒體角色弱化，專業的科學記者不再；社群平台演算法對資訊的篩選與推播，再透過人們的認知偏誤來吸收資訊並分享出去，無疑是創造了滋養科學謠言快速傳散的惡劣環境。科學上沒有百分之百確定的答案，在溝通科學的過程中，要能仔細檢視科學證據、更新最新的科學發現，才可能正確轉譯科學研究，充分顯示科學上所累積的知識；若不然，科學便會如我們最常遇見它的方式，以聳動、全稱式或過度推論的樣貌，呈現在媒體上。而社群

平台透過同溫層、粉絲頁或其他無法確認資訊來源的帳號，也會加強錯誤科學資訊的傳播，增加我們接受到正確科學資訊的難度。

科學新聞或網路上流傳的科學資訊，若不能確認來源、無法找到相應的科學研究，接收資訊者無法回頭檢視科學證據，在媒體報導與同溫層的轉傳之下，很容易就會創造出與科學世界平行的時空。在那個時空裡，假科學之名行傳散謠言之實的資訊，就會被誤認為真實。如果無所覺察，這些資訊將默默影響你我的習慣，小則改變生活方式，大則禍及性命，使原本能救人的科學發明變得毫無用武之地。坊間流傳的科學小道消息，像是吃某些食物能夠治療特定的疾病，使用特殊的方法可以快速瘦身，甚至採用何種療法可以抵禦癌症，只要宣稱經科學實驗證明，這類的資訊幾乎就能在社群媒體上暢行無阻。而我們，很可能就在想要照顧家人健康的時候，帶著善意傳播了錯誤的資訊。如果，我們相信吃肉桂可以延緩糖尿病併發症的發生，或相信多吃抗氧化食物可以防癌，再若相信打疫苗或吃藥會傷身，就可能在關鍵的時刻，作出危及生命的決定。

台灣科技媒體中心

我們曾詢問媒體，為什麼同一個議題，你們較少選擇它的「科學」面向？一如在瞬時大雨造成淹水時，新聞中會談淹水的嚴重性、造成的損害；卻較少談到全球暖化之下，極端天氣事件常態化的挑戰。我們可能會在新聞中看到，科學家找到新的技術來處理當前問題，卻很少提到這些技術可能有其限制，就像發現有些細菌可分解塑膠，但卻沒有提到細菌分解塑膠需要一定的溫度、環境

條件，以及分解的速度可能跟不上我們丟棄的數量。

不夠新、不夠貼近讀者的生活、讀者不青睞這類報導，是媒體工作者的共同回答。但另一方面，以現時新聞求新、求快、追求篇數的狀況來說，記者根本沒有時間與精力探究更多，也就不可能由記者獨立轉譯科學報告、說明研究限制，產出成本高又不受讀者喜愛的科學新聞。而當爭議事件發生，這或許是科學與社會最靠近的時刻，卻往往因為媒體與科學家之間缺乏互信，造成科學家擔心在風尖浪頭上科學觀點被錯誤的擷取、解讀，而不願受訪；媒體則因此難以找到議題中真正的第一線研究者。

「台灣科技媒體中心」（Science Media Center Taiwan，又稱台灣SMC）的任務，就是希望讓新聞媒體與閱聽眾擁有可信任的科學資訊來源，提供解讀科學證據、轉譯科學研究的專業網絡。這樣的任務並不容易。幾十年來，科學記者在台灣不再是一條主線，各線記者都可能面臨報導題目裡有些科學的成分。這不僅將消化繁重科學研究的責任，加諸在原本就已分身乏術的記者身上，更

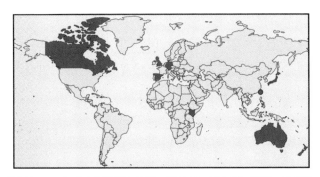

圖24.1 英國在2002年成立了世界上的第一個SMC，20年間，澳洲、紐西蘭、德國、加拿大也陸續成立。2021年，台灣SMC也終於成為一獨立運作的組織，建置了華文世界中，最具公信力的科學傳播網絡[1]。

因為負責科學新聞這一主線的空窗，使得台灣的科學新聞高度仰賴國外的編譯新聞。編譯者不一定有科學背景，但要創造閱聽眾買單、點閱率高的新聞，就得再次簡化原本就已是轉譯文本的國外科學新聞，添加原本不存在的語句，配上聳動的標題。以致過去曾有讀者指出，凡事加上「英國研究」的新聞，都是稀奇古怪甚至荒謬可笑的消息。這並不是因為英國研究出了什麼問題，而是台灣大眾媒體產製科學新聞的現況中，已無自產科學新聞的容身之地。

台灣科技媒體中心想要做的，就是創造一個節點，善用科學專業與新聞專業者的網絡，讓複雜的科學議題能重新在台灣找到屬於我們的角度，產製與台灣休戚與共的科學新聞。如果科學研究可以如實在媒體上呈現它的樣貌，大眾更能理解科學的能與不能，也才有機會鍛鍊出抵禦錯假科學新聞的能力。將近二十年前，英國科學媒體中心（Science Media Centre）剛成立，當年的媒體狀況還是只有電視、報紙與廣播的時代，但如同現在的台灣，科學新聞的產製過程那時就出了問題。他們發現，英國新聞中所出現的科學並不由科學家來說明，而是不具科學專業的「專家們」擁有解讀科學的發言權，媒體上呈現的錯誤科學論述又加深了科學家對媒體的不信任，使得科學家與記者更難對話，加重了產出優質科學新聞的困難。

英國科學媒體中心於是建立了科學家社群與記者社群的連結，提供必要的服務使科學家與記者能夠各自發揮專業，維持大眾媒體報導科學的品質。這個以英國SMC為開端的國際網絡，逐漸拓展至澳洲、德國、紐西蘭與加拿大，加上最新成立的台灣科技媒體

中心，這六國SMC的共同核心價值，即是提供媒體具科學實證基礎的觀點，具有不受特定組織影響的獨立性。但每個國家的科學新聞產製過程雖面臨類似的問題，卻因為時地民情的差異，各國SMC的實作內容也不盡相同。

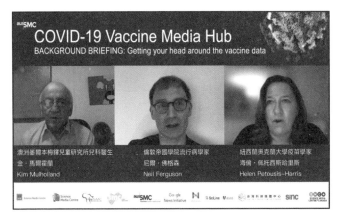

圖24.2 串連國際，將國際科學訊息在地化：台灣SMC與其他8個國家：英國、美國、紐西蘭、澳洲、加拿大、德國、西班牙、肯亞，共同建構了跨國新冠疫苗資訊平台COVID-19 Vaccine Media Hub，提供全世界的記者與查核組織最正確的疫苗科學資訊。此舉不僅增加台灣能見度，更能獲得全球科學家第一手的專業意見。

台灣科技媒體中心為了了解台灣科學新聞的困境，曾一一拜訪合作過的科學家與媒體，邀請他們共同與會，了解雙方的觀點差異。

我們發現，媒體與科學家對於「轉譯」與「時間」的感受與認知也不相同，這是雙方合作時，難以互相理解的原因。當我們聯繫科學家，最常獲得的科學家回饋是：「媒體剪的是我整段裡面最不重要的一句話」，或如「我講這句話是有特定前提與背景的，這樣太斷章取義」。但對於媒體而言，要在短短的文字或影音之中讓多數人理解發生的事情，勢必需要取捨。科學家在敘述科學時，要

求的是正確；記者在撰寫文章時，要求的是易懂。科學家從設計實驗到執行實驗，從分析資料到產出研究文章，時常歷經數年。記者則需要在一天內，寫出多篇新聞。這兩種專業之間，剛好是迥異的習慣，造就了雙方對於知識轉譯的認知落差。

但記者與科學家的專業訓練和直覺，其實存在著共同點，就是尋找真相。這兩種專業只是用了不同的方式在探求真理，並在不同的訓練中，學習以各自最有效的方式來對受眾溝通：科學家用術語，記者用白話。若能在這兩者之間找到平衡點，提供報導必要的科學資訊、引介該項專業的科學家，就有機會產出屬於台灣的優質科學報導。一篇好的科學新聞，必然要有嚴謹操作的科學實驗為先，再能正確解讀科學證據並採訪專家意見，說明研究的重要性與限制，最後將艱深的科學研究轉譯成容易理解的新聞，這並不是容易的事。

台灣科技媒體中心持續在努力的方向，就是在這每一個環節中，提供記者與科學家必要的協助。我們持續跟進頂尖國際期刊的最新研究，轉譯重要的科學議題，解讀科學證據，並邀請科學家解讀研究、給予專業意見。希望能透過這樣的方式，創造能為讀者、科學家與記者信任的科學媒體網絡，找回這項失傳的報導科學的技藝。

真實世界比科學實驗室要複雜得多，充滿著不確定性。每個人都帶著「偏誤」的眼鏡去搜尋證據、找尋解釋，當然可能被符合自己期待，或與內團體意見一致的「事實」給吸引。但若我們能夠記得，所謂的「真實」並非如如不動的鐵板一塊，它像是科學累積

知識的過程，會經過持續的驗證、檢視和挑戰，一次一次的被捨去或被留下，更迭變動。那麼重要的就不是擔心真相不可得，而是我們能不能意識到自己的偏誤，他人的偏誤，並把偏誤作為人類獲取資訊時的必要手段，仔細檢視現有的證據究竟拓展了多少已知的邊界，又留下多少未知。尤其在資訊紊亂且爆炸的世代，希冀探求真實的動機，擁有能夠檢視證據的能力，也才有機會創造更有意義的公眾討論。

25 公投真的能促進公共討論嗎？

◎陳方隅

菜市場政治學共同編輯、東吳大學政治系助理教授

陳方隅的研究專注威權政治、民主化、政治制度，以及美中台關係。2014年的太陽花運動後，陳方隅和幾位政治學研究者朋友們一起創立政治學科普網站「菜市場政治學」並擔任共同編輯，效法美國「華盛頓郵報」的Monkey Cage專欄，轉譯政治學知識、促成更多公共討論。陳方隅同時也是「美國台灣觀測站」的共同編輯，關注美中台關係發展，並在關鍵評論網、鳴人堂、國語日報中學生報、上報，以及思想坦克等媒體撰寫評論。

在第2章，IORG提到2021年公投期間的資訊操弄，回想當時的自己，你對這場公投的印象是什麼呢？是否覺得很混亂？不知從何說起，還是毫無印象？

理想的民主社會仰賴良好的公共討論環境，公投能夠促進更好的討論嗎？從2018到2021短短3年，台灣就經歷了2次重大全國公投，這兩次公投有什麼差別和改變嗎？是否可以從公投的討論中，看出台灣整體資訊環境的變化呢？IORG邀請到東吳大學政治系助理教授陳方隅，分享他對於2018、2021年兩次公投的整體觀察。

我覺得公投好混亂啊！請問從政治專業角度，怎麼看台灣的公投公眾討論呢？

其實不要說是公投了，絕大多數的公共事務討論，對一般人來說可能常常都會滿「混亂」的，或者該這樣說：我們平常會對許多公共討論覺得「陌生」，這是一種常態。政治學的研究早就指出[1]，一般人平常都太忙碌了，有自己的工作和生活要忙，而公共事務有很多面向、其中也常牽涉到很專業的事情，因此對一般人來說，要去蒐集資訊並且做出判斷，本來就很不容易。這也是為什麼我們需要選出行政首長來幫我們做決定、再選出代議士幫我們做監督與把關的工作。

公投的意義就是，有些事情我們選出的代議士無法為我們決定，而必須直接問全體選民意見。然而，公投從「主文」的設計開始，到最後的二分法選項，其實都是對現實世界的複雜議題做了相當程度的簡化，然後又要求所有人必須在很短的時間內弄清楚政策背後的利弊得失、做出判斷。

從公投成案到投票的這段期間最多只有半年，先前許多公投案甚至是在投票前一兩個月才成案。例如在2018年的時候，最後成案的第16案公投（廢止電業法非核家園條文）成案之後一個月就要投票，根本沒有討論的時間。2021年的公投，第18、19、20三案的成案時間都是在5月中，距離原本訂在8月28日的公投，也僅有三個月左右的間隔，後來是因為疫情關係延後投票，我們才多出討論的時間。但即使有多一些時間來做投票前的準備，公投案本身常涉及非常專業的政策，因此仍然是很難做決定的。

更麻煩的事情是，把公投主文和選項予以簡化，以及把主文和相關資訊介紹給一般大眾的過程中，會出現許多「資訊操弄」的空間。也就是說，在資訊的傳遞與討論過程中，很多事情會出現扭曲。

首先，最誤導的就是公投案的標題本身。例如2018年的公投案「愛家公投」實際上是反對性教育和反對同性婚姻；「以核養綠」公投實際上是反對「非核家園」的政策目標、要刪除一個條文，完全跟扶植綠能無關（提案方甚至將核能直接定義為綠能）。2021的公投案也是如此，例如「珍愛藻礁」其實是要遷移已預定要蓋的「天然氣接收站」，這涉及到的是台灣整體發電量的分配（就算真的通過，也不必然就等於「愛藻礁」，例如政府的政策版本也強調已經對藻礁做了更多的保護）。「公投綁大選」其實也不是說公投一定要綁大選，而是說在大選前六個月成案的公投，那就「可以」（法律用語是「得」而不是「需」）跟大選一起投；但若不是大選前六個月成案，就不需要綁大選。

另外像是「反萊豬」就直接等同於「反毒豬」，或者2018年公投把福島周邊的食品直接等同於「核食」，還有反對同性婚姻和性別平等教育的公投發起方，把這些政策都說成是破壞倫常、甚至引發社會動盪，這些都是在成案的過程當中，就已經出現的「跳躍式」論證方式。當然，這些說詞都是對發起方（多半都是在野黨）有利的宣傳定位，但是中間都摻雜了過度簡化與相當程度的扭曲事實。

政治學的研究告訴我們，資訊很多、很混亂的時候，人們就會感

到厭煩，不想去投票。先前的研究是針對「負面競選」，也就是說在選舉的時候，用抹黑、惡意攻訐、人格抹殺的方式去打擊其他陣營候選人，這種負面競選的最佳成果，就是會造成選民對政治事務更冷感、更厭煩，然後就不想要出來投，最後就會變成政黨基本盤的對決。這也體現在這次的公投結果。

不過，即使經過許多紛紛擾擾，台灣畢竟也才剛制訂公投法十來年的時間、歷經20案的公投，相關的門檻或規定都還在調整。經過2018年一次投了十個公投案，2021年則是第一次沒有綁大選的公投，社會上經過高度動員的幾個月，有愈來愈多的人們開始討論公投的意義和舉行的頻率該怎麼設定。公投法在台灣實行的時間並不長，人們也不斷從實踐過程去思考公投的意義，總體而言，之後的公投實踐應該會愈來愈好的。

對比2018與2021年的公投，討論環境有什麼改變或差異呢？

2018年的時候，「假訊息」的相關研究還沒有進入一般人們的視野，當時人們還沒有這麼清楚「假訊息」的操作方式以及社群媒體時代政治參與方式的轉變。然而，在2018年底的地方選舉過後，有很多人警覺到假訊息氾濫的問題。反制的方式是許多人自動投入、再加上政府單位也投入成立許多資訊討論的平台、專頁、團體，於是資訊的流通就更多、更快，但是在此同時資訊量也變得更加龐大。所以，如果要對比2018和2021年，最大的差異可能就是在網路上面的討論環境已經變得不太一樣。

另外，2018和2021的公投最大的差別在於，執政黨有沒有盡全黨的力量去捍衛政策主張、有沒有動員全黨去為政策立場辯護。因為疫情延後投票的2021年公投，在投票前兩個月剛好碰到疫情趨緩，因此無論是講座還是造勢等線上與線下的活動都很多，討論的熱度一直滿高的。

一般的選舉是選人，而公投是針對事情做決定，在性質上面是截然不同。如果兩者一起投票，那麼相關的討論就更無法聚焦，但相對來說，資訊操作的空間就會更大。台灣的輿論環境有一個比較特別以及麻煩之處是來自境外的資訊操作量很大，甚至是在全球評比當中名列前茅（參考 V-Dem 指標[2] [3]）。不過這次公投與大選首度分開舉行，我們大致上可以說，由境外發起的假訊息在頻率上面是比大選期間還要少的，並沒有像大選時那樣大規模動員的資訊作戰發生。

不過，我們仍然可以觀察到零星的資訊操作案例，例如有人發現某些Youtube頻道以deepfake技術和AI技術假造出人像播報新聞，內容多半跟萊克多巴胺及美國豬肉有關；另外也有一些零星的社團、不公開的群組，在傳達特定的假訊息。這些資訊操作的頻道和來源一直都存在，平常就像在「練兵」一樣。很多時候，我們也很難去追蹤這些資訊操作能夠觸及到的範圍有多廣。可以確定的是，有很多網路帳號、社團，到了選舉近了就會開始大量轉發政治相關訊息，這些都是我們必須要關注的資訊操弄行動。

台灣未來面對重大議題討論，還有哪裡需要前進？

很多人不喜歡以政黨為中心的動員，但其實這在民主國家當中是很正常的事情。公投的討論最後演變成政黨的對決，這也是很正常的事情。前面說過，一般人平常都太忙了，而且政治事務常常是非常複雜的，因此政黨扮演的角色就是提供捷思（heuristic）給人民，讓人們可以在最短的時間內獲得資訊、做出決定。

不過，政黨要如何獲得人民的信任呢？這就有待平常和人們的互動，以及在不同議題方面持續提供政策建議和主張，爭取一般人的信任與支持。這些活動都不限於在大選前或者公投前。

對執政黨（民進黨）來說，2018 年的公投並沒有用盡全力去宣傳與動員，甚至在黨內還有很多不同的聲音，最終並沒有統一反擊各種針對執政黨的攻擊。而在 2021 年的公投當中，則是投入全黨的資源和人力，去為四項公投案做宣傳。或許我們可以說，執政者從前次公投當中獲得了一個教訓。

不過，對執政黨和其支持者們來說，必須要思考如何去維持和公民團體之間的關係，以及如何持續促成社會大眾的溝通與討論。尤其，在經濟發展的同時，還有各項所謂「後物質主義」的相關議題，例如環境保護、永續發展、食品安全，這些概念或相關政策都有不少公民團體在討論。如果說要單純去罵這些人只是少數聲音、對執政者找麻煩，那麼就會重演這些公投案在一開始成案的時候，民調顯示有六成以上支持反對黨提案這樣的狀況。

對於在野黨來說，公投當然是一個匯聚民意、監督與制衡執政黨的手段，不過，從這次的公投案來看，大家應該都能體會到一個很重要的原則：如果要打擊執政黨、監督執政黨，必須要拿出可以經得起檢驗的論述。科學證據永遠都會是最值得拿出來談的事情，而且也會是最能夠持續獲得傳播的論述重心。如果說提出公投的發起方不願意用科學證據來說服選民，而只是單純訴諸民意、抑或是訴諸「教訓執政黨」，那麼公投案本身的內容就不會獲得足夠的討論，很可能無法通過。

最後，想要來談談在這次公投討論當中的一個「著火點」：事實查核機制。

事實查核機制是在所謂「假資訊」興起的過程當中，一個很重要的反制機制。在全球許多國家都出現各種相關的組織來做這樣的查核工作，即是由組織工作人員去做資訊的查證，詢問相關的專家、或查找相關的資料，提供大家一個重要的資源，可以去查核網路上的資訊是否正確。現在社群網路的時代，假訊息比以前更容易傳播，這也是為什麼「事實查核」是很重要的一個機制，幫助我們去至少可以求證其中一些假訊息。

然而，在這次公投相關的討論當中，有許多人攻擊「台灣事實查核中心」，認為他們沒有查核某些資訊，進而認定他們是在偏袒某一方[4]。

例如，很多人批評事實查核中心的查核動作太少，像是「萊克多巴胺比搖頭丸還毒」、啟用核四發電就可以賺大錢補回虧損、核

廢料每個地區的居民都搶著要，這些由公投發起方廣為流傳的謠言，到底為什麼不能查核呢？

其實如果去看事實查核準則就可以看到：個人意見是不能查核的。以台灣事實查核中心來說，他們在準則當中寫道：「事實查核受限於查核方法學，僅能縮限於『事實性陳述』的查核，並不是所有訊息都能進行破解與調查，像是某一媒體的立場、個人的見解與意見、某些政策的預測、對未來的推論等，這些都跟『事實性陳述』無關，無法透過查核報告來釐清[5]。」

基本上，事實查核中心不能夠、而且也不應該針對個人意見去查核。這當然會造成不少的模糊地帶，因為只要是由特定的政客或者陣營的人去把這些謠言講出來，那就可能會變成「個人意見」的範疇。然而，某些訊息沒有查核，絕對不代表故意的偏袒。

我認為，事實查核就是多多益善，因為每天流傳的假訊息實在太多了，而且過去的假訊息還會一再「推陳出新」。每天有幾百幾千則假訊息在流傳，而事實查核一天能查的量頂多就是個位數而已，因為查核的過程需要經過很多道程序來檢驗，不可能窮盡所有謠言。

換句話說，我們永遠都可以問：為什麼不查這個訊息、不查另外那個訊息，但這樣的質疑是沒有意義的，因為事實查核中心「沒查核」的訊息太多了。

不過，對於「誰來查核事實查核」這樣的問題，不只在台灣出現，

而是在所有存在事實查核的地方都會出現，這也的確是一個沒辦法完全消除疑問的問題。

對事實查核中心來說，當然必須要持續去和社會大眾溝通，也可以來舉辦一些講座，持續提供相關的資源或者研習機會，讓大家更習慣事實查核的運作方式。在查核方式方面則是要繼續多公開資訊，讓愈多人可以一起來檢視。

而對於一般網路使用者來說，如果覺得事實查核機制所查到的訊息太少、或甚至有不當之處，那麼可以考慮做的事情是一起去幫忙查核、幫忙回報。目前台灣所擁有的事實查核機制，包括台灣事實查核中心、Cofacts 真的假的、MyGoPen（麥擱騙）等等。

追根究柢，我們在討論假資訊的傳播時，主要是在關切整個資訊的傳播與討論環境。網路與社群媒體平台是不實訊息最主要的傳播管道，所以我們當然必須進一步思考如何降低假訊息在這些平台上面的傳播力道。相關的討論還有很多，這邊可能只能稍微提到，但我們可以持續關注並推動的討論包括：政府方面必須要檢討各種相關法令如何防止假資訊（但同時也要拿捏對於言論的限制程度）；必須要思考如何促成各平台背後的科技公司參與到查核假資訊以及健全討論環境的做法；以及最基本的，提升資訊判讀能力。

26 好好聊天，其實不容易！

◎**李品汶**　對話千層派成員
◎**高劭怡**　對話千層派成員

2018年公投後，有一群人意識到對話的困難與需要，因此聚集起來尋找答案、研發協助促進對話的工具，他們叫做「對話千層派」Chat for Taiwan。

「對話千層派」的目標是讓對話從「我們不談政治」被句點，到讓「聊政治可以很溫和」的起點。他們從2019年開始推廣「溫和共好的對話行動」，希望帶動更多人持之以恆的在日常生活中，交換彼此對公共議題的想法，擴散公民對話的影響力，並且透過對話工具包和共感的活動設計，協助大家自在的展開對話、穩健的練習對話、有耐心的突破對話瓶頸，進而找到適合彼此的對話模式，讓公共議題的討論跳脫只有「同溫取暖」和「異溫對立」這兩種風景。「對話千層派」期待有一天在台灣「聊政治」不再是件火爆、尷尬或被貼標籤的事，就跟平常聊星座和美食一樣稀鬆平常！

當家人朋友傳來假訊息，該怎麼辦？這是許多人一直以來的困擾。第11章提到，聆聽、理解、對話，能促進公共討論，強化信任連結，有助於形成更好的資訊環境，不過，好好聊天，真的不是一件容易的事。這一章，就讓我們來聽聽對話千層派的分享，練習和身邊朋友對話，和不同意見的人互相理解、溝通，也理解自己的情緒，保護自己的心理健康。

爲什麼「對話」很重要？認眞交流好麻煩，傳傳梗圖、迷因不就好了？

近年來，我們發現越來越多的政治對話，只限縮在「同溫層取暖」或「異溫層對立」的情境，這讓公共事務的討論變得更加棘手；缺乏充分對話而用二分法切分敵我，也阻礙公民社會的成長。

或許對許多人來說，進行「政治對話」的門檻很高。在台灣，它還不像聊美食、聊音樂和電影，能夠沒有負擔的開啟對話。舉例來說：熱愛搖滾樂的人，不一定會想要「說服」古典樂迷有一樣的音樂偏好吧！如果喜歡討論音樂，那或許會想更進一步開啟對話，用好奇心去認識不熟悉的風格，進而瞭解古典樂迷喜歡古典樂的原因。

「對話」的應用無所不在，從日常生活中的溝通、職場上的工作討論、與家人討論假期安排、與伴侶討論未來規劃等，都是透過意見交換，去理解彼此、交流想法、共同合作、解決問題，並且試著達成對一件事的共識。同樣的道理應用在民主社會中的「政治對話」，則是讓不同群體間得以交流資訊、交換意見，一起探索出社會最大共識、降低決策的風險、描繪出未來共同想像的必要過程。

我們常聽到「我同溫層很厚，不太需要跟身邊的人對話。」的說法，但其實這樣的「感覺」存在盲點。

有些人不喜歡觸碰政治話題，因為怕會傷感情、冷場、太過嚴肅。

然而，這樣的擔憂有時候會讓我們很難在生活中，去知道自己與另一個人的立場異同，或是當我們發現自己跟其他人的想法分歧時，會因為不想被貼標籤或被批判，而選擇沉默、迎合或是聽聽就好，阻斷資訊交流和討論的機會。

就算是同溫層，其實也還分了很多層，如果沒有展開對話，我們怎麼有機會理解和討論這些差異呢？

迷因、梗圖是許多年輕人喜愛的溝通方式，很容易引起情緒上的共鳴，並且帶動群體的參與感。面對政治冷感者，比起直接正面討論議題，透過梗圖作為展開對話的起點，反而更能引起他們的興趣。然而，梗圖的去脈絡化，對於議題理解和實質討論的效果是非常有限的。不一樣的對話對象和對話目標，需要有不一樣的對話方式。

對話的重要性在於：人可以更瞭解自己、認識對方、找到彼此的共鳴。

和不同意見的人溝通好難啊！
有什麼能夠快速說服人的訣竅嗎？

從過去辦的數十場講座和工作坊，我們發現參與者的參加原因，不外乎是想知道「說服別人的方法」或學習「有效的溝通技巧」。而面對這樣的活動期待，我們會一起探討「說服」的定義。假若在對話的最後辯贏了對方，卻讓對方啞口無言、勉強認同你的想法，那這樣算是「說服」嗎？

其實，對話就像跟朋友打桌球，有來有回，而非要像奧運比賽一較高下，因此我們不需要在過程中瘋狂殺球，更重要的是維持「你來我往」的節奏和舒適的氛圍，才能讓對話好好延續。

只記得殺球的打法，那這場「友誼賽」很快就會 Game Over。

我們在做對話千層派的過程中發現，當你心裡沒有說服別人的執念時，反而能出乎意料說服別人。當對方感受到你是真的好奇他的想法、想理解他的生活經驗，或是形成某些觀點、立場、價值觀的心路歷程，對方會感覺到你真的在意且在乎這段關係，那麼對話就比較能繼續下去。

千層派設計的象限定位圖和工具包，是依據使用者的對話對象和對話目標，自製專屬的對話策略。

同溫層其實也需要進行對話，我們可以主動開啟話題、定期聚焦討論想法和邀請對方加入行動；面對冷感的族群，不要用政治去聊政治，而是找出對方生活中在意的事情，再從喜好和興趣著手，去創造與政治時事的話題連結。面對異溫層，不要馬上反駁，而是先試著撇開標籤和立場，用「好奇心」去認識對方、傾聽他的心路歷程，才有機會延續對話。

如果想要讓對方也願意聽自己的想法，可以嘗試溫和無害的說話方式，並且拉大話題範圍去尋找共鳴點。

延續先前提到的搖滾樂與古典樂，假設喜歡這兩個風格的族群並

不互相認同，還是可以單就「音樂」的共同點開始討論。譬如喜歡聽音樂的原因、曾經去過的音樂會、平時會關注的表演者。在「音樂」這個基礎上進行對話，再慢慢縮小話題範圍，延伸更多話題的討論。

雖然聊政治和聊音樂的門檻不同，畢竟公共議題不是家常話題，我們還是可以在交流議題想法時，試著用這樣的思維進行對話，便能夠在看似分歧的立場中，找到彼此的話題共鳴。

對話的重點是理解和交流，「說服」有可能在過程中發生，但它不是最終的唯一目的。

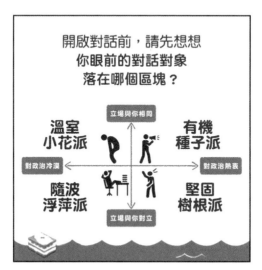

圖26.1 對話千層派研發的「對話工具包」，依對話對象的立場與政治熱衷程度拆解成4種類型：「有機種子」、「溫室小花」、「隨波浮萍」及「堅固樹根」。

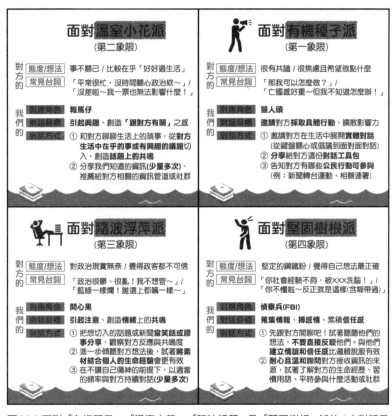

圖26.2 面對「有機種子」、「溫室小花」、「隨波浮萍」及「堅固樹根」派的4中對話目標及方式。

我好希望身邊的人能夠聽聽我的話，
但為什麼怎麼講都沒有用？

有時候這樣的無奈感受，其實是源自於現實和期待的落差，特別是當我們認為自己的立場是絕對正確，或是以一種「我是為你好」的口吻進行對話，就越會讓對方反彈和難以接受，而我們也會因為對方的反應，而感到失望。

對話並非單向進行，對方的反應和感受也是對話的一環，更是我們需要去觀察和注意的細節。除此之外，也可以去思考「有用」所代表的對話目標，像是闢謠、說服、進行深度討論，都是滿常見的目的之一。

當我們釐清自己的對話目標，便能夠去拆解自己與對話目標之間的距離，以及可以達成目標的方式。譬如針對假訊息「闢謠」時，除了不斷丟出數據或資料，也可以改用梗圖或者故事作為對話的開頭，再用一問一答去引導出資訊來源，慢慢瞭解對方相信這個假訊息的過程和原因。

每次的對話目標，也可以視當下的情況有所調整，譬如保護關係、保護自己的心，甚至是停止令人不安的對話，也可以是我們的對話目標。

姿態越高，距離越遠。

用上對下的教育姿態，或是帶有情緒的爭辯與人對話，都很可能讓雙方不歡而散，甚至是被對方一句「我們不談政治」畫上句點，並且被列進拒絕政治對話的名單。

當溝通的門一旦被關上，會需要花費更大的力氣重啟。相對的，只要跟對方還保有下一次的對話空間，就有理解彼此、交流想法、尋找共識的機會。因此在活動與社群上，我們最常分享的一句話是「對話的目的不是說服，而是保有下一次對話的空間。」

比起說服，更重要的是日常累積的「信用存款」。

它就像我們存在銀行裡的錢，有進有出。累積信用存款的方式，可以是日常的陪伴、聊天或打招呼問候，也可以是傳長輩圖關心對方。而這些日常互動累積的信用存款，會在日後討論議題時發揮作用，並且有助於降低開啟對話的門檻。

試想如果一個人平常沒有與我們建立信任基礎，卻在選舉前才要求投給特定的候選人，我們真的會因為這一次的對話，而做出改變和選擇嗎？

我們常以為我們在聊的是政治，或者我們想聊的是政治，但其實最後會打動對方的是彼此之間的人際關係、情感連結。

往往和意見不同的人聊天，到最後都會情緒激昂！討論不下去，要怎麼不讓情緒影響對話？

還記得上次讓你感到憤怒的新聞嗎？

對話千層派工作坊的一個環節，我們會去搜集十個關於政治的影片、新聞和圖文，並且請參與者用1到5分，去記錄自己在看每個素材時的情緒波動。有趣的是，即便多數參與者認為彼此為「同溫層」，大家的平均分數都不太一樣，而且每場工作坊都同時存在接近滿分，以及平均3分以下的人。

從參與者的體驗心得中，我們發現有些人心如止水的原因，並非

不在意議題，而是因為同個素材已經看過了，或是認為比起陷在情緒中，冷靜採取行動更為重要；有情緒波動的原因，也不一定是來自憤怒，也可能是因為難過和失望，甚至是認為新聞的呈現過於娛樂。

只要是人都會有情緒，而每個感受都是有跡可循的。

情緒的觸發點有很多種，包含一件事與自己的距離、優先順序和人生經歷，甚至是朋友圈和職場，都是讓我們在「有感」和「無感」之間變化的原因之一。譬如對方或許是因為忙於工作、時間有限，所以比起能源議題，會優先關注與自身職業較為相關的醫療時事議題。

我方的有感、對方的有感，其實是很主觀的。在環保主題的對話工作坊中，有一段話讓我們印象特別深刻：「不要直接去攻擊拿著塑膠袋的人不環保，因為那對他來說，或許已經是一種進步，而且他正在前往更環保的道路上。」

撇開工作坊設定好的遊戲，在一般的情況下要意識自己的情緒，首先可以先回想過往在有情緒的情況下，自己會做的事情、說的話和習慣動作。譬如語速和音量的變化、低頭、拍桌，甚至是在對話後，增加社群媒體的使用、抱怨的頻率變高、不想說話等，都是可以衡量情緒的單位和方法。

當我們可以列舉出自己在情緒下會做出的行為，以及理解自己產生情緒的原因，便可以像設立「對話目標」一樣，去拆解不同程

度的情緒參考點,並且透過反覆的記錄和練習,讓自己在未來的對話中,能夠更有意識的去調整自己的情緒。

對話不是一步到位的事情,是持之以恆的長期累積。

比起衝刺型的短跑比賽,對話更像是有續航力的馬拉松,不用逼自己每次對話都要講到很深、很多、很久才算數,有時候在生活中問個「你最近有看到那個新聞嗎?」讓對方簡單回應後,停在這裡也可以。當我們在日常生活中高頻率但微量的去交流公共議題,自己的壓力也不會那麼大,也不會那麼造成對方反感,而對話才更有可能持續。

其實,民主社會就像是個千層派,生活在同一塊土地上的人們,受不同文化脈絡和生命經驗的影響,長出各自的觀點和立場。千層派中的每一層可能代表一種身分認同、一種政治立場、一種價值觀。這些「不一樣」讓我們覺得政治對話很難,但也正因為多元的存在,讓千層派顯得更美味、更獨特,不是嗎?

圖26.3 對話千層派工作坊。

致謝

IORG 感謝下列受訪者同意接受本書引用，增益本書未盡之處

- 劉慧雯（政治大學新聞學系教授）
- 鄭宇君（政治大學傳播學院教授）
- 陳立人（LINE 台灣董事長兼執行長）
- 洪貞玲（臺灣大學新聞研究所教授）
- 黃昭勇（CSR@天下總編輯）
- 黃厚銘（政治大學社會學系特聘教授）
- 林明仁（科技部人文司司長）
- 王銘宏（中正大學資訊工程學系助理教授）
- 陳婉宜（臺灣民主基金會副執行長）
- 黃兆年（政治大學國家發展研究所助理教授）
- 林宗弘（中央研究院社會學研究所研究員）
- Christopher Olsen（美國國際共和學會 IRI 台灣辦公室專員）
- 敏迪（敏迪選讀創辦人）
- 鄒宗翰（德國之聲記者）
- 林齊晧（UDN Global 轉角國際編輯）

以及其他不具名的受訪者。

IORG 亦感謝下列團體、組織及個人，在成書過程中給予諸多協助

- Cofacts 真的假的（g0v 零時政府社群專案）
- 0archive 零時檔案局（g0v 零時政府社群專案）
- 台灣放伴教育協會
- 美國在台協會
- 臺灣民主基金會
- 王文懿
- 高偉倫（天下雜誌未來事業部數位營運主任）
- 張仁瑋（開放文化基金會專案管理師）
- 劉維人
- 嚴婉玲（台南新芽協會理事長）

受訪者按內文出現位置排序，其他給予 IORG 協助的團體、組織及個人，分別按照首字筆畫排序。

註釋

01

1   綜合報導，三立新聞，2020.1.27。抗武漢肺炎 53 度白酒消毒？香油滴鼻孔？網傳超離譜偏方。https://www.setn.com/News.aspx?NewsID=679174

2   張子清，中央廣播電台，2020.11.26。「訊息流行病」可能危害疫苗接種。https://www.rti.org.tw/news/view/id/2085741

3   TNL 編輯，關鍵評論網，2020.2.28。「台灣疫情失控、每人可領 10 片口罩」調查局分析指中國網軍發動「假消息戰」。https://www.thenewslens.com/article/131849

4   台灣事實查核中心，2020.2.23。事實查核報告 328。https://tfc-taiwan.org.tw/articles/2656

5   衛生福利部疾病管制署，2020.3.23。網傳「臺灣強制性休假兩星期」是假訊息！切勿散播轉傳。https://www.cdc.gov.tw/Bulletin/Detail/Mwc0Yu01tXOzeXQhKLZnzA?typeid=9

6   劉世怡，中央社，2020.2.28。偽造行政院公告可領 10 片口罩 來自大陸網民。https://www.cna.com.tw/news/asoc/202002280161.aspx

7   衛生福利部疾病管制署，2021.1.15。網傳「沒事不要去以下醫院」等不實訊息，請民眾勿轉傳以免觸法。https://www.cdc.gov.tw/Bulletin/Detail/LLgmmeLv3tPsDU492d35wA?typeid=8772

8   IORG，2021 7.12。資訊操弄心慌週報第 7 期，打疫苗前不要看！13 個「不要打疫苗」的可疑理由。https://iorg.tw/da/7

9   新興科技媒體中心，2020.2.14。2019 新型冠狀病毒（COVID-19）是人工病毒謠言之專家意見。https://smctw.tw/4430/

10 余宗翰，早安健康，2020.2.10。武漢肺炎是 SARS 變種？喝熱水殺病毒？瘋傳 6 大謠言一次破解。https://www.edh.tw/article/23656

11 楊明娟，新法社，2021.3.26。散播比病毒快 假訊息恐讓巴紐疫情失控。https://www.rti.org.tw/news/view/id/2095315

12 WHO 介紹「資訊流行病」infodemic。https://www.who.int/health-topics/infodemic#tab=tab_11

13 Nguyen, T., Nguyen, D. C., Nguyen, A., Nguyen, L. H., Vu, G. T., Nguyen, C. T., Nguyen, T. H., & Le, H. T, 2020. Fake News Affecting the Adherence of

National Response Measures During the COVID-19 Lockdown Period: The Experience of Vietnam.（COVID-19 封城期間影響民眾遵守國家措施的假新聞：以越南為經驗）. Front Public Health. 2020;8:589872. https://www.ncbi.nlm.nih.gov/pmc/articles/PMC7538640/

14　AFP, BOOM, 2021.4.20. COVID-19 Vaccines Do Not Cause Erectile Dysfunction. https://www.boomlive.in/world/fake-news-covid-19-vaccine-erectile-dysfunction-side-effects-12829

15　Al Jazeera, 2021.4.26. COVID 'swallowing' people in India as crematoriums overwhelmed. https://www.aljazeera.com/gallery/2021/4/26/mass-funeral-pyres-reflect-indias-covid-crisiss

16　Yueqi Yang and Harry Suhartono, Bloomberg, 2021.5.16. Taiwan and Singapore, Covid Success Stories, Face Threats. https://www.bloomberg.com/news/articles/2021-05-15/asia-s-covid-success-stories-taiwan-and-singapore-face-threats

17　以〈「武肺」美國 CIA 生化武器？〉為標題的政論節目影片，該影片已被列為非公開，截至 2022 年 2 月 8 日，瀏覽人次累計至 500,570 次。這！不是新聞，2020.2.28.「武肺」美國 CIA 生化武器？俄羅斯、中國全面指控 0.29 美元成本殺死 62.5 萬人 美國生物戰實驗曝光？【這！不是新聞 精華篇】20200227-7。https://www.youtube.com/watch?v=NvdCKimJzeQ

18　根據美國國家醫學圖書館 The United States National Library of Medicine，截至 2022 年 2 月 8 日，該論文已被另外 73 篇文章引用。https://pubmed.ncbi.nlm.nih.gov/32351056/

19　以〈是在哈囉？「南極」成唯一淨土 WHO 還否認「大流行病」〉為標題的政論節目影片，截至 2022 年 2 月 8 日，瀏覽人次累積至 19,301 次。57 爆新聞，2020.3.5. 是在哈囉？「南極」成唯一淨土 WHO 還否認「大流行病」汪潔民 徐俊相《57 爆新聞》精選篇 網路獨播版。https://www.youtube.com/watch?v=PE2q72j4Ej4

20　Red Square 123 的部落格，2020.2.18。美國藉由 2019 中國武漢第七屆世界軍人運動會結束後施放冠狀病毒？http://blog.udn.com/dff1baf6/131766028

21　崑崙策研究院，2020.3.6。【深度】一起 P4 級病毒实验室的泄漏事故。http://www.kunlunce.com/e/wap/show.php?classid=176&id=141116

22　根據美國疾病控制與預防中心 CDC，其依照危險程度不同，將生物實驗室安全分為 1 至 4 級，4 級為最高。「P4 實驗室」指的是生物安全等級 4 級的生物實驗室。https://www.cdc.gov/labs/BMBL.html

23　白宮請願網站「我們人民」We the People 是 2011 年美國前總統歐巴馬任內推出的政策，該網站開放任何民眾以「請願」形式對聯邦政府提出建議。一份請願書若在 30 天內達到 150 人連署即會顯示在網站上，在 30 天內達到 10 萬人連署門檻，政府即必須對此做出回應。該網站於 2016 年 12 月下線結束服務。https://petitions.whitehouse.gov/about

24　綜合报道，环球网军事，腾讯新聞，2020.3.11。有人在白宮网站发起请愿：公布美最大化武基地关闭"真正原因"。「環球網」微博帳號亦有發布相同內容。https://view.inews.qq.com/a/20200311A0HM6K00

25　唐家婕，自由亞洲電台，2020.4.28。被誤指的美軍「零號病人」現身受訪，陰謀論致其遭死亡威脅。https://www.rfa.org/mandarin/yataibaodao/huanjing/jt-04282020114451.html

26　Cofacts 真的假的回報訊息，首次回報於 2020.12.29。https://cofacts.tw/article/1qq86wbhbrtag

27　王法，央視，2020.3.22。國際銳評：關於疫情的三個疑問 美方必須給世界一個交代。http://m.news.cctv.com/2020/03/22/ARTIZWYCd69QkAgVU6JP17Mt200322.shtml

28　中國外交部發言人趙立堅 2020 年 3 月 12 日的 Twitter 推文，傳播病毒起源論的陰謀論。https://twitter.com/zlj517/status/1238113459234934785

29　Cofacts 真的假的回報訊息，首次回報於 2020.2.29。https://cofacts.tw/article/cslr671xsdg2

30　台灣事實查核中心，2020.3.12。事實查核報告 358。https://tfc-taiwan.org.tw/articles/3022

31　人民日報，2020.3.16。【金銀潭醫院：軍運會五外籍運動員患瘧疾與新冠肺炎無關】。https://twitter.com/PDChinese/status/1239581696963547136

32　Denise Grady, New York Times, 2019.8.5. Deadly Germ Research Is Shut Down at Army Lab Over Safety Concerns. https://www.nytimes.com/2019/08/05/health/germs-fort-detrick-biohazard.html

33　Patricia Kime, Military.com, 2020.4.1. CDC Lifts Shutdown Order on Army Biolabs at Fort Detrick. https://www.military.com/daily-news/2020/04/01/cdc-lifts-shutdown-order-army-biolabs-fort-detrick.html

34　IORG，IORG 中國對台資訊操弄案例研析，2021.2.28。B.4 美國以武漢軍人運動會散播病毒。https://iorg.tw/r/b4

35　范淩志，环球网，2021.6.5。独家：岛内疫苗严重紧缺，民进党当局却欲将 30 万剂阿斯利康疫苗转赠"友邦"。https://taiwan.huanqiu.com/

article/43Pt9GT1ATo

36　綜合報導，蘋果日報，2021.6.5。中共官媒爆台灣要贈 30 萬劑 AZ 疫苗給友邦 指揮中心駁斥。https://tw.appledaily.com/politics/20210605/W3ZK6UYGQFHYBJHIB6WHA5DLNE

37　綜合外電報導，中央社，2021.6.4。日本外相宣布無償提供台灣 AZ 疫苗 124 萬劑 今天送達。https://www.cna.com.tw/news/firstnews/202106045004.aspx

38　蔡岳宏，健康醫療網，2021.8.4。AZ 疫苗謠言多世衛 EUL、國家 EUA 授權分不清？感染科醫師闢謠。https://www.healthnews.com.tw/article/50874

39　IORG 資訊操弄心慌週報第 5 期，2021.7.8。中天變造美商務部長發言：250 萬莫德納疫苗功勞歸台積電。https://iorg.tw/da/5

40　栖来 ひかり，東洋經濟，2021.6.24。「台湾に送ったワクチンで大量死」報道の真相。https://toyokeizai.net/articles/-/436201

41　密西根大學，Dcard，2021.6.28。日本捐贈的 AZ 疫苗沒有通過 WHO 認證！https://www.dcard.tw/f/2019_ncov/p/236356663

42　IORG 資訊操弄心慌週報第 7 期，2021.7.22。打疫苗前不要看！13 個「不要打疫苗」的可疑理由。https://iorg.tw/da/7

43　IORG 資訊操弄心慌週報第 8 期，2021.7.29。「病毒美國製」又來了！親中人士假借歐巴馬名義傳謠言。https://iorg.tw/da/8

44　台灣事實查核中心，2021.5.19。事實查核報告 968。https://tfc-taiwan.org.tw/articles/5503

02

1　以 IORG 資料庫為準，關於特定議題文章數量所佔當日文章總數的比例，稱作該議題當日的「熱度」。

2　文匯報，2021.6.3。肉製品瘦肉精超標 台美樣本八中有七。http://paper.wenweipo.com/2021/06/03/YO2106030001.htm

3　周岐原、陳安琪，風傳媒，2021.6.5。台灣豬含 2 種瘦肉精，還超標好幾倍？香港媒體驚人調查，新東陽、黑橋牌嚴正駁。https://www.storm.mg/article/3727198

4　農委會畜牧處，2021.6.4。台灣豬肉符合標準安全無虞 農委會嚴正要求文匯報道歉。https://www.coa.gov.tw/theme_data.php?theme=news&sub_theme=agri&id=8411

5　賴言曦，中央社，2021.6.4。香港文匯報指台豬瘦肉精超標 陸委會：混淆視聽。https://www.cna.com.tw/news/acn/202106040361.aspx

6　IORG 資訊操弄心慌週報第 16 期，2021.12.2。公投專題：中共最關心萊豬，用反萊豬引導反美。https://iorg.tw/da/16

7　聯合報，2021.11.22。陳吉仲：160 國境內禁用萊劑 不表示進口不能用。https://udn.com/news/story/12539/5909422

8　胡雪石，香港新聞網，2021.11.5。朱立倫親下火線宣傳 "反萊豬公投"。http://www.hkcna.hk/docDetail.jsp?id=100010539&channel=2805

9　陆华东，新华社，2021.4.10。专家：苏贞昌游锡堃挑衅言论暴露 "台独" 政客自私自利本质。http://www.xinhuanet.com/tw/2021-04/10/c_1127314773.htm

10　黄荣亮，台海網，2021.5.18。美国将释放出 2000 万剂新冠疫苗，台 "驻美代表" 称 "争取中"，网友：只怕竹篮打水一场空。http://www.taihainet.com/news/twnews/twdnsz/2021-05-18/2510727.html

11　IORG 資訊操弄心慌週報第 16 期，2021.12.2。公投專題：中共最關心萊豬，用反萊豬引導反美。https://iorg.tw/da/16

12　IORG 資訊操弄心慌週報第 18 期，2021.12.16。中共看台灣公投：批民進黨網軍、濫權，助國民黨公投宣傳，每 4 則就有 1 則引用旺中。https://iorg.tw/da/18

13　公投第 9 案，主文為「你是否同意政府維持禁止開放日本福島 311 核災相關地區，包括福島與周遭 4 縣市（茨城、櫪木、群馬、千葉）等地區農產品及食品進口？」。該案的討論標的是「來自日本 311 核災鄰近地區的食品」，應稱作「福島地區食品」，如以「核食」稱之，有誤導讀者之虞。

14　IORG 資訊操弄心慌週報第 16 期，2021.12.2。公投專題：中共最關心萊豬，用反萊豬引導反美。https://iorg.tw/da/16

15　聯合報，2021.11.2。聯合報黑白集／反公投與「美利堅」。https://udn.com/news/story/7338/5859751

16　Facebook 粉專「趙少康」，2021.11.3。「以核養綠」是達成蔡英文綠電 20% 唯一的路。https://www.facebook.com/569291869790551_4380792348640465

17　Facebook 粉專「工程師看政治」，2021.11.3。核四背後的政商陰影。https://www.facebook.com/101576862144790/photos/a.104437228525420/188011513501324

18　台灣事實查核中心，2021.12.16。事實查核報告 1386。https://tfc-taiwan.org.tw/articles/6708

19　台灣事實查核中心，2021.12.18。事實查核報告 1393。https://tfc-taiwan.org.tw/articles/6724

20　IORG 資訊操弄心慌週報第 19 期，2022.1.13。公投前後資訊操弄：2020 後每逢投票，就有「做票」訊息。https://iorg.tw/da/19

21　台灣事實查核中心，2021.12.17。事實查核報告 1389。https://tfc-taiwan.org.tw/articles/6718

22　劉先生，蘋果新聞網，2018.11.25。護家盟示範了一場非常不乾淨的公投？https://tw.appledaily.com/forum/20181125/HI3AQ5IDBJXQ7Y6F575RGP4ZIY/

23　Facebook 粉專「中國國民黨」，2021.11.30。圖片。https://www.facebook.com/photo/?fbid=10159970194037973&set=a.542620500560145

24　Facebook 粉專「蔡英文 Tsai Ing-wen」，2021.12.8。圖片。https://www.facebook.com/photo/?fbid=10157829082121065&set=a.527165132094073

25　陳雨鑫、彭宣雅，聯合報，2021.12.16。萊豬開放周年／美豬進口劇減 86% 進口豬「歐化」這一國最多。https://udn.com/news/story/9750/5964992

26　中央選舉委員會，2021.12.23。公告全國性公民投票案第 17 案至第 20 案投票結果。https://web.cec.gov.tw/central/cms/bulletin/36168

27　Facebook 粉專「Denyarumor」，2021.12.21。陳鳳馨 & 唐湘龍「四大公投」沒過關，民進黨用台南、高雄「綁架」全台灣！https://www.facebook.com/watch/?v=294233552742925

28　Facebook 粉專「通傳媒」，2021.12.23。稱 "高雄逼全台吃 '萊豬'" 遭抗議 趙少康反諷：不是說 "萊豬" 很好嗎？https://www.facebook.com/1741899676139973_2954975978165664

29　臺灣中評網，2021.12.21。趙少康析公投：高雄人逼全台灣吃萊豬！http://www.crntt.tw/doc/253_14674_106254817_1_1221154226.html

30　臺灣中評網，2021.12.19。高雄與台南民進黨得票數成決勝點。http://www.crntt.tw/doc/1062/5/2/6/106252625.html

03

1　Forbes，美國財經雜誌。https://www.forbes.com

2　IORG，IORG 中國對台資訊操弄案例研析，2021.2.28。R1 關於美國、來自微博。https://iorg.tw/r/r1

3　台灣事實查核中心，2020.3.12。事實查核報告 358。https://tfc-taiwan.org.tw/articles/3022

4　Oobah Butler，英國人。

5　Oobah Butler, VICE, 2017.12.6. I Made My Shed the Top-Rated Restaurant on

TripAdvisor. https://www.vice.com/en/article/434gqw/i-made-my-shed-the-top-rated-restaurant-on-tripadvisor

6　Alexis Smith, Sport History Review 38(2):121-133, 2007. "Satisfiers," Smokes, and Sports: The Unholy Marriage between Major League Baseball and Big Tobacco. https://journals.humankinetics.com/view/journals/shr/38/2/article-p121.xml

7　圖片來自美國史丹佛大學「菸煙草廣告影響研究」資料庫。
Image 64, Collection: Baseball. https://tobacco.stanford.edu/cigarettes/smoking-in-sports/baseball/

8　Gardner, Martha N, and Allan M Brandt, 2006. "The doctors' choice is America's choice: the physician in US cigarette advertisements, 1930-1953." American journal of public health vol. 96,2 (2006): 222-32. https://www.ncbi.nlm.nih.gov/pmc/articles/PMC1470496/

9　吩咐的原文 order 除了「醫囑」以外，也有「訂購」的意思，廣告詞為雙關語。

10　圖片來自美國史丹佛大學「菸煙草廣告影響研究」資料庫。
Image 1, Collection: More Doctors Smoke Camels. https://tobacco.stanford.edu/cigarettes/doctors-smoking/more-doctors-smoke-camels/

11　David Heath, The Atlantic, 2016.5.4. Contesting the Science of Smoking. https://www.theatlantic.com/politics/archive/2016/05/low-tar-cigarettes/481116/

12　Erin Myers, Journal of Health Care Law and Policy, 1998. The Manipulation of Public Opinion by the Tobacco Industry: Past, Present, and Future. https://core.ac.uk/download/pdf/56355269.pdf

13　美國國家癌症研究院 NCI，了解癌症，新聞背後的科學。「抽菸及肺癌的 20 年延遲」。原網址已失效，備份於 Wayback Machine，最早備份日期為 2003.2.17。http://press2.nci.nih.gov/sciencebehind/cancer/cancer31.htm

14　Hillary Clinton，美國政治人物，第 67 任美國國務卿。

15　Donald J. Trump，美國政治人物，第 45 人美國總統。

16　Internet Research Agency，簡稱 IRA。

17　Selina Wang, Bloomberg, 2017.12.5. How the Kremlin Tried to Pose as American News Sites on Twitter. https://www.bloomberg.com/news/articles/2017-12-05/how-the-kremlin-tried-to-pose-as-american-news-sites-on-twitter

18　Herbert Raymond McMaster，2017-2018 年間曾任美國國家安全顧問。

19　U.S. Census Bureau, 2017.5.10. Voting Rate for the Non-Hispanic Black

Population Dropped in the 2016 Presidential Election. https://www.census.gov/newsroom/press-releases/2017/cb17-tps45-voting-rates.html

20 Patrice Taddonio, Frontline, 2020.1.14. How Russian "Fake News" Hardened America's Divide - America's Great Divide: From Obama to Trump. https://www.pbs.org/wgbh/frontline/article/how-russian-fake-news-hardened-americas-divide/

21 Yevgeny Prigozhin，俄國人，一名「俄羅斯寡頭」，IRA 領導人。https://www.reuters.com/article/us-usa-russia-sanctions-idUSKCN26E2HO

22 Yonder, 2018.12.17. The Disinformation Report on Foreign Interference in the 2016 Election. https://www.yonder-ai.com/resources/reports/the-disinformation-report/

23 楊思瑞，中央社，2019.4.10。跨國調查 台灣遭假資訊攻擊世界第一。https://www.cna.com.tw/news/firstnews/201904100232.aspx

24 陳舒、石龍洪、潘清、喻珮、陸華東、付敏，人民網，2021.10.12。"祖國完全統一的歷史任務一定能實現"。http://tw.people.com.cn/BIG5/n1/2021/1012/c14657-32250511.html

25 請參考 IORG 資訊操弄心慌週報各期內容。https://iorg.tw/da

04

1 根據劍橋詞典，fact 指的是 something that is known to have happened or to exist, especially something for which proof exists, or about which there is information。https://dictionary.cambridge.org/dictionary/english-chinese-traditional/fact

2 根據劍橋詞典，opinion 指的是 a thought or belief about something or someone。https://dictionary.cambridge.org/dictionary/english-chinese-traditional/opinion

3 Cofacts 真的假的回報訊息，首次回報於 2022.1.10。https://cofacts.g0v.tw/article/ffu3t250920o

4 「我們絕大多數的信念來自他人。」艾莎・威克福斯 Åsa Wikforss，春山出版，2021。另類事實：關於知識和它的敵人 Alternativa fakta - om kunskapen och dess fiender，p.95。

5 International Fact-Checking Network，簡稱 IFCN。

6 根據台灣事實查核中心說明。https://tfc-taiwan.org.tw/about/ifcn

7 參考 Cofacts 真的假的說明。https://cofacts.g0v.tw/about

8　根據萌典，「斷章取義」指「截取文章的某一段或談話中的某一句，而不顧全篇內容的原意」。https://www.moedict.tw/斷章取義

9　根據萌典，「移花接木」比喻「暗中使用手段，更換人或事物，以欺騙他人」。https://www.moedict.tw/移花接木

10　黃麗芸，中央社，2021.10.18。網紅小玉製換臉謎片賺千萬遭送辦 百人受害。https://www.cna.com.tw/news/firstnews/202110180118.aspx

11　台灣事實查核中心，2022.1.14。事實查核報告 1441。https://tfc-taiwan.org.tw/articles/6829

12　The Principle of Sufficient Reason，德國哲學家叔本華將同一律、排中律、矛盾律、充足理由律訂為邏輯思維的四大基本定律。

13　法律學判斷因果關係的基礎理論是「條件理論」，判斷方法是「若無，則不」，即「如果沒有前者發生，就必然不會發生後者的結果，則前者是後者的原因」。

14　根據最高法院 76 年台上字第 192 號判例，法律上通常判斷是否具有「相當因果關係」的理論是：「依經驗法則，綜合行為當時所存在之一切事實，為客觀之事後審查，認為在一般情形下，有此環境、有此行為之同一條件，均可發生同一之結果者，則該條件即為發生結果之相當條件，行為與結果即有相當之因果關係。」

15　心理學家羅伊・鮑麥斯特 Roy F. Baumeister 以及得獎專欄作家約翰・堤爾尼 John Tierney，在兩人合著的《負面的力量》The Power of Bad 書中提到，人們天生傾向看重負面事物，而非正面事物。書中提到一項與紅十字會合作的捐血活動實驗發現，訴諸負面的宣傳可以召募到比正面宣傳高出 60% 的參與者。試想：「每小時，全世界就會有 N 人因為沒有匹配的血而喪命」是不是比「捐血一袋救人一命」更讓人有動力捐血呢？

訊息可信度評量練習

1　徐聖倫，自由時報，2021.12.15。毒蟲拒檢逃跑狠撞無辜路人 婦人頭部重創陷昏迷。https://news.ltn.com.tw/news/society/breakingnews/3769353

2　周嘉茹，TVBS 新聞網，2021.12.15。高雄驚見「虐狗變態」！怪男強光狂射柴犬眼　恐怖行徑曝。https://news.tvbs.com.tw/local/1660609

3　潘加晴，自由亞洲電台，2021.12.13。【愛國教育】灌輸小一學生「南京大屠殺」十八禁史料　家長不滿引子女嚎哭。https://www.rfa.org/cantonese/news/htm/hk-film-12132021143432.html

4　林偉信，中時新聞網，2021.12.07。警察像搶匪！抓逃逸外籍移工勒索縱放 前北市 2 惡警重判。https://www.chinatimes.com/

realtimenews/20211207003441-260402?chdtv

5　黃有容、沈婉玉，聯合報，2022.2.6。買不到蛋還不是最糟 小吃業：年後漲定了。https://udn.com/news/story/7266/6078396

6　黃品臻，ETtoday 新聞雲，2021.9.23。路上突遭瘋狗狠咬慘死！妹目睹崩潰…恐怖影片曝 肇事犬被槍斃。https://www.ettoday.net/news/20210923/2085567.htm

7　訊息內容由 IORG 編寫。

8　訊息內容由 IORG 編寫。

9　趙宥寧，聯合新聞網，2022.2.5。新課綱首屆學測剛落幕 一試定終身 掀重考諮詢潮。https://udn.com/news/story/122402/6078230

10　訊息內容由 IORG 編寫。

11　訊息內容由 IORG 編寫。

12　訊息內容由 IORG 編寫。

13　Cofacts 真的假的回報訊息，首次回報於 2021.9.29。https://cofacts.tw/article/362j13k2yq7sm

14　台灣事實查核中心，2021.1.5。事實查核報告 756。https://tfc-taiwan.org.tw/articles/4895

15　小雪兒的窩，痞客邦，2010.11.30。請使用塊狀肥皂沐浴。https://ab09301314.pixnet.net/blog/post/278441735

16　Cofacts 真的假的回報訊息，首次回報於 2021.6.3。https://cofacts.tw/article/3jbfecc2s95mr

17　文匯報，2021.6.3。肉製品瘦肉精超標 台美樣本八中有七。http://paper.wenweipo.com/2021/06/03/YO2106030001.htm

18　Cofacts 真的假的回報訊息，首次回報於 2021.5.12。https://cofacts.tw/article/ej36shnly8b

19　衛生福利部疾病管制署，2021.5.15。因應社區傳播有擴大趨勢，指揮中心自即日起至 5 月 28 日提升雙北地區疫情警戒至第三級，加嚴、加大全國相關限制措施，嚴守社區防線。https://www.cdc.gov.tw/Bulletin/Detail/E7bi2j8UYj1Rmz73OPE7Yg?typeid=9

20　Cofacts 真的假的回報訊息，首次回報於 2021.9.4。https://cofacts.tw/article/2sk1wdfwlngjl

21　看他起高楼、白羽雕弓、生日报，微信，2021.9.2。航空公司建议接种疫苗的人不要坐飞机！https://mp.weixin.qq.com/s/l3jCRO0Ug_e1LpUaElZWGg

22　台灣事實查核中心，2021.9.8。事實查核報告 1207。https://tfc-taiwan.org.

tw/articles/6297

23   Cofacts 真的假的回報訊息，首次回報於 2021.6.6。https://cofacts.tw/
      article/30oayt3uvzhum

24   台灣事實查核中心，2022.1.19。事實查核報告 1451。https://tfc-taiwan.org.
      tw/articles/6844

25   wongliin，痞客邦，2015.1.20。大前研一：台灣已進入低智商社會！天啊，
      說得好對！https://wongliin.pixnet.net/blog/post/283134028

26   台灣事實查核中心，2021.5.12。事實查核報告 946。https://tfc-taiwan.org.
      tw/articles/5412

27   佛說世界。一張圖檢測視力問題，你看見哪四個數字？https://bud.
      healthdaily.tw/amp/5426/

28   生活小技巧，YouTube，2019.4.6。滅蟑螂別用藥，廚房放點香蕉皮，一晚
      上蟑螂死光光，方法安全實用。
      https://www.youtube.com/watch?v=5amrCWmQr2I

29   MyGoPen，2019.4.25。【假 LINE】香蕉皮殺蟑螂？專家：效果有限，重點是
      洗潔精！https://www.mygopen.com/2019/04/line_25.html

30   周庭羽，科技報橘，2021-02-03。比爾蓋茲救地球新招：在高空噴灑「碳酸
      鈣」，讓陽光變暗。https://buzzorange.com/techorange/2021/02/03/how-bill-
      gates-solves-global-warming/

31   Cofacts 真的假的回報訊息，首次回報於 2021.6.26。https://cofacts.g0v.tw/
      article/2nwsb5zn5c8w9

32   報導提及疾管署副署長羅一鈞的說法，世界衛生組織、歐盟與美國對伊維菌
      素的藥效尚無定論。羅真，康健，2021.6.13。驅蟲藥「伊維菌素」預防及治
      療新冠肺炎？真有其事？https://www.commonhealth.com.tw/article/84428

33   謝幸恩，毅傳媒，2021.8.3。【獨家】高端巴拉圭三期臨床每人 1 萬美元　台
      灣延伸性試驗每人僅拿新台幣 6 千。https://yimedia.com.tw/covid19/138318/

34   大佬動向，壹讀，2018.9.10。重大發現！華裔科學家研發神藥：5 年內，人
      類壽命將延長至 150 歲！白菜價，人人可買。https://read01.com/5MNBmeJ.
      html

35   Garbielle Dunlevy, UNSW Newsroom, 2017.3.24. UNSW-Harvard scientists
      unveil a giant leap for anti-ageing. https://newsroom.unsw.edu.au/news/health/
      unsw-harvard-scientists-unveil-giant-leap-anti-ageing

36   Cofacts 真的假的回報訊息，首次回報於 2022.2.5。https://cofacts.tw/
      article/3jexc34hek2wc

37　張聰秋，自由時報，2022.1.27。「禽」況危急！彰化縣大雞場疫情爆不停 加重缺蛋荒。https://news.ltn.com.tw/news/life/breakingnews/3815419

38　Cofacts 真的假的回報訊息，首次回報於 2017.10.29。https://cofacts.tw/article/AV9mcd6PyCdS-nWhuiQN

39　Jeffrey C. Hall, Michael Rosbash, Michael W. Young, Nobel Prize Press release, 2017.10.2. The Nobel Prize in Physiology or Medicine 2017. https://www.nobelprize.org/prizes/medicine/2017/press-release/

40　駱宛琳，CASE 報科學，2017.10.5。【2017 諾貝爾生醫獎】解密生理時鐘機制。https://case.ntu.edu.tw/blog/?p=29657

41　Cofacts 真的假的回報訊息，首次回報於 2021.7.14。https://cofacts.g0v.tw/article/i29o4xbkagc4

42　蝦米，健康一點靈，2022.1.25。媽媽姊姊得乳癌⋯她靠吃番茄「10 年都沒事」8 種防癌食物大公開！https://healthdaily.tw/29012/

43　楊晏琳，ETtoday 健康雲，2022.1.25。媽媽姊姊得乳癌⋯她靠吃番茄「10 年都沒事」8 種防癌食物大公開！https://health.ettoday.net/news/2175356

44　津川友介，良醫健康，2020.3.9。「茄紅素」根本沒用、「β 胡蘿蔔素」竟提高癌症風險？哈佛博士：2 種你以為健康的營養素真相。https://health.businessweekly.com.tw/AArticle.aspx?id=ARTL003001487

45　pt wang，YouTube，2022.1.11。注意，手機知識：手機充電時在講電話切記不能喝水，會倒電入心臟的，千萬不能大意，切記！https://www.youtube.com/watch?v=tJ39g6zWwOE

46　台灣事實查核中心，2022.1.12。事實查核報告 1437。https://tfc-taiwan.org.tw/articles/6824

47　每日頭條，2021.12.16。為維護人類正統，1000 多副巨人骸骨被銷毀？真有 5 米高的巨人嗎？https://kknews.cc/zh-tw/science/6gb3r8l.html

48　CT、Janny，中時新聞網，2016.1.23。史前巨人真的存在？證據化石出土 專家鑑定震驚不已。https://www.chinatimes.com/tube/20160123002941-261407?chdtv

49　台灣事實查核中心，2022.12.21。事實查核報告 1402。https://tfc-taiwan.org.tw/articles/6739

05

1   劉芮菁，台灣事實查核中心，2021.2.22。【愛莉莎莎肝膽排石法爭議】用科學素養和媒體素養 正確判斷資訊。https://tfc-taiwan.org.tw/articles/5072

2   吳俐君，換日線，2021.6.23。我不是日本人，但我在日本報社當記者──在這裏，記者是份崇高的職業。https://crossing.cw.com.tw/article/14956

3   高竹君，未來親子學習平台，2019.7.15。小學生理想職業調查：YouTuber地位已勝律師或醫師！父母必須帶孩子思考的5件事。https://futureparenting.cwgv.com.tw/family/content/index/15371

4   原文為 Members of the Society of Professional Journalists believe that public enlightenment is the forerunner of justice and the foundation of democracy. The duty of the journalist is to further those ends by seeking truth and providing a fair and comprehensive account of events and issues. 於 1996 年美國專業新聞記者協會全國大會通過。美國專業新聞記者協會，1996。倫理規章 Code of Ethics。https://www.spj.org/ethicscode.asp

5   Graves, L., & Amazeen, M., 2019. Fact-Checking as Idea and Practice in Journalism. Oxford Research Encyclopedia of Communication. https://doi.org/10.1093/acrefore/9780190228613.013.808

6   Alexios Mantzarlis, 2018. Module 5: Fact-checking 101. Journalism, 'Fake News' & Disinformation. UNESCO. https://web.archive.org/web/20200301190556/https://en.unesco.org/sites/default/files/module_5.pdf

7   劉雨婷，卓越新聞電子報，2020.10.7。「2020 假新聞與事實查核工作坊」台北場 No. 4／胡元輝×洪國鈞×李又如×卓冠齊 2020 年總統大選的事實查核（下）。https://www.feja.org.tw/55045

8   陳秉弘，中央社，2020.4.22。談數位時代媒體處境 黃哲斌：新聞業有 3 大焦慮。https://www.cna.com.tw/news/firstnews/202004220391.aspx

9   賴祥蔚，雲論，2020.10.28。從中天案看電視新聞界的薪水。https://forum.ettoday.net/news/1841300

10   路透新聞學研究所，英國牛津大學，2020。數位新聞報告。https://www.digitalnewsreport.org/survey/2020/taiwan-2020/

11   劉慧雯，2020。從新聞到粉絲團：社群小編重構公共話語現象的初探研究。傳播與社會學刊，（總）第 54 期（2020）：161-192。http://www.cschinese.com/word/13391062020.pdf

12   劉昌德，2020。小編新聞學：社群媒體與通訊軟體如何轉化新聞專業。

新聞學研究，第 142 期：1-58。https://mcr.nccu.edu.tw/web/backissues/backissues_in.jsp?pp_no=PP1579771356981

13　劉昌德，卓越新聞電子報，2019.3.13。被「誤殺」的台語台小編。https://www.feja.org.tw/44941

14　劉修銘，鏡週刊，2020.8.22。金山區公所小編猝死 新北市府遭控強壓過勞真相。https://www.mirrormedia.mg/story/20200816soc012/

15　林麒瑋，蘋果日報，2021.1.6。前政府小編爆製圖卡要拉憤怒值 唐鳳：這已經很久的問題。https://tw.appledaily.com/politics/20210106/4OWTPU3RL5DSDESSRQUFKFQRXU/

16　台灣，無國界記者。https://rsf.org/en/taiwan

17　黃琴雅，風傳媒，2020.4.8。擁地產、掌媒體、控政界，林崑海的海派帝國。https://www.storm.mg/article/2497384?page=1

18　換日線全球讀書會，2019.3.29。《紅色滲透》（上）：中資如何「從暗到明」入主台灣媒體？https://crossing.cw.com.tw/article/11525

19　Yimou Lee, I-hwa Cheng, Reuters. 2019.8.9. Paid 'news': China using Taiwan media to win hearts and minds on island - sources. https://www.reuters.com/article/taiwan-china-media-idINKCN1UZ0HF

20　Kathrin Hille, Financial Tinmes. 2019.7.17. Taiwan primaries highlight fears over China's political influence. https://www.ft.com/content/036b609a-a768-11e9-984c-fac8325aaa04

21　媒體觀察教育基金會「2019 台灣新聞媒體可信度研究」研究報告。https://www.mediawatch.org.tw/news/9911

22　「編採自主」或稱「編輯獨立性」，英文為 editorial independence。「編採自主」一詞將「採訪自主」納入指涉範圍內，意即編輯從事編輯工作，記者從事採訪工作，都能夠自主，不受商業及政治勢力影響。

23　國會無雙，沃草，2020.10.28。蔡衍明公然說謊！旺中微信群組唯旺董是從：證實蔡衍明介入中天、中視、中時新聞製播。https://musou.watchout.tw/read/J4EnldXrHEb0HPl3Re3V

24　路透新聞學研究所，英國牛津大學，2020。數位新聞報告。https://www.digitalnewsreport.org/survey/2020/taiwan-2020/

25　李芯，風傳媒，2020.1.14。最常收看的新聞台榜單出爐　民眾依頻道好惡判斷可信度。https://www.storm.mg/article/2182019

26　訪問時間為 2021 年 9 月。

27　Google 台灣回應時間為 2021 年 12 月。

28   Google 新聞政策。https://support.google.com/news/publisher-center/
     answer/6204050

29   Google「資訊與內容品質白皮書」。

30   Kayue，關鍵評論網，2019.11.4。內容農場的最大禍害，不在於假新聞。
     https://www.thenewslens.com/feature/content-farm/126988

31   劉致昕，春山出版，2021。真相製造 p.325。

32   創市際雙週刊第 56 期。2016.1.15。https://www.ixresearch.com/reports/創市
     際雙週刊第五十六期-20160115/

33   Keach Hagey, Jeff Horwitz, The Wall Street Journal. 2021.11.9. Facebook
     Allows Stolen Content to Flourish, Its Researchers Warned. https://www.wsj.
     com/articles/facebook-stolen-content-copyright-infringement-facebook-
     files-11636493887

34   綜合報導，自由時報，2019.10.15。開鍘！臉書打擊假消息 傳中
     資「內容農場」遭禁止分享。https://news.ltn.com.tw/news/politics/
     breakingnews/2947171

35   孔德廉、柯皓翔、劉致昕、許家瑜，報導者，2019.12.26。打不死的內容農
     場——揭開「密訊」背後操盤手和中國因素。https://www.twreporter.org/a/
     information-warfare-business-content-farm-mission

36   Casey Newton, The Verge. 2017.2.16. Facebook just changed its mission, because
     the old one was broken. https://www.theverge.com/2017/2/16/14642164/
     facebook-mark-zuckerberg-letter-mission-statement

37   財團法人台北市公民教育基金會，財團法人網路資訊中心，2020。2020
     台灣網路報告。https://report.twnic.tw/2020/assets/download/TWNIC_
     TaiwanInternetReport_2020_CH.pdf

38   Facebook 公民誠信小組 Civic Integrity Unit，Facebook 內部工作小組。

39   Frances Haugen，美國數據工程師。

40   Wall Street Journal. 2021.10.1. The The Facebook Files. A Wall Street Journal
     investigation. https://www.wsj.com/articles/the-facebook-files-11631713039

41   60 Minutes. CBS News. 2021.10.4. Facebook Whistleblower Frances Haugen:
     The 60 Minutes Interview. 影片 7:22 處。https://www.youtube.com/watch?v=_
     Lx5VmAdZSI&t=442s

42   NBC News. 2021.10.5. Live: Facebook Whistleblower Testifies at Senate
     Hearing. 影片 2:47:07 處。https://www.youtube.com/watch?v=_
     IhWeVHxdXgg

43 NBC News. 2021.10.5. Live: Facebook Whistleblower Testifies at Senate Hearing. 影片 0:58:45 處。https://www.youtube.com/watch?v=_IhWeVHxdXgg

44 Pratiti Raychoudhury, Vice Presiden. Meta Newsroom. 2021.9.26. What Our Research Really Says About Teen Well-Being and Instagram. https://about.fb.com/news/2021/09/research-teen-well-being-and-instagram/

45 60 Minutes. 2021.10.3. Facebook's response to 60 Minutes' report, "The Facebook Whistleblower". https://www.cbsnews.com/news/facebook-statement-60-minutes-whistleblower-2021-10-03/

46 Jeff Horwitz, Deepa Seetharaman, The Wall Street Journal. 2020.5.26. Facebook Executives Shut Down Efforts to Make the Site Less Divisive. https://www.wsj.com/articles/facebook-knows-it-encourages-division-top-executives-nixed-solutions-11590507499

47 Jeff Horwitz, Deepa Seetharaman, The Wall Street Journal. 2020.5.26. Facebook Executives Shut Down Efforts to Make the Site Less Divisive. https://www.wsj.com/articles/facebook-knows-it-encourages-division-top-executives-nixed-solutions-11590507499

48 Mark Zuckerberg 於 2018 年 11 月 15 日發布貼文，標題為 A Blueprint for Content Governance and Enforcement。2020.1.23 備份於 Perma.cc。https://www.facebook.com/notes/mark-zuckerberg/a-blueprint-for-content-governance-and-enforcement/10156443129621634/?hc_location=ufi

49 尼克・比克 Nick Beake，BBC 中文，2018.12.28。羅興亞危機：被遣返者面對的未知命運。https://www.bbc.com/zhongwen/trad/world-46699035

50 Steves Stecklow, Reuters Special Report. 2018.8.15. Inside Facebook's Myanmar operation Hatebook. https://www.reuters.com/investigates/special-report/myanmar-facebook-hate/

51 Karsten Müller and Carlo Schwarz, 2018. Fanning the Flames of Hate: Social Media and Hate Crime. Centre for Competitive Advantage in the Global Economy. No.373. https://warwick.ac.uk/fac/soc/economics/research/centres/cage/manage/publications/373-2018_schwarz.pdf

52 IORG 於 2021 年 8 月及 11 月 2 次聯繫 Facebook 台灣，Facebook 台灣於 2022 年 1 月透過公關公司以「主管行程緊湊」為由拒絕訪問。

53 Karissa Bell, Engadget. 2021.10.6. What Facebook should change, according to its whistleblower. https://www.engadget.com/what-facebook-whistleblower-

frances-haugen-said-should-change-143051354.html

54　根據報導，郝根說，了解 Facebook 內部運作方式的人，就是在 Facebook 或其他社交媒體工作過的人。如果設立聯邦層級的監管機構，這些「像他（郝根）一樣」的人就能「轉職」到監管機構工作。Karissa Bell, Engadget. 2021.10.6. What Facebook should change, according to its whistleblower. https://www.engadget.com/what-facebook-whistleblower-frances-haugen-said-should-change-143051354.html

55　Shirin Ghaffary, Vox. 2021.10.5. Facebook's whistleblower tells Congress how to regulate tech. https://www.vox.com/recode/22711551/facebook-whistleblower-congress-hearing-regulation-mark-zuckerberg-frances-haugen-senator-blumenthal

56　Susan Wojcicki，2014 年起任 YouTube 執行長。https://www.reuters.com/article/us-google-youtube-idINBREA141Y420140205

57　The International Fact-Checking Network, Poynter. 2022.1.12. An open letter to YouTube's CEO from the world's fact-checkers. https://www.poynter.org/fact-checking/2022/an-open-letter-to-youtubes-ceo-from-the-worlds-fact-checkers/

58　Feroza Aziz，美國青少年。https://www.bbc.com/news/av/technology-50582918

59　Raymond Zhong，紐約時報中文網，2019.11.27。TikTok 部落客發布涉新疆拘禁營內容，帳號被停用。https://cn.nytimes.com/technology/20191127/tiktok-muslims-censorship/zh-hant/

60　志祺七七，2020.5.30。YouTube 黃標的標準到底是什麼？我們決定公開今年所有被黃標的影片！《YouTube 觀察日記》EP031。https://www.youtube.com/watch?v=LP2-Ml1YuI4

61　唐子晴，數位時代，2020.3.18。YouTuber 分享疫情資訊被「黃標」、收益損 9 成！YouTube 限制言論自由爭議始末。https://www.bnext.com.tw/article/56957/youtube-coronavirus-update-on-creator-support

62　Twitter 於 2021 年 1 月 8 日發布公告，永久停權川普的 Twitter 帳號 @realDonaldTrump。https://blog.twitter.com/en_us/topics/company/2020/suspension

63　美國媒體 Forbes 記者 Zach Everson 2021 年 1 月 7 日 Twitter 貼文。https://twitter.com/z_everson/status/1347037517737033731

64　川普推特檔案庫 Trump Twitter Archive。https://www.thetrumparchive.com

65　美國媒體 Slate 記者訪問 Trump Twitter Archive 作者 Aaron Mak。Aaron

Mak, Slate, 2021.1.9. What Will the Guy Who Built an Archive of Trump's Tweets Do Now? https://slate.com/technology/2021/01/trump-twitter-archive-interview-capitol-riot.html

66 吳家豪，中央社，2019.12.13。韓國瑜後援會等社團粉專消失 臉書：違反社群守則。https://www.cna.com.tw/news/firstnews/201912130090.aspx

67 Katie Canales, Business Insider. 2020.11.18. Mark Zuckerberg says Facebook should be liable for 'some content,' but the social giant and other platforms still shouldn't be regulated as publishers or telecom firms. https://www.businessinsider.com/zuckerberg-facebook-should-be-liable-some-content-2020-11

68 Facebook「社群守則執行報告」Community Standards Enforcement Report。https://transparency.fb.com/data/community-standards-enforcement/

69 Facebook「第三方查證計畫」介紹。https://www.facebook.com/journalismproject/programs/third-party-fact-checking

70 Facebook「事實查核投資」介紹。https://www.facebook.com/journalismproject/programs/third-party-fact-checking/industry-investments

71 YouTube 服務條款。https://www.youtube.com/static?gl=CA&template=terms

72 YouTube 透明報告，社群規範執行 Community Guidelines Enforcement。https://transparencyreport.google.com/youtube-policy/removals?hl=en

73 YouTube 認證檢舉人計畫。https://support.google.com/youtube/answer/7554338?hl=zh-Hant

74 Google 台灣，Google 台灣官方部落格，2020.12.16。回顧 Google 新聞倡議計畫在台灣的發展歷程。https://taiwan.googleblog.com/2020/12/GNItaiwan.html

75 Twitter 服務條款。https://twitter.com/en/tos

76 Twitter 透明度報告。https://transparency.twitter.com

77 Adam Tornes, Leanne Trujillo, Twitter Developer Platform Blog. 2021.1.26. Enabling the future of academic research with the Twitter API. https://blog.twitter.com/developer/en_us/topics/tools/2021/enabling-the-future-of-academic-research-with-the-twitter-api

78 Twitter Birdwatch 專案。https://birdwatch.twitter.com

79 TikTok 智慧財產權政策。https://www.tiktok.com/legal/copyright-policy?lang=en

80 TikTok 社群規範執行報告 Community Guidelines Enforcement Report。

https://www.tiktok.com/safety/resources/tiktok-transparency-report-2021-h-1?lang=en

81　TikTok 社群規範執行報告 Community Guidelines Enforcement Report。https://newsroom.tiktok.com/en-us/tiktok-to-launch-transparency-center-for-moderation-and-data-practices

82　LINE 訊息查證服務條款。https://fact-checker.line.me/service_terms.html

83　LINE 透明度報告。https://linecorp.com/zh-hant/security/transparency/2020h1

84　LINE 台灣新聞，2019.7.22。「LINE 訊息查證」平台上線 邀全民齊力抗假 同步舉辦媒體識讀教育 由內而外啟發新思維。https://linecorp.com/zh-hant/pr/news/zh-hant/2019/2791

85　LINE 台灣，親子天下，2021.12.17。LINE 台灣企業助攻教育！數位浪潮下培養孩子媒體識讀力。https://www.parenting.com.tw/article/5091558

06

1　馬麗昕，台灣事實查核中心，2022.2.18。【假訊息與事實查核調查出爐！】民眾肯定民間查核機構的公信力 盼政府立法促平台自制。https://tfc-taiwan.org.tw/articles/6956

2　台灣事實查核教育基金會，2022.2.18。假訊息現象與事實查核成效。PDF 檔案 p.10。

3　台灣事實查核教育基金會，2022.2.18。假訊息現象與事實查核成效。PDF 檔案 p.34。

4　《災害防救法》於 2019 年 5 月 7 日修訂第 41 條，規定不得散播有關災害的謠言或不實訊息。https://law.moj.gov.tw/LawClass/LawAll.aspx?pcode=D0120014

5　《傳染病防治法》於 2019 年 5 月 24 日修訂第 63 條，規定不得散播有關傳染病流行疫情的謠言或不實訊息。https://law.moj.gov.tw/LawClass/LawAll.aspx?pcode=L0050001

6　《食品安全衛生管理法》於 2019 年 5 月 24 日增訂第 64 條之 1，規定不得散播有關食品安全的謠言或不實訊息。https://law.moj.gov.tw/LawClass/LawAll.aspx?pcode=L0040001

7　《農產品市場交易法》於 2019 年 6 月 21 日修訂第 6 條及第 35 條，規定不得散播影響農產品交易價格的謠言或不實訊息。https://law.moj.gov.tw/LawClass/LawAll.aspx?pcode=M0030070

8　游凱翔，中央社，2021.5.6。防制假訊息 羅秉成：跨部門合作有強化必要。

https://www.cna.com.tw/news/aipl/202105060302.aspx

9　陳熙文、鄭媈，聯合報，2019.10.17。防堵假訊息 澄清稿「222 原則」政院講究速度戰。https://udn.com/news/story/6656/4108894

10　唐鳳，PDIS 部落格，2020.4.17。協力對抗不實訊息，民主彩球再度飛舞。https://pdis.nat.gov.tw/zh-TW/blog/ 協力對抗不實訊息 - 民主彩球再度飛舞 /

11　「臺大新聞所三十週年研討會」網站。https://ntujour.github.io/forum30/

12　余祥，中央社，2021.1.6。證實小編製圖加憤怒值？唐鳳辦公室：非指特定個案。https://www.cna.com.tw/news/aipl/202101060185.aspx

13　劉致昕，春山出版，2021。真相製造 p.358-362。

14　過去在 IORG 在舉辦工作坊時提到「認知作戰」，有許多參與者確實感到擔憂，但也有許多參與者表現出對「認知作戰」一詞的反感或嘲諷，質疑「認知作戰」的真實性。

15　TVBS 新聞，2021.9.17。跟簡舒培互嗆認知作戰 柯遭批惡劣 怒回：不怕跟你對打。https://www.youtube.com/watch?v=kI40gCv_I2o

16　綜合報導，蘋果日報，2012.10.18。糗 宣導片太腦殘 網友圍剿政院被 YouTube 下架。http://www.appledaily.com.tw/appledaily/article/headline/20121018/34582006/

17　hsnujeffy，2012.10.17。行政院經濟動能推升方案廣告（備份）。https://www.youtube.com/watch?v=RAbD3AGFX6I

18　劉致昕，報導者，2019.11.28。教德國政府用教育抵擋仇恨和歧視──卡哈娜：民主需要相信的勇氣。https://www.twreporter.org/a/new-hate-politics-germany-anetta-kahane-democracy-education

19　德國「聯邦公民教育中心」Bundeszentrale für politische Bildung，簡稱 bpb。https://www.bpb.de/

20　Michael Fitzpatrick, RFI, 2021.5.6. France creates agency to fight foreign fake news aiming to undermine the state. https://www.rfi.fr/en/france/20210605-france-creates-agency-to-fight-foreign-fake-news-aiming-to-undermine-the-state-cybercrime-russia-united-states-elections-brexit

21　Human Rights Watch, 2021.3.16. Russia, Ukraine, and Social Media and Messaging Apps. https://www.hrw.org/news/2022/03/16/russia-ukraine-and-social-media-and-messaging-apps

22　烏克蘭「資訊安全原則」Doctrine of Information Security of Ukraine (ISD) https://www.president.gov.ua/documents/472017-21374

23　智庫「烏克蘭稜鏡」Prism UA 網站「烏克蘭：不實訊息韌性指標」網頁提到：

「資訊安全原則」在（烏克蘭政府）執行資訊安全政策的有效性上，並未有重大貢獻。http://prismua.org/en/english-ukraine-disinformation-resilience-index/

24 「歐盟對抗不實訊息」EUvsDisinfo。https://euvsdisinfo.eu/about/

25 歐盟執行委員會資助各項計畫，對抗不實訊息。https://ec.europa.eu/info/live-work-travel-eu/coronavirus-response/fighting-disinformation/funded-projects-fight-against-disinformation_en

26 2022 年 2 月，歐洲議會通過《抵制假訊息報告案》。https://www.europarl.europa.eu/doceo/document/A-9-2022-0022_EN.html

27 綜合外電報導，中央社，2022.3.25。歐盟數位市場法達共識 科技巨頭憂嚴厲屬新規限制。https://www.cna.com.tw/news/ait/202203250176.aspx

28 英國數位文化傳媒及體育部 DCMS，2020.2.12。政府有意任命 Ofcom 作為線上有害內容的監管機構 Government minded to appoint Ofcom as online harms regulator。https://www.gov.uk/government/news/government-minded-to-appoint-ofcom-as-online-harms-regulator

29 英國政府 2021 年向國會提案的《網路安全法》。https://bills.parliament.uk/bills/3137

30 美國參議院 2016 年提出的《反外國宣傳與造謠法案》。https://www.congress.gov/bill/114th-congress/senate-bill/3274

31 2017 年《國防授權法》，《反外國宣傳與造謠法案》的內容併入該法第 1287 節。https://www.congress.gov/bill/114th-congress/senate-bill/2943/text

32 美國「全球參與中心」Global Engagement Center 介紹。https://www.state.gov/bureaus-offices/under-secretary-for-public-diplomacy-and-public-affairs/global-engagement-center/

33 美國眾議院能源和商業委員會舉辦聽證會，標題為「不實資訊之國：社交媒體在推進極端主義與錯誤訊息上扮演的角色」Disinformation Nation: Social Media's Role in Promoting Extremism and Misinformation。https://www.congress.gov/event/117th-congress/house-event/111407

34 美國國家民主基金會 National Endowment for Democracy 工作介紹。https://www.ned.org/apply-for-grant/en/

35 The Strait Times, 2019.10.10. Malaysia Parliament passes law to scrap anti-fake news Bill again, abolishing it within the year. https://www.straitstimes.com/asia/se-asia/malaysia-parliament-passes-law-to-scrap-anti-fake-news-law-again-abolishing-it-end-of

36 韓國《放送通信委員會設立及運作法》，其中第 21 條為放送通信審議委員會 KCSC 的職權條款。https://elaw.klri.re.kr/eng_service/lawView. do?hseq=55370&lang=ENG

37 韓國「放送通信審議委員會」KCSC。https://www.kocsc.or.kr

38 廖禹揚，中央社，2021.9.1。韓擬修法管制假新聞 人權專家憂損及言論自由。 https://www.cna.com.tw/news/aopl/202109010324.aspx

39 國際記者聯盟 2021 年 10 月 6 日新聞稿，針對韓國提出的《媒體仲裁法》修 正案表達擔憂，並要求修改。國際記者聯盟，2021.10.6。韓國：議會在強烈 反對中擱置具爭議的新聞法案 South Korea: Parliament shelves controversial press law amid backlash。https://www.ifj.org/fr/salle-de-presse/nouvelles/ detail/category/press-releases/article/south-korea-parliament-shelves-controversial-press-law-amid-backlash.html

40 無國界記者組織 2021 年 8 月 24 日發表新聞稿，指出韓國目前版本的《媒體 仲裁法》修正案可能會對媒體產生不利影響。無國界記者組織，2021.8.24。 無國界記者呼籲韓國立法者拒絕反不實資訊修正案 South Korea: RSF calls on legislators to reject anti-disinformation amendment which poses a threat to journalism。https://rsf.org/en/news/south-korea-rsf-calls-legislators-reject-anti-disinformation-amendment-which-poses-threat-journalism

41 William Gallo and Lee Juhyun, VOA, 2021.9.8. South Korea Fights 'Fake News,' But Critics Claim It's Gagging the Press. https://www.voanews.com/a/east-asia-pacific_south-korea-fights-fake-news-critics-claim-its-gagging-press/6219375. html

42 楊明珠，中央社，2022.3.11。打擊假訊息 日本防衛省擬設全球戰略情報官。 https://www.cna.com.tw/news/aopl/202203110002.aspx

43 劉致昕，報導者，2019.4.23。AI、戰情室、網紅學校──印尼政府 5 招 打擊假新聞的啟示。https://www.twreporter.org/a/cyberwarfare-units-disinformation-fake-news-indonesia-government

44 菲律賓 2012 年制定的《網路犯罪預防法》。https://www.officialgazette.gov. ph/2012/09/12/republic-act-no-10175/

45 Gabriel Joel Honrada, Rappler, 2021.2.6. [ANALYSIS] A counter-disinformation strategy for the Philippines? https://www.rappler.com/voices/imho/analysis-counter-disinformation-strategy-philippines/

46 2020 年 COVID-19 疫情期間，菲律賓通過的《團結互助抗疫法》。https:// www.officialgazette.gov.ph/2020/03/24/republic-act-no-11469/

47　Joaquin, Jeremiah Joven B, and Hazel T Biana. 2020. "Philippine crimes of dissent: Free speech in the time of COVID-19." Crime, Media, Culture. 該研究指出,《團結互助抗疫法》有違憲疑慮,侵害憲法保護的言論自由,且菲律賓政府在該法案通過的一個月內,以此抓捕 47 人,其中還有一位是著名藝術家,受到政府官員威脅、入獄,被要求以高額保釋金保釋。https://www.ncbi.nlm.nih.gov/pmc/articles/PMC7399561/

48　Lian Buan, 2020.3.29. Bayanihan Act's sanction vs 'false' info the 'most dangerous.' 根據 Rappler 的報導,該法條文模糊,可能壓制民眾的言論自由。Rappler 是菲律賓獨立新聞媒體,也是國際事實查核聯盟 IFCN 認證的事實查核組織。Rappler 的創辦人雷薩 Maria Ressa 是 2012 年諾貝爾和平獎得主。https://www.rappler.com/nation/256256-sanctions-fake-news-bayanihan-act-most-dangerous/

49　印度媒體資訊局事實查核網站。https://pib.gov.in/factcheck.aspx

50　耶魯大學法學院「資訊社會計畫」部落格專文指出:「在印度,打擊錯誤資訊的行動往往是任務型,或由單一部門執行的,監管機構一直無法制定有效解決錯誤資訊,又保護用戶權利的措施」。Akriti Gaur, Information Society Project Yale Law School, 2021.3.2. Towards policy and regulatory approaches for combating misinformation in India. https://law.yale.edu/isp/initiatives/wikimedia-initiative-intermediaries-and-information/wiii-blog/towards-policy-and-regulatory-approaches-combating-misinformation-india

51　2021 年 2 月 25 日,印度電子與資訊科技部發布的新聞稿,要求社交媒體加強配合政府的內容監管措施。https://pib.gov.in/PressReleaseDetailm.aspx?PRID=1700749

52　聯合國「永續發展目標」網站。https://sdgs.un.org/

53　林韋伶,今周刊,2021.8.18。不想被世界潮流淘汰?當 ESG 成為世界共同語言,你該問的不是「why」而是「why not」。https://www.businesstoday.com.tw/article/category/183017/post/202108180042/

54　商業周刊第 1709 期,2020.8.13。投資最重要的事 ESG。https://www.businessweekly.com.tw/Archive/MagindexContent?issueNumber=1709

55　Anny,INSIDE,2019.11.21。臉書啟動數位公民行動教室!陳其邁:積極社群平台合作提升全民數位素養。https://www.inside.com.tw/article/18176-facebook-we-think-digital-plan

56　台灣事實查核中心,2021.11.4。台灣事實查核中心啟動"台灣媒體素養計畫"首次集結全台事實查核生態系夥伴。https://tfc-taiwan.org.tw/articles/6526

57 台灣數位光訊科技股份有限公司，2019。2019 年企業社會責任報告 p.81。
https://www.sustaihub.com/search/page/14a7543a-0766-3f98-9b51-
639b49997843

58 中嘉寬頻，中央社訊息服務，2021.11.12。中嘉集團實踐企業社會責任 行動
支持媒體素養推廣教育「識媒體」平台正式上線。https://www.cna.com.tw/
postwrite/chi/303886

59 根據台灣媒體觀察教育基金會「捐款芳名錄」，在 2012-2022 10 年內，媒觀
分別於 2014 年 5 月、2016 年、2018 年、2019 年、2020 年收到捐款單位為
「財團法人富邦文教基金會」共 5 次捐款，金額為 60 至 132 萬不等。https://
www.mediawatch.org.tw/donate/donate-list

60 根據台灣媒體觀察教育基金會「捐款芳名錄」，在 2012-2022 10 年內，媒觀
於 2012 年 3 月曾收到捐款人姓名為「尹衍樑」的 2 百萬捐款 1 次。https://
www.mediawatch.org.tw/donate/donate-list

61 根據《報導者》「捐款徵信」資料，自 2015.12.16 起至 2022.1.31 止，《報導者》
共收到捐款人姓名為「童子賢」及「童〇賢」共 21 次 1 千萬元整捐款。2015
年 1 次、2016 年 3 次、2017 年 4 次、2018-2021 每年 3 次，2022 年 1 次。
https://www.twreporter.org/a/credit-donate

62 CSR@ 天下。https://csr.cw.com.tw/

63 永訓智庫 CSR 資料庫。https://www.sustaihub.com/

64 Wang AW, Lan J, Wang M, Yu C, JMIR Med Inform 9(11):e30467, 2021.
The Evolution of Rumors on a Closed Social Networking Platform During
COVID-19: Algorithm Development and Content Study. https://doi.
org/10.2196/30467

65 《科學月刊》2019 年第 50 卷第 12 期總號第 600 期第 3 頁。https://smcase.
ntu.edu.tw/SMCASE/?p=6042

66 《科學月刊》投稿須知。https://www.scimonth.com.tw/submitt

67 彭筱婷，今周刊，2017.5.25。陳昇瑋打造中研院科普平台「研之有物」讓外
界秒懂研究成果，不再霧裡看花。https://www.businesstoday.com.tw/article/
category/80394/post/201705250031/

68 中研院「研之有物」。https://research.sinica.edu.tw/

69 林婷嫻，研之有物，2018.12.1。【科普寫作】探訪拍攝 + 資料視覺化。
https://research.sinica.edu.tw/popular-science-design-photography/

70 林婷嫻，研之有物，2019.4.27。如何將中研院變親民？《研之有物》用
這 5 招內容行銷。https://research.sinica.edu.tw/popular-science-content-

marketing-academia-sinica/

71　陳雅慧，親子天下，2019.10.30。中學生媒體素養萬人調查 YouTube 成青少年最大資訊來源。https://www.parenting.com.tw/article/5080584

72　台灣放伴協會 Facebook 粉絲專頁。https://www.facebook.com/pangphuann

73　台灣事實查核中心。https://tfc-taiwan.org.tw

74　Cofacts 真的假的。https://cofacts.tw

75　MyGoPen 麥擱騙。https://mygopen.com

76　台灣科技媒體中心。https://smctw.tw

77　優質新聞發展協會。https://aqj.org.tw

78　卓越新聞獎基金會。https://www.feja.org.tw

79　台灣媒體觀察教育基金會。https://www.mediawatch.org.tw

80　假新聞清潔劑。https://www.fakenewscleaner.tw

81　對話千層派 Facebook 粉絲專頁。https://www.facebook.com/ChatforTaiwan

82　家庭診聊室 Facebook 社團。https://www.facebook.com/groups/familytalk

83　行動山棧花 Facebook 粉絲專頁。https://www.facebook.com/taiwanlily2019

84　台灣人權促進會。https://www.tahr.org.tw

85　開放文化基金會。https://ocf.tw

86　g0v 零時政府。https://g0v.tw

87　改寫自臺灣民主基金會 2019 年調查，第二大題「假消息的影響」，第 1 小題。PDF 檔案 p.4。http://www.taiwandemocracy.org.tw/export/sites/tfd/files/news/pressRelease/0719press-release-supplement_in-Chinese.pdf

88　改寫自臺灣民主基金會 2019 年調查，第二大題「假消息的影響」，第 2 小題。PDF 檔案 p.4。http://www.taiwandemocracy.org.tw/export/sites/tfd/files/news/pressRelease/0719press-release-supplement_in-Chinese.pdf

89　改寫自 2020 年政治大學傳播學院「臺灣傳播調查資料庫」第二期第三次調查，題目編號 I8。PDF 檔案 p.415。

90　路透新聞學研究所，英國牛津大學，2019。數位新聞報告。https://www.digitalnewsreport.org/survey/2019/taiwan-2019/

91　改寫自臺灣民主基金會 2019 年調查，第二大題「假消息的影響」，第 3 小題。PDF 檔案 p.4。http://www.taiwandemocracy.org.tw/export/sites/tfd/files/news/pressRelease/0719press-release-supplement_in-Chinese.pdf

07

1   中国新闻网，2022.2.25。微博貼文，貼文使用「#有了国旗就有了主心骨#」、「#原来战狼2的这一幕是真的#」hashtag。https://weibo.com/1784473157/Lh7J6foNb

2   綜合外電報導，中央社，2019.10.16。金正恩騎白馬登白頭山政治秀 引發政策轉向揣測。https://www.cna.com.tw/news/firstnews/201910160298.aspx

3   Hamza Shaban, The Atlantic, 2013.10.11. Playing War: How the Military Uses Video Game. https://www.theatlantic.com/technology/archive/2013/10/playing-war-how-the-military-uses-video-games/280486/

4   Jose Antonio Vargas, Washington Post, 2006.10.9. Way Radical, Dude. https://www.washingtonpost.com/wp-dyn/content/article/2006/10/08/AR2006100800931.html

5   《美國陸軍》遊戲包裝盒封面的圖片。U.S. Army. Public Domain. Wikimedia Commons. https://commons.wikimedia.org/wiki/File:AA2GameCover.jpg

6   百度百科上「大抗戰」介紹。https://baike.baidu.hk/item/大抗戰/6734381

7   關於「講道理」的公共討論，請參考《修辭的陷阱》How Propaganda Works，八旗文化，2021。

8   海報是很常見的宣傳形式，請參考 Reddit 論壇的 r/PropagandaPosters，瀏覽各式各樣的海報，並且判讀是否屬於政治宣傳。https://www.reddit.com/r/PropagandaPosters/

9   科林・薩爾特爾，故事，2021.9.19。I Want YOU！第一次世界大戰期間，政府用那些募兵海報說服民眾自願從軍？ https://storystudio.tw/article/gushi/recruitment-poster-in-ww1/

10   James Montgomery Flagg, 1917. Library of Congress. I want you for U.S. Army: nearest recruiting station / James Montgomery Flagg. digital file from original, no. 9 https://www.loc.gov/resource/ppmsc.03521/

11   Emma Piper-Burket, RogerEbert.com, 2017.7.19. The History of America and Russia's Cinematic Cold War. https://www.rogerebert.com/features/the-history-of-america-and-russias-cinematic-cold-war

12   Isskustvo, 1950. Народы мира не хотят повторений бедствий войны [The world's people do not want to repeat the scourge of war]. Keston Digital Archives, Baylor University Libraries Digital Collections. https://www.flickr.com/photos/baylordigitalcollections/6715704933/

13　Nam Dau, 2009.7.6. Animated Soviet Propaganda - American Imperialist: The Millionaire. https://www.youtube.com/watch?v=jETJt_zbnKk

14　自由歐洲電台 Radio Free Europe / Radio Liberty。https://www.rferl.org

15　Tkacheva, Olesya, Lowell H. Schwartz, Martin C. Libicki, Julie E. Taylor, Jeffrey Martini, and Caroline Baxter. RAND Corporation, 2013. "Information Freedom During the Cold War: The Impact of Western Radio Broadcasts." In Internet Freedom and Political Space, p.150-157. https://www.jstor.org/stable/10.7249/j.ctt4cgd90.14

16　Richard J. Samuels, 2006, SAGE Publication. Encyclopedia of United States National Security, Volume 1. p.618.

17　Catechetical Guild Educational Society, 1947. Is This Tomorrow America Under Communism Catechetical Guild. Public Domain Mark 1.0. Internet Archive. https://archive.org/details/IsThisTomorrowAmericaUnderCommunismCatech eticalGuild/page/n31/mode/1up

18　Steven Lee Myers, The New York Times, 2021.3.29. An Alliance of Autocracies? China Wants to Lead a New World Order. https://www.nytimes.com/2021/03/29/world/asia/china-us-russia.html

19　BBC 中文，2020.4.26。肺炎疫情：國際呼聲高漲下，中國拒絕就新冠病毒溯源調查讓步。https://www.bbc.com/zhongwen/trad/science-52429979

20　Julian Borger, The Guadian, 2020.5.3. Mike Pompeo: 'enormous evidence' coronavirus came from Chinese lab. https://www.theguardian.com/world/2020/may/03/mike-pompeo-donald-trump-coronavirus-chinese-laboratory

21　Lucas Kello, Yale University Press, 2017. The Virtual Weapon and International Order. p.215.

22　IORG 資訊操弄心慌週報第 5 期，2021.7.8。中天變造美商務部長發言：250 萬莫德納疫苗功勞歸台積電。https://iorg.tw/da/5

23　2021.7.1 備份於 Wayback Machine。http://www.xinhuanet.com

24　2021.7.1 備份於 Wayback Machine。http://www.rfa.org/mandarin

25　2021.7.1 備份於 Wayback Machine。https://www.voachinese.com

26　何清漣，八旗文化，2019，《紅色滲透：中國媒體全球擴張的真相》。

27　何清漣，八旗文化，2019，《紅色滲透：中國媒體全球擴張的真相》p.72。

28　鞠鵬攝，共产党员网，2013.8.21。习近平在全国宣传思想工作会议上强调 胸怀大局把握大势着眼大事 努力把宣传思想工作做得更好。https://news.12371.cn/2013/08/21/ARTI1377027196674576.shtml

29 Louisa Lim and Julia Bergin, The Guadian, 2018.12.7. Inside China's audacious global propaganda campaign. https://www.theguardian.com/news/2018/dec/07/china-plan-for-global-media-dominance-propaganda-xi-jinping

30 陳雅甄，喀報，2021.5.30。別上當！當新聞不再是新聞。https://castnet.nctu.edu.tw/index.php/castnet/article/351

31 Louisa Lim and Julia Bergin, The Guadian, 2018.12.7. Inside China's audacious global propaganda campaign. https://www.theguardian.com/news/2018/dec/07/china-plan-for-global-media-dominance-propaganda-xi-jinping

32 《華爾街日報》China Watch。https://partners.wsj.com/chinadaily/chinawatch/

33 《外交政策》China Watch。https://foreignpolicy.com/sponsored/chinadaily/

34 Bethany Allen-Ebrahimian, Axios, 2020.1.18. America's oldest Confucius Institute to close. https://www.axios.com/oldest-confucius-institute-us-close-91d77448-ae5c-4da8-a8ec-8c75c46d388d.html

35 中國教育部「对外汉语教学发展中心」於 2006 年公布的「孔子学院章程」。http://www.moe.gov.cn/srcsite/zsdwxxgk/200610/t20061001_62461.html

36 Aday S., Andžāns M., Bērziņa-Čerenkova U., Granelli F., Gravelines J., Hills M., Holmstrom M., Klus A., Martinez-Sanchez I., Mattiisen M., Molder H., Morakabati Y., Pamment J., Sari A., Sazonov V., Simons G., Terra J., NATO Strategic Communications Centre of Excellence, 2019. Hybrid Threats. A Strategic Communications Perspective. https://stratcomcoe.org/publications/hybrid-threats-confucius-institutes/88

37 National Association of Scholars, 2022.2.22. How Many Confucius Institutes Are in the United States? https://www.nas.org/blogs/article/how_many_confucius_institutes_are_in_the_united_states

38 Jack Power, The Irish Times, 2016.10.25. UCD refused extra €2.5m for Confucius Centre. https://www.irishtimes.com/news/ireland/irish-news/ucd-refused-extra-2-5m-for-confucius-centre-1.2841943

39 Human Rights Watch, 2019.3.21. China: Government Threats to Academic Freedom Abroad. https://www.hrw.org/news/2019/03/21/china-government-threats-academic-freedom-abroad

40 Pratik Jakhar, BBC, 2019.9.7. Confucius Institutes: The growth of China's controversial cultural branch. https://www.bbc.com/news/world-asia-china-49511231

41 David Feith, The Wall Street Journal, 2014.5.26. China's Beachhead in American

Schools. https://www.wsj.com/articles/david-feith-chinas-beachhead-in-u-s-schools-1401124980

42 Wang Yun, Radio Free Asia, 2018.5.11. Censorship of 'Taiwan' at U.S. University Sparks Concern Over Chinese Influence. https://www.rfa.org/english/news/china/taiwan-censorship-05112018133205.html

43 Fergus Hunter, The Sydney Morning Herald, 2019.7.25. Universities must accept China's directives on Confucius Institutes, contracts reveal. https://www.smh.com.au/politics/federal/universities-must-accept-china-s-directives-on-confucius-institutes-contracts-reveal-20190724-p52ab9.html

44 吳亦桐，自由亞洲電台，2021.10.23。北京施壓 德孔子學院取消《習近平 全球最有權力的人》討論會。https://www.rfa.org/cantonese/news/de-xi-10232021091653.html

45 黃安偉，紐約時報中文網，2020.8.14。川普政府將孔子學院美國總部列為外交使團。https://cn.nytimes.com/usa/20200814/state-department-confucius-institutes/zh-hant/

46 綜合外電報導，中央社，2021.5.11。澳洲要各大學提交協議供審查 孔子學院面臨關閉。https://www.cna.com.tw/news/aopl/202105110271.aspx

47 周慧盈、張淑伶，中央社，2021.6.8。日擬審查孔子學院 年底前定問題清單。https://www.cna.com.tw/news/aopl/202106080071.aspx

48 德國之聲，2021.11.1。德國聯邦教育部長要求德國高校考慮終止與孔院合作。https://www.dw.com/zh/a-59684531

49 Human Rights Watch, 2019.3.21. China: Government Threats to Academic Freedom Abroad. https://www.hrw.org/news/2019/03/21/china-government-threats-academic-freedom-abroad

50 《聯合報》遊戲角落，2021.9.11。網易《哈利波特：魔法覺醒》手遊在台發行 台灣、維尼成禁用敏感詞。https://game.udn.com/game/story/122089/5739075

51 《聯合報》遊戲角落，2021.9.11。網易《哈利波特：魔法覺醒》手遊在台發行 台灣、維尼成禁用敏感詞。https://game.udn.com/game/story/122089/5739075

52 Esteban Ortiz-Ospina, Our World In Data, 2019.9.18. The rise of social media. https://ourworldindata.org/rise-of-social-media

53 Helmus, Todd C., Elizabeth Bodine-Baron, Andrew Radin, Madeline Magnuson, Joshua Mendelsohn, William Marcellino, Andriy Bega, and Zev

Winkelman, RAND Corporation, 2018. Russian Social Media Influence: Understanding Russian Propaganda in Eastern Europe. https://www.rand.org/pubs/research_reports/RR2237.html

54 美國國家情報總監 2017 年 1 月 6 日發表針對俄羅斯干預 2016 年美國總統大選的報告，標題為 Background to "Assessing Russian Activities and Intentions in Recent US Elections": The Analytic Process and Cyber Incident Attribution. https://www.dni.gov/files/documents/ICA_2017_01.pdf

55 J.M. Berger and Jonathon Morgan, Brookings 2015.3.5. The ISIS Twitter census: Defining and describing the population of ISIS supporters on Twitter. https://www.brookings.edu/research/the-isis-twitter-census-defining-and-describing-the-population-of-isis-supporters-on-twitter/

56 劉致昕，春山出版，2021。真相製造 p.44。

57 NOW. 2015.4.7. Understanding jihadists in their own words. 2015.7.19 備份於 Wayback Machine。https://now.mmedia.me/lb/en/specialreports/565067-understanding-jihadists-in-their-own-words

58 外交部，Facebook，2018.2.1。我友邦及理念相近國家於 WHO 執委會為我執言。https://www.facebook.com/211271956064121/posts/294092347782081

59 烏克蘭駐美大使馬卡羅娃 2022 年 4 月 4 的 Twitter 貼文。https://twitter.com/OMarkarova/status/1510991741079506956

60 「学习强国」。https://www.xuexi.cn

61 霍亮喬、馬立克，自由亞洲電台，2019.2.15。「學習強國」手機 App 登榜首「統一思想」進化可贏積分、獎品。https://www.rfa.org/cantonese/news/app-02152019131348.html

62 端傳媒編輯部，端傳媒，2019.4.3。下載量破億的「學習強國」，到底是個什麼 App（內附漫畫＋視頻）？ https://theinitium.com/article/20190403-mainland-xuexiqiangguo-app/

63 Aurey JiaJia Li，紐約時報中文網，2019.4.8。使用「學習強國」是一種怎樣的體驗？ https://cn.nytimes.com/opinion/20190408/xi-jinping-thought-app/zh-hant/

64 唐家婕，自由亞洲電台，2020.11.9。2020 中国记者节：二十万记者通过"习思想"考试。https://www.rfa.org/mandarin/yataibaodao/meiti/jt-11062020095028.html

65 呂梁，澎湃新闻，2019.1.25。【关注】全党来一个大学习，人人注册认证"学习强国"APP。https://www.thepaper.cn/newsDetail_forward_2905645

66　乔龙，自由亞洲電台，2021.8.24。中国进入"学习强国"模式"强国机"进入老年人社区。https://www.rfa.org/mandarin/yataibaodao/zhengzhi/ql2-08242021065117.html

67　「一支穿雲箭」app 在 Google Play 應用程式商店的介紹。https://play.google.com/store/apps/details?id=com.arrowherohan.arrow&hl=zh_TW&gl=US

68　Bobby Allyn, NPR, 2022.3.16. Deepfake video of Zelenskyy could be 'tip of the iceberg' in info war, experts warn. https://www.npr.org/2022/03/16/1087062648/deepfake-video-zelenskyy-experts-war-manipulation-ukraine-russia

69　這裡所說的「額外資訊」指的是「metadata」，華語是「詮釋資料」。以一則 LINE 訊息為例，訊息內容是「資料」，而「詮釋資料」包括這則 LINE 訊息的作者、傳送時間，以及其他能夠詮釋這筆資料的資料。

70　這裡指的是 agency，也就是我們主動做出行動的意願及能力。

71　IORG，IORG 中國觀察。https://iorg.tw/china-watch

72　劉文，德國之聲，2022.3.12。大翻譯運動：告訴世界中國人怎麼看戰爭。https://www.dw.com/zh/a-61105169

73　「大翻譯運動」Twitter 帳號貼文於 2022 年 3 月 19 日的推文。https://twitter.com/TGTM_Official/status/15050203359762554911

74　《人民日報》官方微博帳號 2022 年 3 月 8 日貼文。https://weibo.com/2803301701/Lkj90npFM

08

1　台灣事實查核中心，2021.12.27。事實查核報告 1411。https://tfc-taiwan.org.tw/articles/6759

2　台灣事實查核中心，2021.8.3。事實查核報告 1140。https://tfc-taiwan.org.tw/articles/6097

3　IORG 資訊操弄心慌週報第 7 期，2021.7.22。打疫苗前不要看！13 個「不要打疫苗」的可疑理由。https://iorg.tw/da/7

4　Cofacts 真的假的回報訊息，首次回報於 2018.6.30。https://cofacts.tw/article/b97r8egx33u0

5　Cofacts 真的假的回報訊息，首次回報於 2018.10.26。https://cofacts.tw/article/1nrdpb0z8wwe9

6　台灣事實查核中心，2018.11.22。事實查核報告 34。https://tfc-taiwan.org.tw/articles/260

7　Isabella Steger, Quartz, 2018.11.28. How Taiwan battled fake anti-LGBT news before its vote on same-sex marriage. https://qz.com/1471411/chat-apps-like-line-spread-anti-lgbt-fake-news-before-taiwan-same-sex-marriage-vote/

8　婚姻平權闢謠事務所，Facebook，2016.11.19。Q：不分性別的稱謂，都是婚姻平權提案害的？A：不是。民法中不分性別的稱謂，不是從婚姻平權的提案開始的。https://www.facebook.com/lawfirmagainstrumour/posts/1703592996624056

9　衛生福利部中央健康保險署，2017.1.4。網傳同性婚姻染愛滋會拖垮健保，健保署特別澄清。https://www.nhi.gov.tw/News_Content.aspx?n=FC05EB85BD57C709&sms=587F1A3D9A03E2AD&s=E54E01DE09B3271F

10　聯合新聞網，女人迷，2019.9.18。「你的每一張反對票，都是傷害」同婚公投後，首度心理健康研究報告出爐。https://womany.net/read/article/21222

11　Mobbs D, Hagan CC, Dalgleish T, Silston B, Prévost C, Front Neurosci. 2015; 9:55, 2015. The ecology of human fear: survival optimization and the nervous system. https://www.ncbi.nlm.nih.gov/pmc/articles/PMC4364301/

12　Tannenbaum MB, Hepler J, Zimmerman RS, Saul L, Jacobs S, Wilson K, Albarracín D, Psychol Bull.141(6), 2015. Appealing to fear: A meta-analysis of fear appeal effectiveness and theories. p.1178-204. https://pubmed.ncbi.nlm.nih.gov/26501228/

13　Elisabeth Rosenthal, The New York Times, 2020.12.7. It's Time to Scare People About Covid. https://www.nytimes.com/2020/12/07/opinion/covid-public-health-messaging.html

14　台灣事實查核中心，2022.2.16。事實查核報告 1508。https://tfc-taiwan.org.tw/articles/6946

15　劉致昕，報導者，2019.5.24。真的假的？想同化「恐同者」，最好「別講大道理」？https://www.twreporter.org/a/mini-reporter-how-to-deal-with-homophobia

16　黃寶萱，風傳媒，2022.1.10。外籍移工「月薪 62K」完勝一堆上班族！網友一看薪資條：台灣人不肯吃苦。https://www.storm.mg/lifestyle/4142472

17　bcyeh，PPT，2022.1.6。[問卦] 移工月薪 6 萬 2 …。https://www.ptt.cc/bbs/Gossiping/M.1641464291.A.416.html

18　曾筠淇，ETtoday，2022.4.6。25 歲女友「戶頭存 90 萬」他嫌少！網見月薪傻了：開銷很省欸。https://finance.ettoday.net/news/2223390

19　綜合報導，聯合新聞網，2022.4.5。他好奇「天龍國最大缺點是啥？」網狂點名這 2 項：太離譜。https://udn.com/news/story/120911/6216910

20　張士哲，TVBS 新聞網，2022.4.7。有片／高雄交通多扯？老伯過馬路影片
　　被翻出　網嚇：國恥。https://news.tvbs.com.tw/life/1759960

21　王子瑄，中時新聞網，2022.4.7。PTT 網友暴動！本土「+382」再
　　創新高 他怒嗆：記者會該廢了 https://www.chinatimes.com/
　　realtimenews/20220407003320-260407?chdtv

22　魏君程，三立新聞網，2022.4.7。本土爆 382 例…台灣防疫失敗？網揭 3 關
　　鍵：是世界頂尖 https://www.setn.com/News.aspx?NewsID=1096870

23　徐薇婷，中央社，2021.8.5。拜登政府首次對台軍售 美國售台 40 門 M109A6
　　自走砲。https://www.cna.com.tw/news/firstnews/202108050010.aspx

24　IORG 資訊操弄心慌週報第 10 期，2021.8.12。中共官媒以網友留言代表台
　　灣，評論美台軍售：「要疫苗不要武器」。https://iorg.tw/da/10

25　陈键兴、姜婷婷，新华网，2021.8.6。台湾社会批美对台军售新计划："要疫
　　苗不要武器"。http://www.xinhuanet.com/2021-08/06/c_1127737450.htm

26　IORG 資訊操弄心慌週報第 10 期，2021.8.12。中共官媒以網友留言代表台
　　灣，評論美台軍售：「要疫苗不要武器」。https://iorg.tw/da/10

27　林犀，大公文匯網，2021.11.1。蔡英文稱「進口萊豬，你也能選擇
　　不吃」台網友：那為何要禁毒？ https://www.tkww.hk/a/202111/01/
　　AP617fd43ae4b06eb4c4084f17.html

28　IORG 資訊操弄心慌週報第 16 期，2021.12.2。公投專題：中共最關心萊豬，
　　用反萊豬引導反美。https://iorg.tw/da/16

29　IORG 資訊操弄心慌週報第 3 期，2021.6.24。警告：「打疫苗猝死」碰上「疫
　　苗是生化武器」陰謀論，可能擴大社會恐慌。https://iorg.tw/da/3

30　IORG，IORG 中國對台資訊操弄案例研析，2021.2.28。B.3 美國流感比武漢
　　肺炎更致命。https://iorg.tw/r/b3

31　IORG 資訊操弄心慌週報第 3 期，2021.6.24。警告：「打疫苗猝死」碰上「疫
　　苗是生化武器」陰謀論，可能擴大社會恐慌。https://iorg.tw/da/3

32　IORG 資訊操弄心慌週報第 4 期，2021.7.1。中共嗆台「亂港謀獨」，Delta 襲
　　來，疫苗、篩檢爭議持續。https://iorg.tw/da/4

33　IORG 資訊操弄心慌週報第 5 期，2021.7.8。中天變造美商務部長發言：250
　　萬莫德納疫苗功勞歸台積電。https://iorg.tw/da/5

34　IORG 資訊操弄心慌週報第 6 期，2021.7.15。韓國「微解封」：錯誤訊息「疫
　　苗第一劑打的差不多」的 21 個版本，如病毒變異。https://iorg.tw/da/6

35　IORG 資訊操弄心慌週報第 9 期，2021.8.15。中共東奧政治宣傳：「中國台北」
　　取代「中華台北」、製造日本負面形象。https://iorg.tw/da/9

36　IORG，IORG 中國對台資訊操弄案例研析，2021.2.28。B.5 美國流感就是武漢肺炎。https://iorg.tw/r/b5

37　台灣事實查核中心，2020.3.9。事實查核報告 351。https://tfc-taiwan.org.tw/articles/2941

38　IORG 資訊操弄心慌週報第 13 期，2021.10.7。跑跑資料：疫苗傳播熱度、內容來源分析。https://iorg.tw/da/13

39　Muyi Xiao, Paul Mozur and Gray Beltran, The New York Times, 2021.12.20. Buying Influence: How China Manipulates Facebook and Twitter. https://www.nytimes.com/interactive/2021/12/20/technology/china-facebook-twitter-influence-manipulation.html

40　上海市公安局浦東分局，2021.6.11。輿論技術服務項目成交公告。2021.12.10 備份於 archive.today。http://www.ccgp.gov.cn/cggg/dfgg/cjgg/202106/t20210611_16406696.htm

41　田牧，允晨文化，2018。走進中國新聞出版審查禁地 p.219-224。

42　Ryan Fedasiuk, The Jamestown Foundation, 2021.4.12. A Different Kind of Army: The Militarization of China's Internet Trolls. https://jamestown.org/program/a-different-kind-of-army-the-militarization-of-chinas-internet-trolls/

43　Ai Weiwei, New Statesman, 2012.10.17. China's Paid Trolls: Meet the 50-Cent Party. 該訪問內容亦刊載於《牆國誌：中國如何控制網路》第 18 章。https://www.newstatesman.com/uncategorized/2012/10/china's-paid-trolls-meet-50-cent-party

44　2021 年 1 月 19 日，時任美國國務卿於記者會的演講內容，標題為「國務卿對新疆暴行之決議」Determination of the Secretary of State on Atrocities in Xinjiang。https://2017-2021.state.gov/determination-of-the-secretary-of-state-on-atrocities-in-xinjiang/index.html

45　Caitlin McFall, Fox News, 2020.7.31. Pompeo sanctions China over human rights abuses against the Uyghurs, calling it the "stain of the century". https://www.foxnews.com/politics/pompeo-sanctions-china-human-rights-abuses-uyghurs

46　Jeff Kao, ProPublica, and Raymond Zhong, Paul Mozur and Aaron Krolik, ProPublica, 2021.6.23. How China Spreads Its Propaganda Version of Life for Uyghurs. https://www.propublica.org/article/how-china-uses-youtube-and-twitter-to-spread-its-propaganda-version-of-life-for-uyghurs-in-xinjiang

47　ProPublica 是一家非營利調查報導新聞媒體，總部設在美國紐約。https://

propublica.org

48 idcc，PTT，2018.9.6。[爆卦] 大阪空港疏散事件相關資訊。https://disp.cc/b/163-aOG0

49 林長順，中央社，2021.11.12，關西機場事件楊蕙如涉帶網路風向辱公署 北院判 6 月徒刑。https://www.cna.com.tw/news/firstnews/202111120033.aspx

50 伍芬婕，天下雜誌，2019.4.23。專訪已接到 2020 大選案的網軍操盤手：確實有人做共產黨生意。https://www.cw.com.tw/article/5094863

51 Wang, Ming-Hung, Nhut-Lam Nguyen, Shih-chan Dai, Po-Wen Chi, and Chyi-Ren Dow, Sustainability 12, no. 6: 2248, 2020. "Understanding Potential Cyber-Armies in Elections: A Study of Taiwan". https://www.mdpi.com/2071-1050/12/6/2248

52 劉致昕，春山出版，2021。真相製造 p.99-114。

53 劉致昕，春山出版，2021。真相製造 p.211-221。

54 劉致昕，春山出版，2021。真相製造 p.137-148。

55 牛津詞典 2016 年將「後真相」列為年度詞彙。https://languages.oup.com/word-of-the-year/2016/

56 彗星撞地球是許多電影的虛構劇情，包括 2021 年在 Netflix 上映的黑色喜劇《千萬別抬頭》，片名原文是 Don't Look Up。

09

1   黃麗芸，中央社，2020.8.16。讀冊生活疑個資外洩 230 人受騙逾 2000 萬。https://www.cna.com.tw/news/firstnews/202008160102.aspx

2   李依璇，三立新聞網，2020.8.17。讀冊生活個資外洩 消費者暴怒湧臉書：書沒來詐騙電話先來。https://www.setn.com/news.aspx?newsid=798343

3   根據 Facebook 的官方定義，截至 2021 年 12 月 31 日，Facebook 的每月活躍使用者 monthly active users 簡稱 MAUs，為 29.1 億。Meta, February 2, 2022. Q4 2021 Earnings. p.1 https://investor.fb.com/investor-events/event-details/2022/Meta-Q4-2021-Earnings/default.aspx

4   Facebook 是否竊聽使用者，長期受到民眾質疑。Facebook 全球公共政策團隊總監 Steve Satterfield 在 2021 年 5 月 18 日的「亞太區隱私政策媒體線上說明會」否認 Facebook 竊聽使用者，閱讀私密對話紀錄，稱這是「完全的迷思」。https://www.cna.com.tw/news/firstnews/202105180252.aspx

5   不過，Facebook 的確「站外動態」off-Facebook activity 的功能，雖然 Scatterfield 用「開放透明」、「讓使用者擁有充分控制權」來形容，這個功

能也的確讓 Facebook 得以「跟蹤」使用者在其他網站的瀏覽行為。https://www.inside.com.tw/article/23556-facebook-ads-and-privacy

6　在美國新聞媒體 Bloomberg 報導之後，Facebook 承認確有將使用者的語音聊天內容錄音。https://www.vice.com/en/article/wjw889/facebook-said-it-wasnt-listening-to-your-conversations-it-was

7　精準投放，英文是 microtargeting，美國《韋氏大辭典》的定義是：根據個人資訊量身定做的廣告或政治訊息。https://www.merriam-webster.com/dictionary/microtarget

8　黃郁芸，iThome，2020.11.10。PChome 整合 4 大面向資料打造 AI 推薦工具，走向更精緻個人化推薦。https://www.ithome.com.tw/news/141029

9　汤一涛，极客公园 GeekPark，2021.6.8。年轻人都在「反算法」，没想到它先站出来了。http://www.geekpark.net/news/279615

10　根據 Statista，2012 年至 2022 年全球網路用戶每日使用社交媒體的時間。https://www.statista.com/statistics/433871/daily-social-media-usage-worldwide/

11　資料仲介，英文是 data broker，根據劍橋辭典，資料仲介為販售有關公司、市場消息等資訊的人或公司。https://dictionary.cambridge.org/dictionary/english/data-broker

12　側寫，英文是 profiling，美國《韋氏大辭典》的定義是：根據已知特徵或傾向，推知關於特定人的資訊。https://www.merriam-webster.com/dictionary/profiling

13　Spandana Singh, New America, 2020.2.18.Special Delivery: How Internet Platforms Use Artificial Intelligence to Target and Deliver Ads. https://www.newamerica.org/oti/reports/special-delivery/

14　Carole Cadwalladr, The Guardian, 2017.5.7. The great British Brexit robbery: how our democracy was hijacked. https://www.theguardian.com/technology/2017/may/07/the-great-british-brexit-robbery-hijacked-democracy

15　端傳媒，2016.6.23。脫歐公投前最後激辯：英國要對「仇恨工程」SAY NO，還是迎來「獨立日」？https://theinitium.com/article/20160622-dailynews-bbc-referendum-debate/

16　Heather Stewart and Rowena Mason, The Guardian, 2016.6.16. Nigel Farage's anti-migrant poster reported to police. https://www.theguardian.com/politics/2016/jun/16/nigel-farage-defends-ukip-breaking-point-poster-queue-of-migrants

17　端傳媒，2016.6.17。英留歐派議員被槍殺，或為下週脫歐公投添變數。
　　https://theinitium.com/article/20160617-dailynews-jo-cox-murder/

18　Heather Stewart, Rowena Mason and Rajeev Syal, The Guardian, 2016.6.24.
　　David Cameron resigns after UK votes to leave European Union. https://www.
　　theguardian.com/politics/2016/jun/24/david-cameron-resigns-after-uk-votes-
　　to-leave-european-union

19　Full Fact, 2019.4.18.The EU referendum wasn't quite the largest democratic
　　exercise in UK history. https://fullfact.org/europe/eu-referendum-not-largest-
　　democratic-exercise/

20　BBC 的 2016 英國脫歐公投結果公告。https://www.bbc.co.uk/news/politics/
　　eu_referendum/results

21　英國《金融時報》彙整 2010 年起，脫歐與留歐的民調。https://ig.ft.com/
　　sites/brexit-polling/

22　Carole Cadwalladr, The Guardian, 2017.5.7. The great British Brexit
　　robbery: how our democracy was hijacked. https://www.theguardian.com/
　　technology/2017/may/07/the-great-british-brexit-robbery-hijacked-democracy

23　報導原文使用 persuadable 這個字，原句是：對任何擁有資料寶庫的競選團
　　體來說，找到「可被說服」的選民都是關鍵。https://www.theguardian.com/
　　technology/2017/may/07/the-great-british-brexit-robbery-hijacked-democracy

24　英國「資訊特任官」官方網站。https://ico.org.uk/

25　Matthew Rosenberg, Nicholas Confessore and Carole Cadwalladr, The New
　　York Times, 2018.3.17. How Trump Consultants Exploited the Facebook Data
　　of Millions. https://www.nytimes.com/2018/03/17/us/politics/cambridge-
　　analytica-trump-campaign.html

26　Carole Cadwalladr and Emma Graham-Harrison, The Guardian, 2018.3.17.
　　Revealed: 50 million Facebook profiles harvested for Cambridge Analytica
　　in major data breach. https://www.theguardian.com/news/2018/mar/17/
　　cambridge-analytica-facebook-influence-us-election

27　Harry Davies, The Guardian, 2015.12.11. Ted Cruz using firm that harvested
　　data on millions of unwitting Facebook users. https://www.theguardian.com/
　　us-news/2015/dec/11/senator-ted-cruz-president-campaign-facebook-user-
　　data

28　Mattathias Schwartz, The Intercept, 2017.3.31. Facebook Failed to Protect
　　30 Million Users From Having Their Data Harvested By Trump Campaign

Affiliate. https://theintercept.com/2017/03/30/facebook-failed-to-protect-30-million-users-from-having-their-data-harvested-by-trump-campaign-affiliate/

29　Carole Cadwalladr, The Guardian, 2018.7.15. Elizabeth Denham: 'Data crimes are real crimes'. https://www.theguardian.com/uk-news/2018/jul/15/elizabeth-denham-data-protection-information-commissioner-facebook-cambridge-analytica

30　Information Commissioner's Office, 2018. Investigation into the use of data analytics in political campaigns. https://ico.org.uk/media/action-weve-taken/2260271/investigation-into-the-use-of-data-analytics-in-political-campaigns-final-20181105.pdf

31　Facebook 2018 年 7 月向英國國會提交的內容。https://www.parliament.uk/globalassets/documents/commons-committees/culture-media-and-sport/Fake_news_evidence/Ads-supplied-by-Facebook-to-the-DCMS-Committee.pdf

32　BBC, 2018.7.26. Vote Leave's targeted Brexit ads released by Facebook. https://www.bbc.com/news/uk-politics-44966969

33　Information Commissioner's Office, 2018. Investigation into the use of data analytics in political campaigns. p.7. https://ico.org.uk/media/action-weve-taken/2260271/investigation-into-the-use-of-data-analytics-in-political-campaigns-final-20181105.pdf

34　加拿大「個人資料私隱專員公署」Office of the privacy Commissioner of Canada 於 2019 年針對「劍橋分析」的調查報告。https://www.oipc.bc.ca/investigation-reports/2363

35　脫歐之戰 Brexit: The Uncivil War，2019 年電影。

36　個資風暴：劍橋分析事件 The Great Hack，2019 年紀錄片。https://www.netflix.com/tw-en/title/80117542

37　Jessi Hempel, WIRED, 2018.3.19. Facebook in the Age of the Big Tech Whistleblower. https://www.wired.com/story/whistleblowers-on-cambridge-analytica-and-the-question-of-big-data/

38　機密性 confidentiality、完整性 integrity、可用性 availability，被稱做資訊安全的 3 項原則或要素，有時候會以 3 個英文字的開頭合稱為「CIA」。1977 年，美國國家標準局《電腦安全稽核及評估》手冊，將「電腦安全」定義為「面對意外或刻意的威脅，保護系統資料及資源的機密性、完整性及可用性」。https://nvlpubs.nist.gov/nistpubs/Legacy/SP/nbsspecialpublication500-19.pdf

39 鄭惟仁，公視新聞網，2021.4.5。臉書又傳 5 億個資外洩 臉書回應：為 2019 年舊資料。https://news.pts.org.tw/article/520253

40 Cofacts 真的假的回報訊息，首次回報於 2020.4.2。https://cofacts.tw/article/1uix91jkye0nk

41 聯合國《公民及政治權利國際公約》。https://www.ohchr.org/en/instruments-mechanisms/instruments/international-covenant-civil-and-political-rights

42 翁栢萱，立法院，2016.9.1. 聯合國人權兩公約之國內實踐——以兩公約施行法為中心。https://www.ly.gov.tw/Pages/Detail.aspx?nodeid=6586&pid=85233

43 《公民及政治權利國際公約》的各國簽署情形。https://indicators.ohchr.org/

44 《一般資料保護規則》全名為 General Data Protection Regulation，簡稱 GDPR，於 2016 年 4 月通過，2 年緩衝期後，於 2018 年 5 月 25 日生效，取代 1995 年的《資料保護指令》，GDPR 是保護所有歐盟個人的個人資料及隱私的歐盟法律。https://gdpr.eu/tag/gdpr/

45 GDPR 官方網站對於 GDPR 的介紹。https://gdpr.eu/what-is-gdpr/

46 這一章稱「處理」及「處理者」，不只是「處理」這個詞的一般意義，而是對應 GDPR 條文定義的 process 及 data processor。GDPR 指的 process，是概括對個人資料能做的所有動作，無論自動或人工，包括蒐集、記錄、整理、結構、儲存、使用、刪除，而 data processor，也就是 process 個人資料的個人或組織。

47 GDPR 第 5 條。https://gdpr.eu/article-5-how-to-process-personal-data/

48 GDPR 第 6 條規定，取得資料主題的同意是其中一種合法存取處理個人資料的情形。https://gdpr.eu/article-6-how-to-process-personal-data-legally/

49 GDPR 第 9 條。https://gdpr.eu/article-9-processing-special-categories-of-personal-data-prohibited/

50 GDPR 第 3 條。https://gdpr.eu/article-3-requirements-of-handling-personal-data-of-subjects-in-the-union/

51 國發會法制協調中心參事李世德，台灣經濟論衡 Taiwan Economic Forum Volume 16, Number 3，2018.3，國家發展委員會。GDPR 與我國個人資料保護法之比較分析。https://ws.ndc.gov.tw/Download.ashx?u=LzAwMS9hZG1p bmlzdHJhdG9yLzEwL3JlbGZpbGUvMC8xMjA2My9lMzMyMjIzMS1jOTM4L TRmZjUtYmZmNi1kNGI1MGYwMGYzZWMucGRm&n=6KuW6KGhMTYt M180LuWQjeWutuingOm7njAyX0dEUFLoiIfmiJHlnIvlgIvkurros4fmlpnkv53 orbfms5XkuYvmr5TovIPliIbmnpAucGRm&icon=..pdf

52 Joyce Liu, BBC, 2017.12.10. In Your Face: China's all-seeing state. https://www.

bbc.com/news/av/world-asia-china-42248056

53 Liza Lin and Newley Purnell, The Wall Street Journal, 2019.12.6. A World With
    a Billion Cameras Watching You Is Just Around the Corner. https://www.wsj.
    com/articles/a-billion-surveillance-cameras-forecast-to-be-watching-within-
    two-years-11575565402

54 中华人民共和国中央人民政府，2005.12.4。中办、国办转发《关于深入开展
    平安建设的意见》。http://www.gov.cn/jrzg/2005-12/04/content_117247.htm

55 Zhang Zihan, Global Times, 2012.10.10. Beijing's guardian angels? 2012.10.11
    備份於 Wayback Machine。https://www.globaltimes.cn/content/737491.shtml

56 中华人民共和国国家发展和改革委员会，2015.5.6。关于加强公共安全视
    频监控建设联网应用工作的若干意见，发改高技 [2015] 996 号。2016.6.16
    備份於 Wayback Machine。https://www.ndrc.gov.cn/zcfb/zcfbtz/201505/
    t20150513_691578.html

57 刘鑫焱、乔栋，人民网，2020.10.14。立体化信息治安防控等平台：大
    数据支撑 护一方平安。http://scitech.people.com.cn/n1/2020/1014/c1007-
    31891037.html

58 邱莉燕，遠見雜誌，2018.11.30。手機、電視都是監控器 雪亮工程 10 秒看
    穿你是誰。https://www.gvm.com.tw/article/55075

59 香港蘋果動新聞，2021.3.28。中國有 450 萬網格管理員「1 人盯 300 人」無
    縫監控。https://tw.appledaily.com/international/20210328/3G2PQCRS2RCLL
    JVSRPSQWYHZMU/

60 Iris Zhang and Shen Lu, China File, 2020.10.30. State of Surveillance:
    Government Documents Reveal New Evidence on China's Efforts to Monitor
    Its People. https://www.chinafile.com/state-surveillance-china

61 人權觀察組織，2017.11.19，中國：公安"大數據"系統侵犯隱私、打壓異
    見人士。https://www.hrw.org/zh-hans/news/2017/11/19/311556

62 人權觀察組織，2018.2.26，中國：大數據助長對少數民族地區鎮壓。https://
    www.hrw.org/zh-hans/news/2018/02/26/315321

63 Steven Feldstein, Carnegie Endowment 2019. The Global Expansion of AI
    Surveillance. https://carnegieendowment.org/2019/09/17/global-expansion-of-
    ai-surveillance-pub-79847

64 自由之家 Freedom House，2018.10。數位威權主義崛起，2018 年網路自由
    報告。https://freedomhouse.org/sites/default/files/FOTN_2018_Final.pdf

65 自由之家 Freedom House，2018.10。數位威權主義崛起，2018 年網路自由

報告。https://freedomhouse.org/sites/default/files/FOTN_2018_Final.pdf

66　Lyn，艾媒網，2017.11.14。"一帶一路" 沿線國家政府網絡監管部門官員代表團到訪艾媒。https://www.iimedia.cn/c886/59716.html

67　Kashmir Hill, The New York Times, 2020.1.18.The Secretive Company That Might End Privacy as We Know It. https://www.nytimes.com/2020/01/18/technology/clearview-privacy-facial-recognition.html

68　Ryan Mac, Caroline Haskins and Antonio Pequeño IV, BuzzFeed News, 2021.8.25. Police In At Least 24 Countries Have Used Clearview AI. Find Out Which Ones Here. https://www.buzzfeednews.com/article/ryanmac/clearview-ai-international-search-table

69　Paul Mozur, Jonah M. Kessel and Melissa Chan, The New York Times, 2019.8.24. Made in China, Exported to the World: The Surveillance State. https://www.nytimes.com/2019/04/24/technology/ecuador-surveillance-cameras-police-government.html

70　Mark Krutov, Maria Chernova and Robert Coalson, Radio Free Europe, 2021.4.28. Russia Unveils A New Tactic To Deter Dissent: CCTV And A 'Knock On The Door,' Days Later. https://www.rferl.org/a/russia-dissent-cctv-detentions-days-later-strategy/31227889.html

71　Joe Parkinson, Nicholas Bariyo, and Josh Chin, The Wall Street Journal, 2019.8.15. Huawei Technicians Helped African Governments Spy on Political Opponents. https://www.wsj.com/articles/huawei-technicians-helped-african-governments-spy-on-political-opponents-11565793017

72　Tactical Tech. Personal Data: Political Persuasion. https://tacticaltech.org/#/news/personal-data-political-persuasion

73　香港眾志 Demosistō，Facebook，2019.8.24。https://www.facebook.com/permalink.php?story_fbid=1180947455447408&id=495193710689456

74　Aradhana Aravindan, John Geddie. Reuters, 2018.4.13. Singapore to test facial recognition on lampposts, stoking privacy fears. https://www.reuters.com/article/us-singapore-surveillance-idUSKBN1HK0RV

75　未來城市@天下，2018.6.1。人車流辨識、自動推播廣告 台北智慧路燈是聰明生活還是監控隱私？https://futurecity.cw.com.tw/article/297

76　台北市政府，2022.1.19。出席「臺北大數據中心」啟用典禮 柯文哲：建立以數據為基礎的政治運作 帶領臺灣進入新科技、數據、經濟時代。https://sec.gov.taipei/News_Content.aspx?n=49B4C3242CB7658C&sms=72544237BBE4C

5F6&s=7C03112DDE7E3CDA

77　李梅君，報導者，2021.1.27。連「政府」都備份好了！愛沙尼亞如何打造世界最成功的數位社會？ https://www.twreporter.org/a/e-id-in-estonia

78　鄭閔聲，今周刊，2021.1.6。「內政部沒溝通利弊得失　態度太粗暴了！」為何 7 成專家反對換數位身分證？ https://www.businesstoday.com.tw/article/category/183027/post/202101060004/

79　Angus Berwick, Reuters, 2018.11.14. How ZTE helps Venezuela create China-style social control. https://www.reuters.com/investigates/special-report/venezuela-zte/

80　台灣人權促進會，2019.9.26。人臉辨識進校園 師生隱私誰來顧。https://www.tahr.org.tw/news/2527

81　The Electronic Frontier Foundation, 2021.2.19. Racial and Immigrant Justice Groups Sue Government for Records of COVID-19 Data Surveillance. https://www.eff.org/press/releases/racial-and-immigrant-justice-groups-sue-government-records-covid-19-data-surveillance

82　林冠廷，OCF Lab 開放實驗室，2022.3.9。防疫後，個資去了哪裡？政府不願說出的隱私侵害。https://lab.ocf.tw/2022/03/09/vaccine_pass/

83　ARD，德國之聲，2021.6.6。一切均無法遁形：上海 "城市大腦" "火眼金睛"。https://www.dw.com/zh/a-57748025

84　黃浩華，明報，2021.11.9。從「安心出行」足見 政府推動數碼政策詬病多。https://news.mingpao.com/ins/文摘/article/20211109/s00022/1636381623906

85　Peter Guest, Rest of World, 2021.11.16. Singapore's tech-utopia dream is turning into a surveillance state nightmare. https://restofworld.org/2021/singapores-tech-utopia-dream-is-turning-into-a-surveillance-state-nightmare/

86　顧荃，中央社，2020.4.8。電子圍籬兼顧監控與隱私逾 10 國洽詢技術。https://www.cna.com.tw/news/firstnews/202004080142.aspx

87　陳舜伶、姜柏任、Cathy Lee、趙一穎，2022.2.25。簡訊實聯制觀察筆記（一）。https://infolaw.iias.sinica.edu.tw/?p=4981

88　美國著名脫口秀 Last Week Tonight 於 2022 年 4 月 11 日，針對「資料仲介」的脫口秀影片，影片 14:52 處。https://www.youtube.com/watch?v=wqn3gR1WTcA&t=892

89　Anny，INSIDE，2021.5.7。隱私意識抬頭！Google 跟進蘋果要求開發者揭露應用程式個資取用範圍。https://www.inside.com.tw/article/23429-new-safety-section-in-google-play

90　Marek Tuszynski, Tactical Tech. "Technology is Stupid" https://tacticaltech.
　　org/#/news/technology-is-stupid

10 ———————————————

1　自由之家 2009 年報告的用詞是 content manipulation，和資訊操弄
　　information manipulation 異曲同工。

2　Freedom House, 2009, Freedom on the Net, A Global Assessment of Internet
　　and Digital Media. p.39, 88, 97. https://freedomhouse.org/sites/default/
　　files/2020-02/FOTN_Freedom_OnThe%20Net_Full%20Report_2009.pdf

3　Craig Silverman, Lawrence Alexander, BuzzFeed News, 2016.11.3. How Teens
　　In The Balkans Are Duping Trump Supporters With Fake News. https://www.
　　buzzfeednews.com/article/craigsilverman/how-macedonia-became-a-global-
　　hub-for-pro-trump-misinfo

4　Aurel Croissant and Larry Diamond, GlobalAsia Vol.15 No.1, 2020.
　　Introduction: Reflections on Democratic Backsliding in Asia. https://www.
　　globalasia.org/v15no1/cover/introduction-reflections-on-democratic-
　　backsliding-in-asia_aurel-croissantlarry-diamond

5　「資訊亂象」的原文是 information disorder。https://www.coe.int/en/web/
　　freedom-expression/information-disorder

6　IORG 心慌保全來訪問 Ep.16，2021.1.6。資訊戰來勢洶洶！政大學者黃兆年
　　拆解「來源、傳播、接收」3 面向策略。https://iorg.tw/a/huang-jaw-nian

7　龔雋幃，研之有物，2021.8.31。無煙硝的跨國戰爭！審查刪文、製造訊息，
　　資訊獨裁的雙重手法。https://research.sinica.edu.tw/internet-censorship-civil-
　　society-information-warfare/

8　Marlene Mauk, GlobalAsia Vol.15 No.1, 2020. Trusting the Cops but Not
　　Much Else: East Asia's Skeptical Democratic Citizenry. https://www.globalasia.
　　org/v15no1/cover/trusting-the-cops-but-not-much-else-east-asias-skeptical-
　　democratic-citizenry_marlene-mauk

9　EngageMedia, 2019.3.13. East Asia Civil Society Strengthens Fight Against
　　Disinformation. https://engagemedia.org/2019/east-asia-disinformation//

10　Paige Occeña, Rappler, 2017.11.22. Fake news and freedom of expression in
　　Southeast Asia. https://www.rappler.com/technology/social-media/188573-
　　fake-news-freedom-expression-southeast-asia/

11　「圖博」為「Tibet」的音譯。更為人所知的名字可能是「西藏」，不過，「西藏」

這個名稱就如同「南夷」、「北狄」，是以漢民族為中心的說法，並不是完全沒有問題的資訊。

12 劉致昕，商業周刊，2018.10.11。翻轉不信任時代 23 國黑客台灣大會師。https://www.businessweekly.com.tw/Archive/Article?StrId=68071

13 巴西「科技社會研究所」ITS Rio。https://itsrio.org/

14 簡恒宇，風傳媒，2018.10.7。「假新聞」肆虐如何抵擋？巴西經驗：抓假帳號、媒體識讀教學並行 事實查核中心要具備高透明度。https://www.storm.mg/article/529371

15 Mark Stencel and Riley Griffin, Duke Reporters' Lab, 2018.2.22. Fact-checking triples over four years. https://reporterslab.org/fact-checking-triples-over-four-years/

16 Mark Stencel and Joel Luther, Duke Reporters' Lab, 2021.6.2. Fact-checking census shows slower growth. https://reporterslab.org/fact-checking-census-shows-slower-growth/

17 CC BY 2.0 by g0v2018-D2-Vagabond-13. https://www.flickr.com/photos/g0v/44907542424/in/album-72157697120091660/

18 立陶宛國會議員莎卡琳恩 Dovilė Šakalienė 於 2021 年 12 月 2 日「開放國會論壇」演講內容。https://news.ltn.com.tw/news/politics/breakingnews/3753762

19 UCMC 研究員 Oleksandra Tsekhanovska 於 2021 年 12 月與 IORG 研究員對談部分內容。

20 史書華、辜樹仁、Daniel Kao、李郁欣、陳盈諭，天下雜誌，2021.10.27。最危險的海峽：共機為何轉向台灣西南角 https://web.cw.com.tw/taiwan-strait-2021/index.html

21 LastWeekTonight, 2021.10.25. Taiwan: Last Week Tonight with John Oliver. https://www.youtube.com/watch?v=9Y18-07g39g

22 即時軍事動態，中華民國國防部。https://www.mnd.gov.tw/PublishTable.aspx?Types=即時軍事動態 &title=國防消息

23 游知澔，Hal Seki，Ohyeon, GJ，Nao, chihao, mee，g0v News，2020.4.11。g0v 貢獻者以日、韓、英三種語言分享，台灣在 1 天之內，出現至少 72 項「口罩地圖」及相關資訊工具。https://g0v.news/facing-the-coronavirus-1-3e7fc4680ba7

24 香港蘋果日報，2020.1.29。【武漢肺炎】市民不信政府寧信民間資訊網「vote4.hk」建立者望兩者資料兼容齊抗疫。2020.1.29 備份於 Wayback Machine。https://hk.appledaily.com/local/20200129/

K5EB3E64MM342QLCY3X3T46A2E/

25　g0v 社群的公開聊天室紀錄。https://g0v-slack-archive.g0v.ronny.tw/index/channel/C02G2SXKX/2020-02

26　Cofacts 真的假的。https://cofacts.tw/

27　0archive 零時檔案局。https://0archive.tw/

28　「新聞改過沒」來自 Newsdiff 專案第 1 次在 g0v 黑客松提案時的標題。https://beta.hackfoldr.org/g0v-hackath3n

29　開放資料 open data 有嚴謹的定義，不只是「開放的資料」。讀者可以從參考由「開放知識基金會」發布的「開放資料手冊」開始了解。https://opendatahandbook.org/guide/zh_TW/what-is-open-data/

30　黃彥棻，iThome，2014.4.8。學運背後的 IT 推手：g0v 零時政府。https://www.ithome.com.tw/tech/86462

31　Stefan Baack, 2015.11.19. Scraping the global civic tech community on GitHub, part 2. https://sbaack.com/blog/scraping-the-global-civic-tech-community-on-github-part-2.html

32　g0v 零時政府宣言。https://g0v.tw/manifesto

33　全球合作訓練架構 Global Cooperation and Training Framework。https://www.gctf.tw/tw/

34　IRI 亞太區域負責人 Johanna Kao 在 IRI 網站上的介紹。https://www.iri.org/who-we-are/iri-experts/johanna-kao/

35　國際共和學會亞太地區負責人 IRI Asia-Pacific Regional Director Johanna Kao 發言內容。https://www.youtube.com/watch?v=qcDG9VEAc6I

36　吳睿騏，中央社，2020.8.30。捷克參議院議長抵台 團員戴印有雙方國旗口罩。https://www.cna.com.tw/news/firstnews/202008305002.aspx

37　林育立，中央社，2021.12.3。斯洛伐克國會友台小組主席：訪台有助雙邊關係。https://www.cna.com.tw/news/firstnews/202112030382.aspx

38　溫貴香、鍾佑貞，中央社，2021.12.14。法國前議長戴扈傑 15 日率團訪台 蔡總統將接見。https://www.cna.com.tw/news/firstnews/202112140312.aspx

39　鍾佑貞，中央社，2021.11.24。波羅的海三國議員來台 外交部：將見蔡總統拜會財經部會。https://www.cna.com.tw/news/firstnews/202111240227.aspx

40　鍾佑貞，中央社，2021.12.5。拉脫維亞友台主席：國際承認台灣之日終將到來【專訪】。https://www.cna.com.tw/news/firstnews/202112050137.aspx

41　溫貴香、葉素萍，中央社，2021.11.29。立陶宛國會議員團：此行來台展現團結之意。https://www.cna.com.tw/news/aipl/202111290289.aspx

42　唐佩君，中央社，2021.11.3。歐洲議會宣布官方代表團訪台 將拜會蔡總統。https://www.cna.com.tw/news/firstnews/202111030009.aspx

43　陳婗詒，天下雜誌，2020.3.9。油價大暴跌！疫情降低石油需求，為何沙烏地阿拉伯卻要擴大增產？ https://www.cw.com.tw/article/5099330

44　Rania El Gamal, Reuters, 2020.3.9. Saudi Arabia to hike oil output above 10 million barrels per day in April after OPEC+ deal collapse. https://www.reuters.com/article/saudi-oil-output-idINKBN20W06I

45　公投第 9 案，主文為「你是否同意政府維持禁止開放日本福島 311 核災相關地區，包括福島與周遭 4 縣市（茨城、櫪木、群馬、千葉）等地區農產品及食品進口？」。該案的討論標的是「來自日本 311 核災鄰近地區的食品」，應稱作「福島地區食品」，如以「核食」稱之，有誤導讀者之虞。

46　德國「聯邦公民教育中心」Bundeszentrale für politische Bildung，簡稱bpb。https://www.bpb.de/

47　劉致昕，報導者，2019.11.28。教德國政府用教育抵擋仇恨和歧視──卡哈娜：民主需要相信的勇氣。https://www.twreporter.org/a/new-hate-politics-germany-anetta-kahane-democracy-education

48　印尼民間社群和新聞媒體組成的事實查核大聯盟 Cek Fakta。https://cekfakta.com/

49　Janjira Sombatpoonsiri, Diogenes, 2021. Carnivalesque humor, emotional paradoxes, and street protests in Thailand. https://journals.sagepub.com/doi/abs/10.1177/0392192120970409

50　「連帶」的英文是 solidarity。

51　泰國群眾協作事實查核平台 Cofact 的介紹。https://cofact.org/about-us

52　「開源」，即「開放原始碼」open-source。「因為可以取得設計，所以可以自由修改、分享」的東西，被稱作「開源」。https://opensource.com/resources/what-open-source

53　Cofacts 真的假的共同發起人李比鄰與 IORG 研究員對談部份內容。

54　CC BY 2.0 by g0v.tw 零時政府. https://www.flickr.com/photos/g0v/49299389507/

55　邱國強，中央社，2021.12.3。北京外交高官自誇：中國是當之無愧的民主國家。https://www.cna.com.tw/news/acn/202112030296.aspx

11 ———————————————————

1　參考第 6 章引用臺灣民主基金會「2019 臺灣民主價值與治理」調查結果，認為自己經常被資訊操弄影響的人不到 4 成，同時，超過 7 成的人認為別人經常被資訊操弄影響。

2　蔡田木、周文勇、陳玉書，內政部委託中央警察大學犯罪防治研究所，2009。詐騙犯罪被害人屬性之研究 p.78。https://www.grb.gov.tw/search/plan Detail?id=1895111&docId=313819

3　同上，p.210。

4　Wang TaiLi, Asian Journal for Public Opinion Research, vol. 8, no. 2, Center for Asian Public Opinion Research & Collaboration Initiative, 2020. Does Fake News Matter to Election Outcomes? The Case Study of Taiwan's 2018 Local Elections, p.67-104. https://doi.org/10.15206/ajpor.2020.8.2.67

5　心慌保全，IORG，2021.1.15。誰抵抗力最弱？學者王泰俐研究：年輕人、女性、中間選民易受不實訊息影響。https://iorg.tw/a/wang-tai-li

6　Amos Tversky，以色列心理學家。

7　Daniel Kahneman，以色列心理學家，2002 年諾貝爾經濟學獎得主。

8　Heuristics，華文譯為「捷思」，本文使用「捷徑」，讓閱讀更流暢。

9　Amos Tversky and Daniel Kahneman, Science, Vol 185, Issue 4157, 1974. Judgment under Uncertainty: Heuristics and Biases: Biases in judgments reveal some heuristics of thinking under uncertainty, p.1124-1131. https://www.science.org/doi/10.1126/science.185.4157.1124

10　確認偏誤，英文是 confirmation bias。

11　可得性偏誤，英文是 availability bias。Amos Tversky and Daniel Kahneman, Cognitive Psychology, Vol 5, Issue 2, 1973. Availability: A heuristic for judging frequency and probability, p.207-232. https://www.sciencedirect.com/science/article/abs/pii/0010028573900339

12　定錨效應，英文是 anchoring effect。

13　黃厚銘，卓越新聞電子報，2021.9.28。疫情下自由與安全的愛恨交織。https://www.feja.org.tw/61022

14　《小徑分岔的花園》西班牙原文標題為 El jardín de senderos que se bifurcan，英文翻譯是 The Garden of Forking Paths，是阿根廷作家 Jorge Luis Borges 於 1941 年的作品。

15　超文字，英文是 hypertext；超連結，英文是 hyperlink。超文字、超連結的

概念早於全球資訊網 World Wide Web 的出現，含有超連結的超文字使文件之間互相連結，形成網絡，在電腦科學及藝術都是重要的概念。https://mitpress.mit.edu/books/new-media-reader

16　國家發展委員會，社會發展及對策，開放政府。https://www.ndc.gov.tw/Content_List.aspx?n=0C5AB1D0FA5B64B8

17　開放洗白，英文是 open-washing，指宣稱開放而未落實開放的行為。https://g0v.news/73434041d6a8

18　李欣芳，自由時報，2022.4.13。政院研議修法反制中國假訊息 拿捏難度高 審慎評估。https://news.ltn.com.tw/news/politics/breakingnews/3891380

21

1　Ben Farmer, The Telegraph, 2020.4.28. Toxic alcohol kills more than 700 in Iran following false reports it wards off coronavirus. https://www.telegraph.co.uk/global-health/science-and-disease/toxic-alcohol-kills-700-iran-following-false-reports-ward-coronavirus/

2　Mark Stencel and Joel Luther, Duke Reporters' Lab, 2021.6.2. Fact-checking census shows slower growth. https://reporterslab.org/tag/fact-checking-census/

3　根據中國國務院 1997 年發布的「計算機信息網絡國際聯網安全保護管理辦法」第一章，第五條。http://www.gov.cn/zhengce/2020-12/26/content_5574873.htm

4　Ben Knight, The Guardian, 2016.1.31. Teenage girl admits making up migrant rape claim that outraged Germany. https://www.theguardian.com/world/2016/jan/31/teenage-girl-made-up-migrant-claim-that-caused-uproar-in-germany

23

1　2018 年 12 月 13 日，時任羅秉成政務委員發表《防制假訊息危害專案報告》。https://www.ey.gov.tw/File/5E45C50A967D755E?A=C

2　《刑法》第 251 條。https://law.moj.gov.tw/LawClass/LawSingle.aspx?pcode=C0000001&flno=251

3　《災害防救法》第 41 條。https://law.moj.gov.tw/LawClass/LawSingle.aspx?pcode=D0120014&flno=41

4　2021 年 12 月 29 日，NCC 公布《數位通訊傳播服務法》草案架構。https://www.ncc.gov.tw/chinese/news_detail.aspx?site_content_sn=8&cate=0&keyword=&is_history=0&pages=0&sn_f=46983

24 ————————————————

1 英國科學媒體中心 SMC。https://www.sciencemediacentre.org/international-smcs/

25 ————————————————

1 Arthur Lupia, 2016. Uninformed: Why People Seem to Know So Little about Politics and What We Can Do About It.

2 陳方隅，菜市場政治學，2019.4.12。台灣「接收境外假資訊」嚴重程度被專家評為世界第一 + V-Dem 資料庫簡介。https://whogovernstw.org/2019/04/12/whogovernstw9/

3 V-Dem，全名為 Varieties of Democracy「民主多樣性」。https://v-dem.net/

4 黃順祥，新頭殼 newtalk，2021.12.15。央視支持四個同意？事實查核調查意外引爆側翼粉專公開叫戰。https://newtalk.tw/news/view/2021-12-15/682051

5 台灣事實查核中心，2021.3.4。綠、藍、紅標籤一大堆 查核中心一次說明白。https://tfc-taiwan.org.tw/articles/5119

左岸｜社會議題 337

資訊判讀力：
腦袋自主！抵抗假訊息、陰謀論、帶風向的生存守則
A Guide to Information Literacy

共同作者	台灣資訊環境研究中心IORG
總編輯	黃秀如
行銷企劃	蔡竣宇
封面設計	游知澔
內文排版	張瑜卿

社　　長	郭重興
發行人暨 出版總監	曾大福
出　　版	左岸文化／遠足文化事業股份有限公司
發　　行	遠足文化事業股份有限公司
	231 新北市新店區民權路108-2號9樓
電　　話	02-2218-1417
傳　　真	02-2218-8057
客服專線	0800-221-029
電子郵件	rivegauche2002@gmail.com
左岸臉書	facebook.com/RiveGauchePublishingHouse
法律顧問	華洋法律事務所　蘇文生律師

印　　刷	呈靖彩藝有限公司
初版一刷	2022年5月
定　　價	450元

ISBN　978-626-96095-1-2（平裝）
　　　　978-626-96095-2-9（EPUB）
　　　　978-626-96095-3-6（PDF）

歡迎團體訂購，另有優惠，請洽業務部，02-22181417分機1124、1135
有著作權 翻印必究　（缺頁或破損請寄回更換）．本書僅代表作者言論，不代表本社立場

國家圖書館出版品預行編目（CIP）資料

資訊判讀力：腦袋自主！抵抗假訊息、陰謀論、帶風向的生存守則
台灣資訊環境研究中心IORG　著
──初版──新北市：左岸文化／遠足文化事業股份有限公司發行，2022.05
──面；公分──（左岸社會議題；337）
ISBN 978-626-96095-1-2（平裝）
541.83　　　　　　　　　　　　　　　　　　　　111006738